スポーツ
パフォーマンス
と視覚

競技力と眼の関係を理解する

日本スポーツ視覚研究会【編】

■ 著者一覧（執筆順）

大沼　学	総合新川橋病院眼科検査科
枝川　宏	えだがわ眼科クリニック・順天堂大学医学部眼科非常勤講師
樋口　貴広	首都大学東京人間健康科学研究科
中本　浩揮	鹿屋体育大学体育学部・スポーツ人文・応用社会科学系
柏野　牧夫	NTTコミュニケーション科学基礎研究所
木下　祐輝	東京工業大学工学院情報通信系
上田　大志	NTTコミュニケーション科学基礎研究所
江塚　彩芽	国際医療福祉大学病院眼科
山田　光穂	東海大学情報通信学部情報メディア学科
國部　雅大	筑波大学体育系体育心理学研究室
加藤　貴昭	慶應義塾大学環境情報学部
野原　尚美	平成医療短期大学リハビリテーション学科
松原　正男	八重洲さくら眼科
福原　和伸	首都大学東京人間健康科学研究科
上東　悦子	国立スポーツ科学センタースポーツメディカルセンター
片岡　沙織	国立スポーツ科学センタースポーツ科学部
亀井　明子	国立スポーツ科学センタースポーツメディカルセンター

注意：すべての学問は絶え間なく進歩しています。研究や臨床的経験によって知識が広がるに従い，各種方法などについて修正が必要になります。本書で扱ったテーマに関しても同様です。本書では，発刊された時点での知識水準に対応するよう著者および出版社は十分に注意を払いましたが，過誤および医学上の変更の可能性を考慮し，本書の出版にかかわったすべての者が，本書の情報がすべての面で正確，あるいは完全であることを保証できません。また，本書の情報を使用したいかなる結果，過誤および遺漏の責任も負えません。読者が何か不確かさや誤りに気づかれたら出版社にご一報くださいますようお願いいたします。

序文

　私たちは五感を通して得た感覚をもとに生きています。人だけではありません。生物すべてが生きていくために外界からの情報を取り入れ行動しています。それらの情報のなかでも特に重要で有益なものは視覚だといえます。しかし私たちにとって「見る」ということは何か，「視覚」とはどのように認知されてどのように役立っているのか，などについてまだまだわかっていないことのほうが多いのです。

　スポーツでは，見ることと動作が密接に関係しています。眼を通して得た情報をほぼ無意識に処理して最適な行動へ表わす妙致が瞬間的・典型的に現われるので，スポーツは視覚と行動の関係に関心をもつよいきっかけとなるでしょう。

　スポーツでは，眼の動きや認識能力に日常生活にはない高度のものが要求されます。そのため，優れたアスリートは運動機能に勝るだけでなく，視機能においても優れていると思われることがあります。しかしひと口に視機能といっても種々の機能があり，それらが関連しあい総合して働いています。そこには認識，視覚情報処理，心理，認知，運動制御など，あらゆる働きがあります。速く眼を動かすことができれば上達するなどという単純なものではありません。

　スポーツを入口として，この運動や行動と視機能とのかかわりについて最新の知見を提供することは，広く人の行動の真理に近づくことでもあります。本書では視機能と眼についてさまざまな側面から表現し，視覚と行動にかかわる最新の知識をまとめ，総合的にその姿を形づくっています。

　スポーツと視機能の研究から得られることが，スポーツ医学の発展とスポーツ振興に貢献することを願って止みません。そしてオリンピック，パラリンピックを控えスポーツや運動をきっかけとして多くの方々に見ること，見えることに関心をもっていただけると幸いです。

2019 年 8 月

日本スポーツ視覚研究会 代表　松原　正男

本書の企画にあたって

　アスリートにとって視覚は重要である。スポーツと視覚に関する研究はさまざまな分野から行われているが，すべてが明らかにされているわけではない。現在，スポーツと視覚に関する研究は，大きく「脳の機能を中心に分析する研究」と「眼の機能を中心に分析する研究」の2つに分けられる。

　「眼の機能を中心に分析する研究」では，アスリートは眼の能力が優れており，視覚トレーニングをすることで競技能力が向上すると考えている者が多い。一方，「脳の機能を中心に分析する研究」では，アスリートの眼の能力は一般人と変わらず，視覚トレーニングでは競技能力は向上しないと考えている者が多く，近年では，こちらの研究が主流になっているようである。

　アスリートは競技中，感覚情報を身体情報に変えている。感覚情報のなかで最も重要なのが眼によって得られる視覚情報である。視覚情報の質が高ければ精度の高いプレーができるが，情報の質が低ければプレーの精度も低くなる。また，視覚情報を認知して分析をする脳機能や運動能力なども重要であり，アスリートの競技能力を評価するときには，これらの要素を総合して考えなければならならない。

　本書は，日本スポーツ視覚研究会と関係のある「スポーツと視覚」についての研究をしている研究者や眼科専門医，視能訓練士，薬剤師，栄養士の方々に，それぞれの専門分野から執筆していただいた。本書の「スポーツと視覚」に関する内容が，アスリートはもちろんコーチやトレーナーなど，スポーツに携わる方々の役に立てれば幸いである。

　なお，日本スポーツ視覚研究会は「スポーツと視覚」について真摯に研究し，正しい情報を世の中に発信することを目的に2004年につくられた会であり，毎年夏にさまざまな分野の先生方を招いて研究会を開催している。

2019年8月

えだがわ眼科クリニック 院長　枝川　宏

もくじ

序文　　iii
本書の企画にあたって　　iv

第1章　スポーツにおける眼と脳の役割 ……………………………… 1
1　眼と脳の役割 ………………………………（大沼　学,　枝川　宏）……… 2
2　視覚とスポーツパフォーマンス ……………………………………… 10
　1）視覚による運動制御 ……………………（樋口　貴広）……… 10
　2）アスリートの動くものの見方 …………（中本　浩揮）……… 17
　3）インタラクティブスポーツに求められる
　　　視覚運動機能 ……………………………（柏野　牧夫 他）…… 26

第2章　スポーツにおける眼の働き …………………………………… 35
1　スポーツにおける眼の機能と検査 ……………（江塚　彩芽,　枝川　宏）…… 36
2　アスリートの眼 ……………………………………………………… 51
　1）アスリートの眼球運動 …………………（山田　光穂）……… 51
　2）運動パフォーマンスと両眼眼球運動 …（國部　雅大）……… 60
　3）スポーツにおける視覚的センス ………（加藤　貴昭）……… 68

第3章　スポーツにおける視力の重要性 ……………………………… 77
1　屈折異常 …………………………………（野原　尚美,　枝川　宏）…… 78
2　視力矯正方法と正しい視力管理 ………（松原　正男）……… 84

第4章　スポーツ眼外傷 ………………………（枝川　宏）……………… 95

第5章　視覚トレーニング ……………………………………………… 115
1　競技能力を向上させる効果的なトレーニング …（枝川　宏）……………… 116
2　スポーツにおける
　　バーチャルリアリティ環境について ………（福原　和伸）……………… 122

第6章　アスリートの眼の状態を整える ………………………………………… 129
　1　眼をよい状態に保つための
　　　眼科メディカルチェック ……………………（枝川　宏）………………… 130
　2　よくみられる眼疾患とその対処法 …………（枝川　宏）………………… 136

第7章　眼科薬とアンチ・ドーピング ……………（上東 悦子）………………… 145

第8章　眼と栄養 ……………………………………（片岡 沙織, 亀井 明子）… 155

索　引 ………………………………………………………………………………… 164

第1章

スポーツにおける眼と脳の役割

■**本章のポイント**■

　眼から得た視覚情報は脳で処理され，運動を遂行する情報として身体に送られる。つまり，動きを制御するためには視覚情報が必要であり，それがスポーツパフォーマンスに直接関係することになる。

　そこで本章ではまず，スポーツにおいて最も重要な視覚情報を処理する眼と脳の構造や機能について解説する。

　次に「視覚とスポーツパフォーマンス」に関して，運動制御における視覚の重要性について，またパフォーマンスを向上させるためには動くものを見る能力が重要な要素であることを解説し，最後に視覚と運動機能について解説する。

　本章を読むことでスポーツにおける，視覚と運動の関係を正しく理解できるようになる。

1 眼と脳の役割

はじめに

　眼はわれわれの五感において最も重要な情報収集器官である。特にスポーツでは状況が刻々と変化するため，視覚情報が重要になる。スポーツにかぎらず，眼から入った視覚情報は2つの段階で処理される（図1-1）[1]。はじめの段階は「入力系」と呼ばれ，視覚情報を眼球や視路などで処理して脳へ伝える。次の段階は「統合系」と呼ばれ，入力系で処理された視覚情報を脳の高次野が収集，分析，統合して，眼筋や全身に命令を出す。このように処理された視覚情報は，脳がさらによい視覚情報が得られるように，眼筋に指令を出す中枢に送られる。この中枢からの指令によって眼球の内眼筋と外眼筋が動き，さらによい視覚情報が脳に送られる。この部分を「モーター制御系」と呼ぶ。

　したがって，アスリートが十分なパフォーマンスを発揮するためには，入力系，統合系，モーター制御系をうまく働かせて質の高い視覚情報を得ることが重要になる。

■ 入力系

　入力系は眼球から視路を通って脳の後頭葉の視覚中枢までの部分で，視覚情報を処理する最初の段階である。視覚情報がはじめに入る眼球は，視力・視野・調節力・両眼視機能・色覚・光覚・眼球運動などの機能によって周囲の情報を集めている。

　入力系で処理された情報が統合系に進むには2つの経路がある（図1-2）。1つ目の経路は，眼から入った視覚情報が，視神経・視索を通って外側膝状体を経由し，後頭葉の視覚中枢に送られる経路である。この経路は「膝状体視覚経路」と呼ばれ，視覚情報の90%がこの経路を通る。視覚情報がこの経路を通ると「見える」と感じる。2つ目の経路は，視覚情報が眼から視神経を通って視索から上丘へ行く経路で，視床枕に進む「非膝状体視覚経路」と呼ばれる。この経路では，視覚情報が視覚中枢に行かないため，「見える」と意識されない。この経路の情報は，眼球運動と関係する。

　網膜や外側膝状体，視覚野には，時間解像度は高いが空間解像度の低い大細胞層（magnocellular pathway：M層）と，時間解像度は低いが空間解像度の高い小細胞層（parvocellular pathway：P層）がある。M層は視覚刺激の速い点滅や動きに敏感で，P層は色や細かい図形パターン，奥行きに敏感であり，この2つの層で視覚情報を処理している[6]。

眼瞼

　眼瞼の役割は，その開閉や瞬きによって眼球を外傷や乾燥から保護し，角膜の透明性を保つことである。眼瞼を閉じる眼輪筋，開く上眼瞼挙筋と瞼板筋の3つの筋がある。それぞれの筋の働きと神経支配を表1-1に示した。これらの

図1-1　入力系と統合系，モーター制御系
眼から入った視覚情報は入力系と統合系で処理される。

第1章　スポーツにおける眼と脳の役割

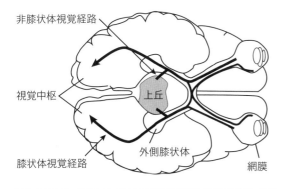

図1-2　視覚情報の処理系（文献2より引用）
入力系で処理された情報が進む経路は，眼から視神経と視索を通って外側膝状体を経由して，後頭葉の視覚中枢へ進む「膝状体視覚経路」と眼から視神経を通って視索から上丘へ行く「非膝状体視覚経路」がある。

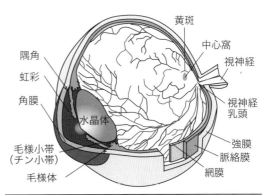

図1-3　眼球の構造（文献4より引用）
眼球には内側から網膜，ぶどう膜，強膜の3層がある。外部の光は眼球前方の角膜から眼球内に入り，水晶体で屈折して，網膜の黄斑部にある中心窩に集まり，電気信号に変化されて視神経を通り，脳へ送られる。

運動によって瞬きや自発的な開眼，閉眼がコントロールされる。

瞬きには①角膜を潤わせるための自発的瞬目，②知覚・視覚・聴覚刺激で起こる反射性瞬目，③ウィンクのような意識した瞬きである随意性瞬目の3種類がある。自発的瞬目は1分間に約20回起こり，涙液が分泌される。反射性瞬目は眼にゴミが入った，まぶしい光を感じた，強い音を聞いたときなどに起こる。

眼球

眼球は直径約24 mmの球状をしており，外部の光を網膜へ結ぶ役割とフイルムのように光を受ける役割を果たす。

表1-1　眼瞼の筋の働きと神経支配

筋	働き	神経支配
眼輪筋	閉瞼	顔面神経
上眼瞼挙筋	開瞼	動眼神経
瞼板筋		交感神経

涙液と涙道

涙液は角膜の表面を覆っている厚さ約10 μmの薄い膜であり，①角膜に水分・栄養・酸素を与える，②角膜を異物から守る，③角膜の表面を均一にする，④瞬目や眼球運動時に眼瞼と眼球の動きをスムーズにする，⑤涙液に含まれる抗菌物質で角膜や結膜を感染から守る，などの

■ *Column* …… アスリートの瞬き

通常，涙を分泌するときに行われる瞬きは1分間に約20回程度であるが，読書では約10回，コンピュータ作業では約6回程度にまで減少する。あるテレビ番組では，スキーの滑降の一流選手がスタートからゴールまでの約1分間1回も瞬きをしていないことが放映されたが，瞬きは集中することで抑制される。また，瞬きをする時間は約0.3秒間と短いが，まぶたの開閉によって瞳孔に対光反射が起こることから，外部の情報を得られる時間は短く，安定した視覚情報が得られない。したがって，スキーなど高速で移動するような競技では，アスリートが行う瞬きの質や回数が重要になる。

角膜や結膜が長時間乾くような自転車や長距離走，スピードスケートなどの競技のアスリートは，ドライアイ状態になりやすいことから，角膜や結膜が乾かないような手段を考える必要がある。

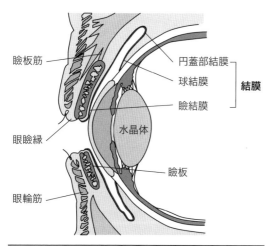

図 1-4　結膜の構造（文献 3 より引用）
結膜は眼球と眼瞼を覆い，眼球を保護して眼球運動を容易にする。

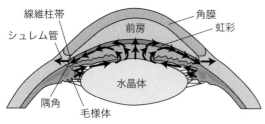

図 1-5　房水の流れ（文献 5 より引用）
房水は前房の圧を一定に保つ，角膜や水晶体などに栄養を与える，老廃物を眼外に出す，などの役割がある。

働きがある。

　涙液は油層，水液層，ムチン層の3つの層からなる。一番外側が油層で涙液の蒸発を防ぐ。水液層は涙液の大部分を占め，角膜に接しているムチン層は角膜と涙液をなじませる役割を果たす。涙液は上眼瞼の外側付近にある涙腺から分泌され，角膜の表面を覆って眼頭にある涙点から涙小管，涙嚢，鼻涙管を通って鼻へ流れる。1日の涙液の分泌量は2〜3 ml である（図 7-1 参照）。

角膜と強膜

　角膜と強膜で眼球の外壁を構成している（図1-3）。眼球の前方約1/5が角膜で，後方が乳白色の不透明な強膜である。

　角膜は横11〜12 mm，縦10〜11 mm，中心の厚さ0.5 mm の血管のない透明な5層構造をしており，①眼に入る光線を通過させる，②光を屈折させる（眼球全体の屈折力が60 D のうち角膜の屈折力は40 D），③紫外線を遮断する，④眼球の形を維持する，などの役割がある。栄養や酸素は涙と角膜の後方にある水分（前房水）と角膜周辺の血管網から得ている。表面の知覚は三叉神経が司っている。

　強膜は厚さ1 mm の強靭な膜であり，眼球の内容の保護と暗箱の役割を果たし，眼の中に入る光線を見えやすくしている。

結　膜

　結膜は眼球と眼瞼を覆う組織で，眼球を保護して眼球運動を容易にする働きがある。結膜は眼瞼裏側の部分の瞼結膜，眼球側の白目部分の球結膜，その両者を繋ぐ円蓋部結膜に分けられる（図1-4）。

前房と房水

　前房は角膜・虹彩・水晶体に囲まれた空間で，房水で満たされている。房水は毛様体で産生され，虹彩の裏側（後房）から水晶体前部，前房（虹彩前面），隅角にある線維柱帯，シュレム管を通って眼球外へ排出される（図1-5）。房水は①前房の圧を一定に保つ，②角膜や水晶体などに栄養を与える，③老廃物を眼外に出す，などの役割がある。

水晶体

　水晶体は虹彩と硝子体の間にある直径約10 mm，厚さ約4 mm の凸状の透明な組織で，血管や神経はなく，光の屈折・調節・紫外線の遮断などの役割がある。屈折力は約20 D である。水晶体は糸状の毛様小帯（チン小帯）で釣られ

たような構造になっており（**図1-3**），毛様体の動きに伴って毛様小帯が動くことで，水晶体の厚さがコントロールされる。近くの物を見ようとするとき，毛様体筋が収縮して毛様小帯が緩み水晶体が膨らむ。逆に遠くを見ようとするときは毛様体筋が緩んで毛様小帯が引っぱられ水晶体が扁平になる。水晶体は若い頃は透明であるが，加齢により濁り弾性も失われる。老眼は加齢による水晶体の弾性の低下や毛様体筋の衰えでピント合わせがうまくできなくなった状態である。

硝子体

硝子体は水晶体の後方から網膜まで，眼球内を満たしている透明なゼリー状の物質で，ほとんどが水分とヒアルロン酸である。①光を網膜まで通過させる，②眼球の形を保つ，③外部の圧力や刺激を吸収して眼球を保護する，などの役割がある。濁りが生じると視力が低下する。硝子体と網膜は接着しているが，接着力は均一ではなく，視神経乳頭と網膜周辺部で強い。

網　膜

網膜は眼球の内側を構成している10層からなる薄い膜で，カメラのフイルムに相当する。厚さは後部で0.3 mm，周辺で0.1 mmである。外部からの視覚情報を網膜で電気信号に変換して脳へ伝える。網膜には外部の情報を集める視細胞が2つある。1つは明るいところでの視力や色に関係する錐体細胞で，約1億個ある。もう1つは暗いところで光を感じる杆体細胞で，約600万個ある。錐体細胞は黄斑部に多く存在し，その周辺に杆体細胞が多く存在する。

ぶどう膜

ぶどう膜は強膜と網膜の間にある層で，虹彩・毛様体・脈絡膜のことを指す。血管や色素が多

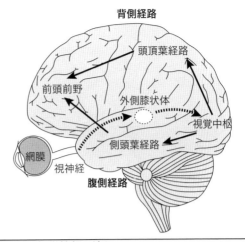

図1-6　視覚情報の流れ
視覚情報は，背側経路（頭頂葉経路）と腹側経路（側頭葉経路）を通って，前頭前野で統合される。

く，他の組織に栄養を与える。

視神経

網膜上の神経線維が視神経乳頭に集まって眼球から出て視交叉まで続く直径3 mm，長さ35～50 mmの約100万本の神経線維からなる束である。網膜にある視神経乳頭は外部の情報が感じられないので，視野では盲点になる。

■ 統合系

統合系は，後頭葉にある視覚中枢で処理された視覚情報を大脳の連合野や前頭前野で収集・分析・統合する部分である。

膝状体視覚経路を通って後頭葉の視覚中枢に行った視覚情報は，頭頂葉に向かう背側経路（頭頂葉経路）と側頭葉に向かう腹側経路（側頭葉経路）の2つに分かれて前頭前野で統合される（**図1-6**）。

背側経路（頭頂葉経路）は，物体の位置や動きなどの情報（運動視）を処理する。Where経路，How経路とも呼ばれる。腹側経路（側頭葉経路）は，物の形態，色，質などの情報（物体

第1章　スポーツにおける眼と脳の役割

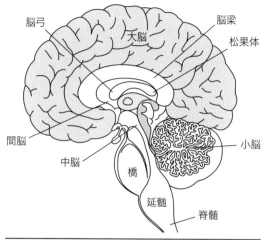

図 1-7 脳の構造
脳は大脳，間脳，小脳，脳幹からなる。

視）を処理する。What 経路と呼ばれる。

脳

脳は大脳（大脳皮質・大脳基底核），間脳（視床・視床下部・松果体・下垂体・海馬・扁桃体・脳弓），小脳，脳幹（中脳・橋・延髄）で構成されている（**図 1-7**）。

大　脳

大脳は表面積が約 800 cm^2，重さ約 1,300 g で，脳重量の約 8 割を占める。大脳は前頭葉，頭頂葉，後頭葉，側頭葉に分けられ，感覚器からの情報の収集と分析，運動の命令，記憶・判断・言語などの高次機能とかかわる（**図 1-8**）。

前頭葉は脳全体の約 30% を占め，思考・学習・推論など高度な精神機能や身体の動きに関連があり，脳で最も高等な役割をする部分である。頭頂葉は知覚・思考の認識や統合・身体の空間認識・触覚など感覚機能に，後頭葉は視覚・眼球運動に，側頭葉は顔や形の認知・聴覚・味覚に，それぞれ関連がある。また，大脳は表層から深部に向かって大脳皮質，大脳辺縁系，大脳基底核に分けられ，それぞれの部分がさまざまな役割をもつ。

大脳皮質

大脳皮質は大脳の表面にある厚さ 2～4 mm の灰白質の層で，約 150 億個の神経細胞からなる。運動野，感覚野（視覚野，聴覚野，体性感覚野），連合野に分けられ，それぞれ異なる役割がある（**図 1-9**）。

運動野：運動野は前頭葉にあり，運動の命令と制御を行い，一次運動野と高次運動野に分けられる。一次運動野は，高次運動野や体性感覚野，小脳・大脳基底核からの情報をもとに身体の動きを計算し，運動を直接的に制御する。高次運動野は運動前野，補足運動野，前補足運動野，帯状皮質運動野から構成され，運動を間接的に制御する。運動前野は空間や動きの視覚情報から運動の計画を立て，補足運動野は複数の運動を順序よく組み立てる。前補足運動野は運動の認知と関係し，帯状皮質運動野は情動や内的欲求などに基づく運動に関係する。つまり，運動の計画や組み立ては高次運動野が行い，直接的な命令は一次運動野が行う。

感覚野：感覚野は脳の広い部分に散在し，全身から感覚情報を受け取る場所である。それぞれの部分で異なった感覚を処理する。頭頂葉には身体の皮膚・筋・関節などの感覚に関係する体性感覚野が，後頭葉には視覚に関係する視覚野が，側頭葉には聴覚に関係する聴覚野がある。

連合野：連合野は運動野と感覚野を除く部分で，大脳皮質の 3/4 を占める。連合野は質の違う情報を統合する。認識と行動に関連した高次の情報機能の処理，運動野や感覚野の情報を統合した行動の決定，創造的な思考などを行う。

連合野には前頭連合野，頭頂連合野，側頭連合野，後頭連合野があり，それぞれ役割が異なる。前頭連合野は前頭葉の運動関連領域（一次運動野・補足運動野・運動前野）を除いた部分で，面積は大脳皮質の 30% を占める。頭頂葉と側頭葉，辺縁系からの情報を統合して行動計画

第1章 スポーツにおける眼と脳の役割

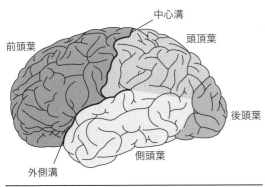

図1-8 大脳の区分
大脳皮質は前頭葉・頭頂葉・後頭葉・側頭葉に分けられる。

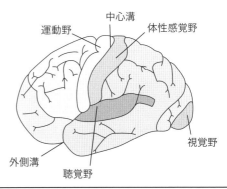

図1-9 大脳皮質の機能野
運動野，感覚野（視覚野，聴覚野，体性感覚野），連合野に分けられる。

を立て，それに合った効率的な行動ができるように総合的な命令を出す。また，空間の知覚や身体の意識にかかわる視覚・聴覚・体性感覚などの感覚情報と，眼球運動や身体運動などの運動情報を統合して，外界と自己との空間位置関係を判断する。頭頂連合野は頭頂部にあり，空間の知覚や身体の意識にかかわる部分で，外界と自己の空間位置関係を判断する。側頭連合野は感覚情報と辺縁系からの情報を統合して物の認知にかかわる部分で，エピソード記憶に関係する。後頭連合野（視覚連合野）は色の知覚，物体の認知，対象の運動の認知などを行う。

大脳辺縁系

帯状回，扁桃体，海馬，海馬傍回，側坐核などで構成されている。本能，感覚的思考を司り，直接的な視野の制御にはほとんど関与しない。

大脳基底核

大脳基底核は運動に関係する中枢である。大脳皮質の深部にある尾状核・被殻・視床下核・淡蒼球・黒質などで構成されている。姿勢の制御や，運動が正しいタイミングで開始できるように調節をする。

中 脳

中脳にある上丘は，視覚情報と運動情報を統合して，眼球運動の指令を脳幹へ送る。浅層は視覚刺激に関係し，中間層・深層は眼球運動に関係している。衝動性眼球運動に関係している。

小 脳

小脳は約130 gで表面積は約500 cm^{2}と，重さは大脳の1/10，表面積は約6割しかないが，神経細胞数は大脳よりも10倍も多い。小脳は大脳皮質からの運動情報を微調整して身体の動きをコントロールするとともに，運動の学習と制御に重要な働きをする。小脳は①前庭器官から頭部の状態の情報を受けて，姿勢や眼球運動の調節に関係する前庭小脳，②筋，関節，皮膚から情報を受けて，体幹や四肢の運動の調節に関係する脊髄小脳，③大脳皮質から情報を受けて，随意的な運動の微調節をする大脳小脳，の3つの部分から構成されている。また，脳幹は生命を維持する役割を果たす。

■ モーター制御系

脳によりよい視覚情報を送れるように，眼球へ指令を出す部分である。指令は脳にある眼球

第1章 スポーツにおける眼と脳の役割

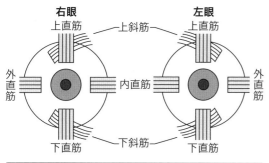

図1-10 外眼筋
外眼筋は4直筋と2斜筋からなり,眼がさまざまな方向へ動くように3つの脳神経でコントロールされる。

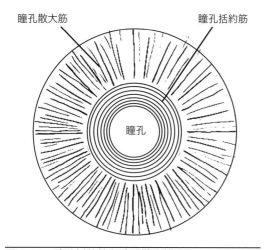

図1-11 瞳孔括約筋と瞳孔散大筋
瞳孔括約筋が収縮すると縮瞳し,瞳孔散大筋が収縮すると散瞳する。

運動中枢,調節反応中枢,瞳孔反応中枢から外眼筋や内眼筋に出され,眼球運動,調節運動,瞳孔運動が起こる。

外眼筋

立体感を感じ,距離や奥行きを判別するには眼球が正しく運動でき,両眼でしっかり視覚情報を捉えなければならない。そのためには4直筋(上直筋,下直筋,外直筋,内直筋)と2斜筋(上斜筋,下斜筋)の外眼筋の働きが重要になる。外眼筋は横紋筋であり,3つの脳神経(動眼神経・滑車神経・外転神経)によってコントロールされ,眼をさまざまな方向に動かすことができる(図1-10)。眼球運動には,①両方の眼が同じ方向へ動く共同性眼球運動,②両方の眼が同じ方向に動かない輻輳運動や開散運動,③網膜の細胞が順応して見えなくなることを防ぐために起こる固視微動,がある(第2章参照)。

内眼筋

内眼筋には,ピント調節を行う毛様体と,瞳孔の大きさを変化させる虹彩がある。

毛様体

毛様体によって焦点距離を変化させて物の像を網膜上に結ばせ,像を鮮明に見えるようにすることを調節という。毛様体には2種類の平滑筋線維があり,動眼神経(副交感神経)の支配を受けている。毛様小帯(チン小帯)を通して毛様体の動きが水晶体へ伝わる。

虹 彩

虹彩はカメラの絞りの役割をする。虹彩の中央に瞳孔がある。瞳孔運動には,①瞳孔に光を当てると縮瞳し,光を消すと散瞳してもとの大きさにもどる対光反応と,②近くを見た時に意思とは関係なく輻輳・調節・縮瞳が起こる近見反応がある。

眼球内に入る光量は瞳孔の大きさで調節されている。瞳孔の大きさは虹彩にある瞳孔散大筋と瞳孔括約筋という2つの平滑筋によってコントロールされる。瞳孔散大筋は虹彩に放射状に存在する。瞳孔を大きくする機能(散瞳)があり,頸部交感神経が関与している。瞳孔括約筋は瞳孔を取り巻くように存在する。瞳孔を小さくする機能(縮瞳)があり,副交感神経が関与している(図1-11)。

文　献

1. 福田忠彦：生体情報論. 疲労の科学, 朝倉書店, 東京, p. 106, 1997.
2. 市橋則明, 小田伸午 編著：ヒトの動き百話 −スポーツの視点からリハビリテーションの視点まで−. 市村出版, 東京, p. 21, 2011.
3. 日本眼科学会：一般のみなさまへ, 目の病気, 眼瞼や涙器の病気, 麦粒腫.
   http://www.nichigan.or.jp/public/disease/ganken_bakuryu.jsp
4. 日本眼科学会：一般のみなさまへ, 目の病気, 網膜・硝子体の病気, 網膜剥離.
   http://www.nichigan.or.jp/public/disease/momaku_hakuri.jsp
5. 日本眼科学会：一般のみなさまへ, 目の病気, 緑内障.
   http://www.nichigan.or.jp/public/disease/ryokunai_ryokunai.jsp
6. 吉澤達也：視覚現象としての動き. 視覚 II (講座 感覚・知覚の科学), 朝倉書店, 東京, pp. 7-10, 2007.

〔大沼　　学, 枝川　　宏〕

2 視覚とスポーツパフォーマンス

1）視覚による運動制御

■ 動くために見る

　スポーツ競技場面において"見る"という行為は，身体を動かすことと連動している。単に視覚情報に基づいて状況を把握すれば終わりではなく，その状況で何をすべきか（どのように動くべきか，もしくは動かずにいるべきか）を素早く判断し，正しい身体運動を導くことが求められる。いわば，動くために見ているわけである。仮に視覚系そのものの機能が特別優れていなくとも，視覚系で得られた情報を素早く運動に変換する能力が優れていれば，アスリートとしての動きは優れたものとなりうる。このような理由から，単に視覚系の機能だけに着目するのではなく，視覚系と運動系の連動に着目してスポーツにおける視覚の役割を理解しようとする考え方がある。

　本項では，視覚系で得られた情報が身体運動の制御にどのように利用されているかという観点から，スポーツにおける視覚の役割について概説する。厳密には，見るという行為自体が眼球運動という運動系によって支えられているが，本項では眼球運動も含めて視覚系の働きとして捉える。身体運動を制御する運動系との連携で見える視覚系の役割について説明する。

　視覚系と運動系の連携に着目したことで得られた興味深い現象がある。眼の錯覚を起こす図形に対する運動が，錯覚の影響を大きくは受けないという現象である。対象者にミューラー・リアー図形という有名な錯視図形の長さがどの程度かを，親指と人差し指の間隔で示してもらった（見えの評価）[12]。すると，その成績は錯視の影響を強く受けた（図1-12）。ところが，実際にミューラー・リアー図形を2本の指でつかんでもらった場合，つかむ直前の指と指の間隔は，見えの評価ほど錯視の影響を受けず，実際の長さにある程度対応することがわかった。つまり，どのように見えるかという視覚経験は錯視図形に騙されたが，錯視図形に対して運動した場合には，視覚経験ほど騙されなかった。この結果から，運動制御では，主観的経験としての見えの情報ではなく，図形の幾何学的特性を忠実に捉えた視覚情報を利用していることが示唆される。この興味深い現象は，視覚系と運動系の連動に着目したからこそ明らかになった現象である。

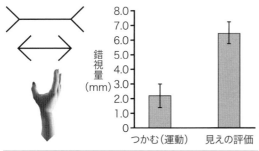

図1-12　ミューラー・リアー図形に対する錯視量：見えの評価と運動における乖離現象（文献12より作図）
ミューラー・リアー図形の長さを，親指と人差し指の間隔で示してもらったところ，錯視の影響を強く受けたが，実際にミューラー・リアー図形を2本の指でつかんでもらった場合は，見えの評価ほど錯視の影響を受けなかった。

第1章 スポーツにおける眼と脳の役割

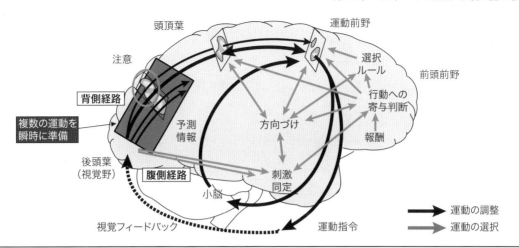

図1-13 腹側経路，背側経路を考慮した脳の情報処理モデル（文献3より引用）
この脳の情報処理モデルでは，背側経路で視覚情報を得ると，ただちにその状況で実行しうる運動を複数準備すると捉えられている（左上「背側経路」にある四角で囲んだ部分）．

　図形に対する見え方と図形に対する運動で錯視量が異なるのは，両者を生み出す視覚情報処理のルートが異なるからだと考えられている．この情報処理のルートは，それぞれ腹側経路，背側経路と呼ばれる．腹側経路，背側経路を考慮した脳の情報処理モデルは多くある．そのなかでも**図1-13**に示したモデル[3]にはユニークな特徴がある．それは，背側経路では視覚情報を得ると，ただちにその状況で実行しうる運動を複数準備するという捉え方である（**図1-13**の左上の「背側経路」にある四角で囲んだ部分）．かつて脳で一度に準備される運動（のプログラム）は1つだと考えられていた．つまり，視覚的に情報を得たら（知覚），それに対する判断を行い（認知），適切とされる運動を1つだけ選択し，コンピュータのプログラムのように実行していくとみなされていた．しかし，サルの神経活動などを測定した神経生理学的研究によれば，実際には運動選択にかかわる視覚情報が提示されると，そこで起こりうる複数の運動を脳で同時に準備しておき，最終的には不必要な運動を抑制する形で運動を実行するという可能性が示されている[2]．

　このモデルに沿って考えれば，優れたアスリートとは，視覚情報に基づいて運動のレパートリーを瞬時に準備できる者ということになる．サッカーやバスケットボールにおける1対1の場面では，相手がどのように仕掛けてきたとしても対応できるように，複数の対応策を準備しておき，相手の決定的な動きの情報に基づいて，実行しない運動を抑制するような脳の働きが行われているのかもしれない．

■ **視覚運動制御**

　本項で解説している，視覚系で得られた情報に基づく身体運動の制御は，専門的には視覚運動制御（visuo-motor control）と呼ばれる．**図1-14**にスポーツ場面における視覚運動制御の一例を示した．それぞれ，バットでボールをミートする動作，ゴルフのパッティングでカップを狙う動作，密集突破のためにディフェンスの選手を巧みによける動作が求められる．動くボールが視覚ターゲットの場合，ボールの動きを予測して，適切なタイミングでバットを動かし，ボールを正確にミートする必要がある．ゴルフ

11

図1-14 スポーツ場面における視覚運動制御の例（文献6より引用）
それぞれのスポーツ場面によって，視覚ターゲットの特性が異なるため，それらに対する視覚系の動きや視覚ターゲットに対して必要な運動が異なる。

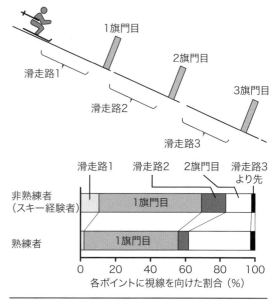

図1-15 アルペンスキー競技選手（回転種目）の予測的視線行動（文献4より作図）
熟練者は非熟練者に比べて，2つ先の旗門に視線を向けている割合が多かった。この結果は，熟練者がより遠くの状況に予測的に視線を向けていることを示唆する。

のカップなど静的な対象が視覚ターゲットの場合，選手自身とカップとの距離を正確に把握し，力を調節してパッティングをコントロールすることになる。密集突破の場面では，目指すべき対象としてのゴールラインだけでなく，避けるべき対象としてのディフェンスの選手も視覚ターゲットとなる。ディフェンス選手のタックルを避けるためには，相手の動きを予測して，その逆を突く動きを企図する必要もあるだろう。これらの事例から，視覚運動制御といっても視覚ターゲットの特性が異なるため，それに対する視覚系の働き，また視覚ターゲットに対して求められる運動がまるで異なることがわかる。

スポーツ場面における視覚運動制御を概観すると，視覚情報の利用という点において少なくとも3つの特徴が浮き彫りになる。第1に，予測的に見るという特徴である。第2に，少なくとも運動の最終局面ではオンラインの視覚情報を有効活用するという特徴である。第3に，視覚情報の効果的な利用は経験によって磨かれる性質があるため，練習時と異なる視覚環境に置かれると，巧みな視覚運動制御ができないこともあるという特徴（「学習の特殊性」という）である。以下，これら3つの特徴について詳しく説明していく。

予測的に見る

スポーツ場面では視覚ターゲットを予測的に見る場面が多い。素早いボールに対して反応する場合，ボールの動きのすべてを眼で追尾するには限界がある。このため，大事な局面でターゲットを眼で捉えるために予測的に眼を動かすことが必要となる。また，視覚ターゲットがまったく動かなくとも，自分自身が高速で動くスポーツ（例えば，スキーのスラローム競技）では，やはり視覚ターゲットを予測的に見る必要がある。自らの高速移動により，自分と視覚ターゲットの空間関係が瞬時に変わるためである。

第1章　スポーツにおける眼と脳の役割

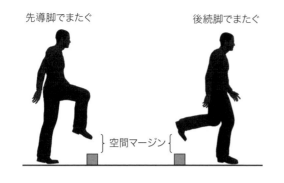
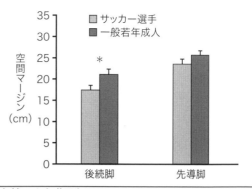

図1-16　サッカー選手と一般若年成人の段差またぎ動作（文献1より作図）
サッカー選手と一般若年成人を対象に段差のまたぎ動作時の空間マージンを測定した結果，視覚情報が利用できない後続脚で段差をまたぐ場合，サッカー選手の空間マージンが有意に小さかった。この研究では，サッカー選手の空間マージンの小ささは自信の表われであると解釈された。＊：有意差あり。

　図1-15にアルペンスキー競技選手（回転種目）の視線行動に関する研究成果を示した[4]。回転種目はアルペン競技のなかでも設置される旗門数が多い種目である。そのためスピードだけでなく，細かくターンをする技術も要求される。5名の熟練者（1名のプロを含む）と，14名の非熟練者（スキーの経験はあるが回転種目の経験はない）の視線行動を解析した結果，熟練者は非熟練者に比べて，2つ先の旗門（2旗門目）に視線を向けている割合が多かった。この結果は，熟練者がより遠くの状況に予測的に視線を向けていることを示唆する。なお，熟練者であっても3つ先の旗門（3旗門目）に視線を向けることはなかった。予測的な視線行動といっても，ひたすら遠くに視線を向けるのではなく，運動の計画にリンクした適切な位置に視線が向けられていることがわかる。

　予測的に遠くの位置に視線を向けるということは，現在遂行中の運動（"今ここ"の運動）の一部は，視覚情報を利用せずに制御することになる。段差をまたぐ動作の場合，最初にまたぐ脚（先導脚）は下方周辺視野で捉えることができるため，脳は先導脚の位置情報を知覚できる（**図1-16**）。これに対して次にまたぐ脚（後続脚）は，視野からはずれるため，視覚情報を利用せずにまたぐことになる。サッカー選手と一般若年成人を対象に段差のまたぎ動作を測定した結果，後続脚で段差をまたぐ場合，サッカー選手の空間マージンが小さかった[1]。視覚が利用できない状況で接触を避けようと思えば，足を高く上げて空間マージンを大きくしようとしても不思議ではない。この研究では，サッカー選手の空間マージンの小ささを，自信の表われであると解釈した。熟練したサッカー選手は，ドリブルの際に足元を見ずにボールをコントロールすることができる。普段から視覚に頼らずに下肢を正確にコントロールしているため，後続脚でまたぐ際にマージンを小さくしてもぶつからない自信があるのだろうと解釈した。

オンラインの視覚情報を利用する

　いくら予測的に見る行為が重要といっても，運動の重要な局面ではオンラインの視覚情報を有効活用している。ゴルフのパッティングやバスケットボールのフリースローのように視覚ターゲットが静的対象の場合には，事前にじっくりとその対象を見ておけば，その後は眼をつぶっても正確に動作を遂行できるように感じるかもしれない。しかし実際には，動作の遂行中にオンラインで視覚情報を入手することが，パフ

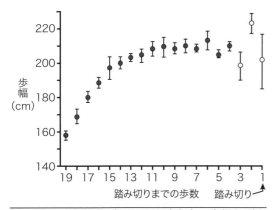

図 1-17 走り幅跳びにおける助走中の歩幅とばらつき（文献 9 より引用）
踏切の数歩前（○）では歩幅が大きくばらついている。

ォーマンスの維持には欠かせない要素となっている。その好例が，陸上の走り幅跳びである。熟練者はいつでも同じ歩幅で力強く走り，踏切板に正確に接地している印象を与える。しかしながら，実は熟練者も踏切直前の歩幅がばらついているのである[9]。つまり，正確な踏切を実現するために，歩幅を極端に狭くしないレベルで直前に微調整しているのである（**図 1-17**）。この結果は，走り幅跳びにおいてもやはり，ジャンプ前の最終局面においては視覚情報を用いた運動の調節が不可欠であることを示唆する。

ピストル射撃を実験室的に再現して行った研究では，ピストルを構えてから射撃を行うまでの所要時間は，射撃経験者が約 2 秒であったのに対し，射撃未経験者は約 3 秒であった[5]。つまり経験者は未経験者に比べて，短い時間で正確に的を狙うための視覚運動制御が可能であるといえる。しかしながら，射撃中の視覚情報の利用時間を 1.5 秒以下に制限すると，経験者であれ未経験者であれ，視覚情報の利用時間が短くなるほど，的当ての成績が低下した。この結果は，ピストル射撃を正確に行うためには，視覚情報を獲得するための必要最低限の時間が必要であることを示唆する。

一連の動作でも，特に動作の最終局面においては，視覚情報をオンラインに入手しておくことが重要であるといわれている。バスケットボールのジャンプショットにおける視覚情報の利用を時間的に制限した際の影響を検討した研究では，動作の最終局面で視覚情報の利用が制限されると，シュート成功率が著しく低下することが報告された[10]。この研究では，バスケットボール熟練者を対象に，視覚を完全に遮断した条件（No-vision），ショットの最終局面（ボールを上に構えてからボールをリリースするまで）で視覚を遮断した条件（Early-vision），ショットの準備動作（ボールを上に構えるまで）で視覚を遮断した条件（Late-vision），視覚遮断をしない条件（Full-vision）の 4 条件でジャンプショットをした（**図 1-18**）。その結果，Early-vision 条件ではシュート成功率が著しく低下したのに対して，Late-vision 条件では Full-vision 条件と同程度のシュート成功率であった。この結果から，ショットの最終局面において視覚情報をオンラインに入手できることが，ショットの正確性に重要であることが示唆される。

練習は裏切らない：学習の特殊性

視覚情報の効果的な利用は経験によって磨かれる性質がある。このため，練習時と異なる視覚環境では，練習ほどのパフォーマンスが得られないこともある。練習環境と異なる環境では実力が発揮できにくいという性質は，「学習の特殊（特異）性（specificity of learning）」と呼ばれる。この他，著しい量の練習経験によって特別に磨かれたスキルとして，「特別なスキル（especial skills）」と表現されることもある。

バスケットボール選手は高い確率でフリースローを決めることができるが，距離や位置などの条件をわずかに変えると，成功率は必ずしも高くはない[7,8]。Keetch ら[7]は，バスケットボ

第1章 スポーツにおける眼と脳の役割

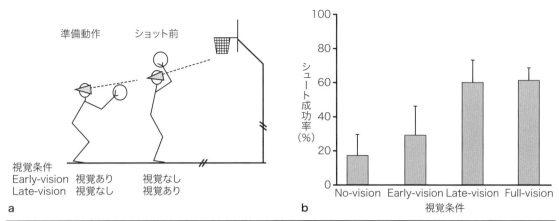

図1-18 バスケットボールのジャンプショットにおける視覚制限の影響（文献10より引用）
視覚を完全に遮断した条件（No-vision），視覚遮断をしない条件（Full-vision），準備動作中だけ視覚が利用できる条件（Early-vision），ショットの直前のみ視覚が利用できる条件（Late-vision）の4つの条件においては，Early-visionでシュート成功率が低下したのに対して，Late-visionではシュート成功率は低下しなかった。

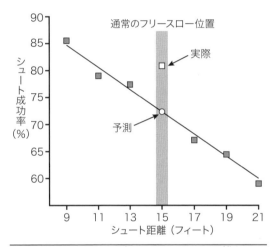

図1-19 バスケットボールのシュート距離とフリースロー成功率との関係（文献7より引用）
フリースローの成功率はシュート距離と概ね相関していたが，フリースローラインからのフリースロー成功率は，距離から予測される成功率よりも高かった。

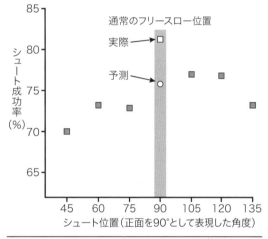

図1-20 バスケットボールのシュート位置とフリースロー成功率との関係（文献7より引用）
シュート距離を変えずにシュート位置を変えてフリースローの成功率を調査した結果，距離の場合と同様に，フリースローラインからの成功率だけが高かった。

ール熟練者を対象に，シュートの距離とフリースローの成功率を調査した。その結果，全体としてみればフリースローの成功率はシュートの距離と相関していた（**図1-19**）。つまり，シュートする位置がゴールから近ければ成功率が高く，遠ければ成功率が低かった。ところが，フリースローラインからのフリースロー成功率は，

その距離との関係から予測される成功率よりもはるかに高かった。通常の位置からのフリースローは，選手にとって"特別なスキル"といえる。フリースローをジャンプショットに変えた場合は，フリースローラインからの成功率が高くなることはなかった。ジャンプショットは特定の位置からだけ打つことはないため，フリースロ

15

ーと異なる結果にはなったと考えられる。

　次に，シュート距離を変えずにシュート位置を変えてフリースローの成功率を調査した。その結果，距離の場合と同様に，フリースローラインからの成功率だけが高くなった（**図1-20**）。距離が変わらなければ，力の調節という意味では同じショットように思われる。しかし実際には，通常のフリースローラインからのシュートでないと，シュート成功率は高くならなかった。これらの結果からKeetchらは，運動の記憶には視覚的文脈が加味されているのではないかと解釈した。すなわち，繰り返し練習したスキルが，単に動作単独で記憶されているのではなく，練習した視覚環境との関係で学習される部分があるため，視覚環境が異なる場面では練習効果が発揮されない，というものである。

　この考え方に一致する興味深い研究がある[11]。これもバスケットボールのフリースローを対象とした研究であるが，ゴールの位置を通常よりも30 cm前，および30 cm後ろに移動した条件を設定して，フリースロー成功率を測定した。その結果，フリースロー成功率が最も高かったのは，ゴールの位置にかかわらず，フリースローラインからシュートした場合であった。この結果は，普段からフリースローとして練習している距離（4.23 m）が大事なのではなく，普段練習している視覚環境が重要である可能性を示している。フリースローの成功率が高いのは，4.23 mの距離を投げるのに必要な力発揮や投げ方を覚えているというよりは，慣れている視覚環境では高い精度でシュートの調整が可能ということなのかもしれない。

おわりに

　本項では，視覚系と運動系の連動に着目してスポーツにおける視覚の役割について説明した。ここで紹介してきた研究の多くが，バスケットボールのフリースロー成功率や走り幅跳び選手の歩幅など，身体運動に関するパフォーマンスを測定指標としている。しかしながら，こうした研究を通して明らかとなるのは，その身体運動を制御するために視覚情報がどのように役立てられているのかということである。スポーツにおける眼と脳の働きを理解するための重要な知識として，視覚運動制御の知識に着目していただければ幸いである。

文　献

1. Bijman MP, Fisher JJ, Vallis LA: How does visual manipulation affect obstacle avoidance strategies used by athletes? *J Sports Sci*, 34: 915-922, 2016.
2. Cisek P, Kalaska JF: Neural correlates of reaching decisions in dorsal premotor cortex: specification of multiple direction choices and final selection of action. *Neuron*, 45: 801-814, 2005.
3. Cisek P, Kalaska JF: Neural mechanisms for interacting with a world full of action choices. *Annu Rev Neurosci*, 33: 269-298, 2010.
4. Decroix M, Wazir M, Zeuwts L, et al.: Expert-non-expert differences in visual behaviour during alpine slalom skiing. *Hum Mov Sci*, 55: 229-239, 2017.
5. Goonetilleke RS, Hoffmann ER, Lau WC: Pistol shooting accuracy as dependent on experience, eyes being opened and available viewing time. *Appl Ergon*, 40: 500-508, 2009.
6. 樋口貴広：スポーツ選手における視覚運動制御．*OCULISTA*, 58: 63-68, 2018.
7. Keetch KM, Schmidt RA, Lee TD, et al.: Especial skills: their emergence with massive amounts of practice. *J Exp Psychol Hum Percept Perform*, 31: 970-978, 2005.
8. Keetch KM, Lee TD, Schmidt RA: Especial skills: specificity embedded within generality. *J Sport Exerc Psychol*, 30: 723-736, 2008.
9. Lee DN, Lishman JR, Thomson JA: Regulation of gait in long jumping. *J Exp Psychol Hum Percept Perform*, 8: 448-458, 1982.
10. Oudejans RR, van de Langenberg RW, Hutter RI: Aiming at a far target under different viewing conditions: visual control in basketball jump shooting. *Hum Mov Sci*, 21: 457-480, 2002.
11. Stöckel T, Breslin G: The influence of visual contextual information on the emergence of the especial skill in basketball. *J Sport Exerc Psychol*, 35: 536-541, 2013.
12. Westwood DA, McEachern T, Roy EA: Delayed grasping of a Muller-Lyer figure. *Exp Brain Res*, 141: 166-173, 2001.

　　　　　　　　　　　　　　　（樋口　貴広）

2）アスリートの動くものの見方

■ 動きを見る

スポーツでは，「ボールから眼を離すな」や「相手の動きをしっかり見ろ」といった指導言語からわかるように，さまざまな対象の"動きを見る"ことが重要視される。言い換えれば，スポーツパフォーマンスの良否は，動きを見る視覚能力と密接な関係にあるということである。よって，その仕組みを理解することは，アスリートをサポートするための有益な知見となりうる。ただし注意すべき点として，前項で述べられているように，スポーツにおいての"見る"は，身体運動と不可分の関係にあることを忘れてはならない。すなわち，スポーツにおいて必要な"動きを見る"とは，運動課題を成功裡に遂行することを前提とした機能的な動きの見方である。

では，スポーツにおける機能的な動きの見方とはどういうことであろうか。野球の打撃を例に考えてみたい。打者の運動課題は，飛んでくるボールにバットを衝突させるといった単純なものであるが，存外に難しい。その原因の1つは，環境の時間的制約と身体の時間的制約にある。具体的にいえば，**図 1-21a** に示したように，野球の打撃ではわずか数ミリ秒のタイミングのずれでヒットがファールになる（環境の時間的制約）[1]。一方，網膜に映ったボールの信号が脳の一次視覚野に届くまで（神経処理）には少なくとも数十ミリ秒がかかるため（身体の時間的制約）（**図 1-21b**），視覚野に届いた瞬間のボール情報は実際より常に遅れた位置となる[20]。「ボールを見る競技」であれば，この数十ミリ秒の神経処理遅延は大した問題にならないが，数ミリ秒の精度で「ボールを打つ競技」では看過できないエラーである。つまり，何らかの方法を使って，この遅れを補償しないことには，ボールを打つことができない。この例からわかるように，スポーツにおける機能的な動きの見方とは，身体と環境の制約を補償して，成功裡に

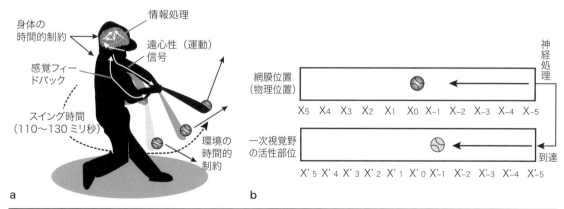

図 1-21　環境と身体の時間的制約（a）と網膜から一次視覚野までの神経処理時間のずれ（b）
a：ボールの情報を網膜から脳に伝達するだけで数十ミリ秒かかり，これに中枢処理の時間，運動信号を効果器へ伝える時間などが加わる（身体の時間的制約）。野球のボールが時速 150 km で接近した場合，ベース上をわずか 10 ミリ秒で通過する。そのため，タイミングが数ミリ秒ずれるだけで，打球の結果は大きく異なる（環境の時間的制約）。b：物理的なボール位置と脳が認識しているボール位置にはずれが生じる。Nijhawan[20] は時速 60 マイル（時速約 96 km）で飛来するボールでは，視覚野に信号が届いた位置と網膜から信号が発せられた瞬間の位置のずれは約 60 cm と推定した。

第1章　スポーツにおける眼と脳の役割

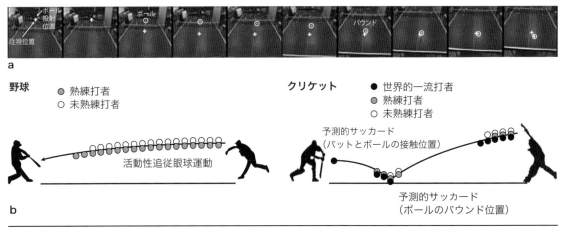

図1-22　捕捉運動における注視行動
a：卓球のボールマシーンから投射されたボールをレシーブする際の注視行動。b：左図は野球打者の注視行動（文献8より作図）。右図はクリケット打者の注視行動（文献13，15，25より作図）。●●○は，各レベルの打者がボールを眼で捉えている位置を示す。

運動を実現できるような動きの見方といえる。

そこで，本項では，「高速移動物体の動き」と「他者の動き」という2つの異なる動きをテーマに，アスリートが時間的制約を克服するためにどのような機能的な動きの見方を発達させているかについて紹介する。

■ 移動物体の動きを見る ―移動物体を見るアスリートの眼―

野球やテニス，サッカーなど，厳しい時間的制約下で，打具や身体を使って移動物体を捕捉するスポーツは多い。アスリートは卓越した捕捉運動を行うために，どのように移動物体を見るのだろうか。この疑問については，ボールに対する視覚探索（visual search）あるいは，注視行動（gaze behavior）の研究として古くから調査されている。これらの研究では，モバイル式の眼球運動計測装置によってアスリートの注視行動を記録し（図1-22a），熟練者の特徴的な視線行動を明らかにしてきた。

まず1つ目の特徴は，熟練者は滑動性追従眼球運動を用いて，未熟練者よりも長い期間ボールを見ることができるという特徴である（図1-22b）。この特徴は野球の打撃やバレーボールのレシーブなど，ボールがバウンドしない状況での捕捉運動でよく観察される[8, 30]。例えば，Vickersら[30]によると，バレーボールの熟練者は平均で1,400ミリ秒間ボールを追跡できるのに対し，準熟練者では768ミリ秒しかボールを追跡できない。この違いは，サーブによるボール投射後，熟練者がボールの追跡を即座に開始できるのに対し，準熟練者では遅延すること，熟練者はレシーブ直前までボールを追跡するのに対し，準熟練者は早めにボールから眼が離れることに起因する。実験室的な基礎研究では，より長いボールの追跡は，移動物体の将来位置の予測を促進することが明らかにされている[2]。また，quiet eyeという観点から（詳細は「スポーツにおける視覚的センス」参照），運動の事前計画の精度やオンライン調節を高めることも指摘されている[3]。このように，熟練者はボールの追跡を早期に開始し，長くボールを見ることで，正確なボール軌跡の予測や運動の適切な計画・調整を可能にする機能的な動きの見方を行っている。

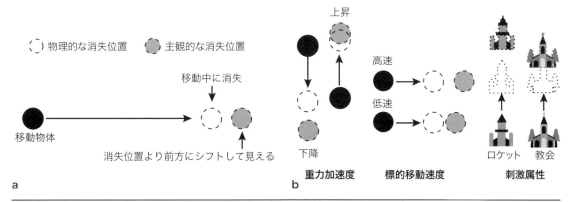

図 1-23 Representational momentum（RM）の模式図（文献 17 より引用）
a：典型的な RM 現象。移動物体の主観的な消失位置は物理的な消失位置よりも未来の位置にシフトして見える。b：重力や速度，物体に対する知識が RM の大きさに影響を与える[9]。

2つ目の特徴は，テニスや卓球など，ボールのバウンドを含む捕捉運動でしばしば観察される予測的サッカードである。予測的サッカードとは，サッカード（衝動性）眼球運動を用いて，注視位置をボールよりも先まわりさせる注視方略である。**図 1-22a** でもわかるように，レシーブする卓球選手の注視位置（＋）は，ボール（○）のバウンド位置に急速に先まわりして移動し，ボールを待つように配置されている。クリケットの熟練打者と未熟練打者を比べた Land ら[13]の研究では，レベルの高い打者ほど，より早期に正確な予測的サッカードを行うことが明らかにされている。バウンド位置へ予測的サッカードが行われる理由として，適切な捕捉運動の計画には，バウンド前のボール軌跡情報より，バウンド位置とそのタイミング，さらにバウンド後のボール軌跡情報が重要であるためと考えられている。この特徴は，テニス，スカッシュ，卓球など他の競技でも認められる。つまり，バウンドを含むスポーツの熟練者は，あえてボールから眼を「離す」という戦略を採ることで，捕捉運動に最も重要となる情報を見ているということである。また，世界トップレベルの打者は，バウンド位置だけでなく，バットとボールが接触する位置に対しても予測的サッカードを行うことが報告されている[15]。このような注視行動は，ボールとバットが当たる直前までの精緻なオンライン制御を可能にすると考えられている。

以上のように，熟練者は予測を高める注視行動，あるいは予測的な注視行動を用い，時間的制約下の捕捉運動を最適化しているといえる。

■ 移動物体に対する機能的な動きの見方 —"見ているもの"と"見えているもの"—

ここまで示してきたように，熟練したアスリートは，注視行動を発達させることで，環境と身体の時間的制約を回避していると考えられる。一方，前述の熟練打者の移動物体の見方に関して，より長い滑動性追従を行う場合でも，予測的サッカードを行う場合でも，ボール軌跡全体を見ていないという事実は興味深い。というのも，アスリート自身は捕捉運動中にボールを見ていないという印象をもつことは少ない。むしろ，「ボールとバットが当たるところまではっきり見える」とさえ述べる。このような科学が示

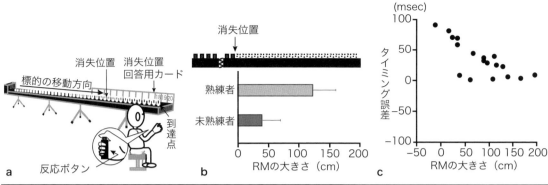

図 1-24　Nakamoto ら[19] の実験手続きと実験結果（文献 17 より引用）
a：実験課題。接近する光点（標的）が到達点に到達した瞬間に反応ボタンを押すタイミング一致課題。標的は全試行のうち 50％の確率で消失する。その場合，消失位置をカード番号で回答する。標的の移動距離は 400 cm，消失位置は到達点の 200 cm 前。b：野球熟練者と未熟練者の表象的慣性（RM）の大きさの違い。c：RM とタイミング誤差の関係。

す物理的な証拠と打者が表現する主観的な体験の一見矛盾ともとれる現象から推測されることは，打者が"見ているもの"と"見えているもの"は別物であるということである。

前項「視覚とスポーツパフォーマンス」の錯視の例からわかるように，われわれは常に物理環境をありのまま知覚するわけではない。これは移動物体の知覚に関しても同様であり，その1つとして表象的慣性（representational momentum：RM）と呼ばれる現象がある[6]。具体的には，移動物体を移動中に消失させ，観察者に消失位置を問うと，物理的な消失位置よりも先の位置で消失したと回答する（図 1-23a）。つまり，移動物体の主観的な消失位置は物理的な消失位置よりも未来の位置にシフトして見える。また，RM の大きさは物理法則や知識の影響を受ける[9]（図 1-23b）。この現象が示唆することは，われわれが主観的に見えている移動物体は，実際に見ている移動物体（網膜に映る位置）ではなく，脳によって理知的に解釈された未来の位置ということである。

著者ら[19] は，野球の熟練打者と未熟練打者を対象に，野球打撃のシミュレーション課題を用い，RM とタイミング誤差を測定した（図 1-24a 参照）。その結果，到達前 200 cm の位置で標的が消失しているにもかかわらず，熟練者では 120 cm 以上も消失した後の標的が見えたと報告した（標的が消失したことすら気づかない熟練者もいる）。さらに重要な点として，物体が高速で移動する状況（環境の時間的制約が強い状況）では，消失後の標的が長く見えていた者ほど，タイミング誤差が小さいという関係がみられた（図 1-24c）。これらの結果は，熟練打者には，物理的な移動物体ではなく，脳で形成された未来の移動物体が見えており，それに基づいて運動タイミングを制御していることが示唆される。すなわち，打者が物理的に見ていないボールを主観的に見えていると報告するのは，こういった予測的視知覚機構が関与している可能性があり，冒頭で述べた神経遅延を補償する機能であると考えられる。言い換えれば，熟練者の脳は視覚情報が遅れることを前提に，未来の位置が見えるように発達しているということである。また近年では，RM が生得的な能力か獲得される能力かといった検討が行われ，4年間のバドミントントレーニング後には，ジュニアアスリートの RM が増大したと報告されている[11]。ちなみに，RM は単純な年齢的発達に伴

第1章 スポーツにおける眼と脳の役割

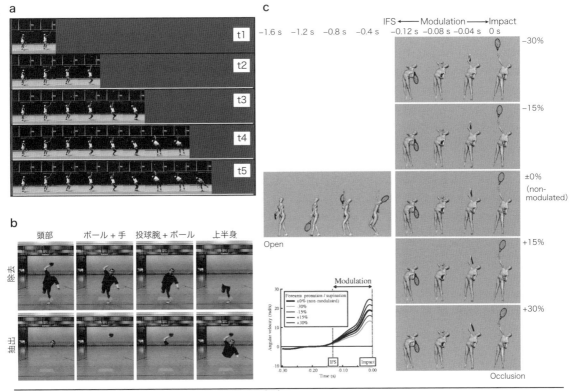

図1-25 予測能力を研究するさまざまな刺激呈示方法
a：時間的遮蔽法の例。さまざまな時点（t1～t5）で相手サーバーのサーブ動作が遮蔽される。参加者に各時点でサーブの方向を予測させることで，「いつ」予測が可能であるかを同定できる（Farrow D, Abernethy B: Do expertise and the degree of perception-action coupling affect natural anticipatory performance? Perception, 32: 1127-1139, 2003. より SAGE Publications, Ltd.の許可を得て引用）。b：空間的遮蔽法の例。シューターのシュート中の身体各部が部分的に遮蔽される。参加者に各映像でシュートを予測させることで，「どこ」の情報が予測に重要か同定できる（Loffing F, Hagemann N: Skill differences in visual anticipation of type of throw in team-handball penalties. Psychol Sport Exerc, 15: 260-267, 2014. より Elsevier の許可を得て引用）。c：キネマティクス変調技法の例。コンピュータグラフィクスを使って，サーバーの腕の内回・回外速度などキネマティクスを変調させることで，「どのような」情報が予測に重要か同定できる（Ida H, Fukuhara K, Kusubori S, et al.: A study of kinematic cues and anticipatory performance in tennis using computational manipulation and computer graphics. Behav Res Methods, 43: 781-790, 2011. Springer Nature の許可を得て引用）。

って減少する[27]。よって，RMでみられるアスリートの予測機構は，時間制約下での捕捉運動を成功裡に遂行するために発達させている機能的な動きの見方であると考えられる。

また，RMが生じる神経メカニズムとして，物体の動きの視覚処理を担うMT野（第五次視覚野）の関与が指摘されている。Schenkら[26]は，経頭蓋磁気刺激装置を使用して，健常者のMT野の機能を一時的に阻害した場合，移動物体をつかむ際のリーチング運動の開始タイミングが変調したと報告した。この研究から，MT野で形成された物体運動の情報は，単に主観的な見え方だけでなく，移動物体を捕捉する運動に利用されていると考えられる。このことからもRMでみられるアスリートの見方は，運動遂行にとって機能的な動きの見方であるといえる。

よく，一流アスリートはみている世界が違うと形容されることがある。著者の所属大学には世界レベルの剣道選手が在籍しているが，「試合中何を見ているか？」という問いに，「相手から

見た自分か，斜め上空から自分と相手の試合を見ている」と回答し驚いたことがある。前述の研究は，われわれとアスリートは物理的に同じものを見ても，主観的な世界では異なるものが見えていることを明確に示している。近年では，アスリートはスローモーションで環境が見えているといった実験的証拠もいくつか提出されはじめている[7, 29]。このような事実は，物理量として表現されるものだけでなく，科学が困難としてきた主観的な視覚意識も同時に明らかにしていくことが，アスリートの機能的な見方の解明に不可欠であること示していると思われる。

■ 他者の動きを見る ―他者を見るアスリートの眼―

スポーツにおける時間的制約を回避するために，他者の動きをみる能力が重要であることは古くから認識されてきた。そのことを示すものとして，最も初期に行われたJonesら[12]のテニスの予測に関する研究を紹介する。この調査では，時間的映像遮蔽という方法を使って，インパクト前と後で遮蔽される相手サーバーのサーブ映像が呈示された[5]（図1-25a）。テニス選手は，遮蔽映像から最終的なサーブコースを予測して回答することが求められた。その結果，熟練者は未熟練者と比べ，インパクト後だけでなく，ボール軌跡の見えないインパクト前の遮蔽映像からでも正確にサーブコースを予測できた。つまり，熟練者はボール軌跡の情報だけでなく，インパクト前の相手の動作からコースを予測できるということである。このような相手の動きに基づく優れた予測能力は，さまざまなスポーツにおいて確認されている。

この報告以降，熟練者は相手動作の"どこから""どのような"情報（予測手がかり）を得て，優れた予測を可能にしているかについて活発に研究が行われた。これらの研究では，相手動作に向ける熟練者の注視位置の分析から予測手がかりを同定する方法（「スポーツにおける視覚的センス」参照），身体の各部位を順次遮蔽し，最も予測の正確性が低下する部位を予測手がかりとして同定する空間的遮蔽法[14]（図1-25b），バイオメカニクス的な動作分析に基づき，コンピュータグラフィクスを用いて，身体動作のキネマティクス情報だけを変調させる方法[10]（図1-25c）など，さまざまな方法が用いられる。主要な発見は，熟練者も未熟練者もラケットや腕，あるいは指先といった最終的な効果器のキネマティクス情報（distal information）を最も重要な予測手がかりとしているが，熟練者は肩や殿部，あるいは体幹など基部からも情報（proximal information）を得ており，特定の部位だけから情報を得るというより，各部位の相対的な運動を予測手がかりとしているということである。すなわち，アスリートは特定の結果（例えば，右方向のサーブ）につながる他者の動作（例えば，前腕の回内運動）を精確に弁別することで優れた予測能力を発揮しているのである。

このような発見は，未熟練者においても重要な予測手がかりを抽出できるようになれば，熟練者と等しく優れた予測能力を発揮できるはずであるという考えを導く。この考えは知覚トレーニングとして検証され，多くの成果を上げている（「スポーツにおけるバーチャルリアリティ環境について」参照）。知覚トレーニングの典型的な手法では，競技中の視点から撮影された映像（例えば，打者から見た投手の映像）を呈示しながら，学習者に熟練者が利用する予測手がかり（例えば，腰と肩の向き）と最終的な結果（投球コース）の関係を教示する。その後，遮蔽映像を呈示し，結果を予測させ，正解をフィードバックする。これにより，映像に対する予測の早さや正確性が向上するだけでな

第1章 スポーツにおける眼と脳の役割

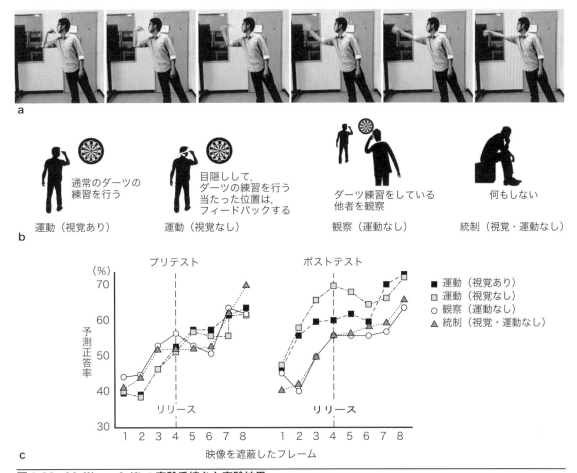

図1-26 Mulliganら[16]の実験手続きと実験結果
a：実験で呈示された映像（記述をもとに著者作成）。参加者は，さまざまな時点で遮蔽される映像からダーツの到達位置を予測する。b：各群のトレーニング内容で，4つの群はそれぞれ，視覚＋運動経験，運動経験のみ，視覚経験のみ，両方なしでトレーニング期間を過ごす。c：各時点の遮蔽映像に対する参加者の予測正答率。横軸の4がダーツリリースの瞬間で遮蔽される映像条件。

く，実際のパフォーマンスも向上することが報告されている[18]。

■ 他者の動きに対する機能的な動きの見方 —"見る"と"する"の双方向結合—

スポーツにおける予測の熟達は，他者の動作をいかに正確に弁別するかにかかわっている。そのため，伝統的な知覚トレーニングからわかるように，他者の動きを見る経験を増やすことが重要視されてきた。一方，近年の研究では，動きの弁別精度を高めるためには，他者の運動を見る経験ではなく，自身で運動をする経験が重要であることが報告されはじめている[28]。その契機となった発見として，他者の動きの視覚処理に関係する下頭頂小葉，腹側運動前野，および上側頭溝を核としたミラーニューロンシステム（MNS）（action observation networkとも呼ばれる）があげられる。ミラーニューロンとは，他者の行為を観察したときに，その行為を自分が実際に遂行したときと同じように活動する神経細胞であり，マカクザルで発見された[24]。この神経ネットワークでは，他者の行為の視覚

情報が運動情報に変換（感覚運動変換）され，変換された運動情報が自己の運動システム内でシミュレートされると考えられている[4]。つまり，他者の動きを自身の脳内で再現し，追体験しながら他者の動きを理解するシステムである。

MNSの発見がもたらした重要な示唆は，知覚と運動が双方向に影響しあうという点にある。この概念は，共通符号仮説（知覚の最終ステージと行為の最初のステージは，共通の表象をシェアしている）として古くから提案されてきた[22]。この仕組みから想定されることは，運動の発達は他者の動きの知覚を発達させる，すなわち動作弁別による予測を促進させるということである。Mulliganら[16]は実に秀逸な方法でこの仮説が事実であることを証明した。彼らの実験では，図1-26bに示した4つの群に実験参加者を割り当て，トレーニング前後で時間的遮蔽法を用いたダーツの予測課題（ダーツがどこに当たるかを予測する課題）を行わせた（図1-26a）。4つの群のうち，運動（視覚なし）群は，トレーニング中，ダーツを投げる自分の動きもダーツが飛んでいく様子も見ることができない。ただし，ダーツを投げた後は的のどこに当たったかが知らされるため，ダーツのパフォーマンス自体は向上していく。結果として，トレーニング前の予測課題では，どの群もリリース前の動作に基づいて予測する条件（図1-26cの遮蔽1，2，3，4）では予測精度が低かったが，トレーニング後には，まったく視覚情報が与えられなかった運動（視覚なし）群が最も優れた予測を示した。一方，他者の運動を観察する経験をした観察群では，このような優れた予測は観測されなかった。他者の動きを見る能力は，見る経験ではなく，する経験のほうが重要であるという結果は驚きである。このように，熟練者は運動経験を通じて予測能力（他者の動きを見る能力）を発達させることで，環境と身体の時間的制約を克服している。

おわりに

本項では，"動きをみる"をテーマに，高速移動物体と他者という異なる対象を扱い，アスリートがどのような機能的な見方を発達させているかについて示した。「移動物体の動きを見る」では，熟練者がユニークな注視行動を行うこと，また，移動物体の物理情報とは異なる未来の情報を見ること，またこれらの見方が，環境と身体の時間的制約を回避する仕組みとして機能的であることを示した。さらに，「他者の動きを見る」では，熟練者が他者の動きを弁別する能力を向上させることで，時間的制約を回避する予測能力を発達させていること，知覚と運動の双方向結合の視点から，動きをみる能力には観察経験だけでなく，運動経験がかかわることを示した。これらから共通してわかることは，冒頭で述べたように，スポーツにおいて視覚と運動は表裏一体のシステムなのである。近年，物体や他者の動きの知覚は，自己の運動目的や状態によって変調するといった報告が増加している（例えば，非利き手で的に向かってボールを投げるときは，利き手で投げるときよりも的を小さく知覚する[21]）。このような変調は，自己の適切な行為を引き出すためである（小さく見ることで精度の高い運動を引き出す）と考えられている[21]。今後，スポーツにおけるアスリートの機能的な見方を理解するためには，運動とのかかわりのなかで検討する必要があるだろう。

文　献

1. Adair RK: *The Physics of Baseball*, 3rd ed., Harper Collins ebooks, New York, 2002.
2. Brenner E, Smeets JBJ: Continuous visual control of interception. *Hum Mov Sci*, 30: 475-494, 2011.
3. Causer J, Hayes SJ, Hooper JM, et al.: Quiet eye facilitates sensorimotor preprograming and online control of

precision aiming in golf putting. *Cogn Process*, 18: 47-54, 2017.
4. Fadiga L, Fogassi L, Pavesi G, et al.: Motor facilitation during action observation: a magnetic stimulation study. *J Neurophysiol*, 73: 2608-2611, 1995.
5. Farrow D, Abernethy B: Do expertise and the degree of perception-action coupling affect natural anticipatory performance? *Perception*, 32: 1127-1139, 2003.
6. Freyd JJ, Finke RA: Representational momentum. *J Exp Psychol Learn Mem Cogn*, 10: 126-132, 1984.
7. Hagura N, Kanai R, Orgs G, et al.: Ready steady slow: action preparation slows the subjective passage of time. *Proc Biol Sci*, 279: 4399-4406, 2012.
8. Hubbard AW, Seng CN: Visual movements of batters. *Res Q*, 25: 42-57, 1954.
9. Hubbard TL: Representational momentum and related displacements in spatial memory: a review of the findings. *Psychon Bull Rev*, 12: 822-851, 2005.
10. Ida H, Fukuhara K, Kusubori S, et al.: A study of kinematic cues and anticipatory performance in tennis using computational manipulation and computer graphics. *Behav Res Methods*, 43: 781-790, 2011.
11. Jin H, Wang P, Fang Z, et al.: Effects of badminton expertise on representational momentum: a combination of cross-sectional and longitudinal studies. *Front Psychol*, 8:1526, 2017.
12. Jones SM, Miles TR: Use of advanced cues in predicting the flight of lawn tennis ball. *J Hum Mov Stud*, 4: 231-235, 1978.
13. Land MF, McLeod P: From eye movements to actions: how batsmen hit the ball. *Nat Neurosci*, 3: 1340-1345, 2000.
14. Loffing F, Hagemann N: Skill differences in visual anticipation of type of throw in team-handball penalties. *Psychol Sport Exerc*, 15: 260-267, 2014.
15. Mann DL, Spratford W, Abernethy B: The head tracks and gaze predicts: how the world's best batters hit a ball. *PLoS ONE*, 8: e58289, 2013.
16. Mulligan D, Hodges NJ: Throwing in the dark: improved prediction of action outcomes following motor training without vision of the action. *Psychol Res*, 78: 692-704, 2014.
17. 中本浩揮：スポーツの熟達に伴う視覚システムの発達 −動きを「みる」の熟達−. 臨床スポーツ医学, 32: 1164-1171, 2015.
18. 中本浩揮, 及川　研, 杉原　隆：知覚トレーニングが初級打者の予測とパフォーマンスに与える効果. 体育学研究, 50: 581-591, 2005.
19. Nakamoto H, Mori S, Ikudome S, et al.: Effects of sport expertise on representational momentum during timing control. *Atten Percept Psychophys*, 77: 961-971, 2015.
20. Nijhawan R: Visual prediction: psychophysics and neurophysiology of compensation for time delays. *Behav Brain Sci*, 31: 179-198, 2008.
21. 小笠希将, 森　司朗, 中本浩揮：投球課題時の行為能力の変化が標的までの距離および大きさの知覚に与える影響. 鹿屋体育大学学術研究紀要, 55: 97-104, 2018.
22. Prinz W: Perception and action planning. *Eur J Cogn Psychol*, 9: 129-154, 1997.
23. Proffitt DR: Embodied perception and the economy of action. *Perspect Psychol Sci*, 1: 110-122, 2006.
24. Rizzolatti G, Craighero L: The mirror-neuron system. *Annu Rev Neurosci*, 27: 169-192, 2004.
25. Sarpeshkar V, Abernethy B, Mann DL: Visual strategies underpinning the development of visual-motor expertise when hitting a ball. *J Exp Psychol Hum Percept Perform*, 43: 1744-1772, 2017.
26. Schenk T, Ellison A, Rice N, et al.: The role of V5/MT+ in the control of catching movements: an rTMS study. *Neuropsychologia*, 43: 189-198, 2005.
27. Shirai N, Izumi E, Imura T, et al.: Differences in the magnitude of representational momentum between school-aged children and adults as a function of experimental task. *i-Perception*, 9: 1-14, 2018.
28. Unenaka S, Ikudome S, Mori S, et al.: Concurrent imitative movement during action observation facilitates accuracy of outcome prediction in less-skilled performers. *Front Psychol*, 9: 1262, 2018.
29. Vicario CM, Makris S, Urgesi C: Do experts see it in slow motion? Altered timing of action simulation uncovers domain-specific perceptual processing in expert athletes. *Psychol Res*, 81: 1201-1212, 2017.
30. Vickers JN, Adolphe RA: Gaze behavior during a ball tracking and aiming skill. *Int J Sports Vis*, 4: 18-27, 1997.

〔中本　浩揮〕

3）インタラクティブスポーツに求められる視覚運動機能

はじめに

　球技や格闘技などのインタラクティブなスポーツでは，相手やボールなどの対象物が高速かつ複雑に動き，それに応じて自身が適切な動作をすることが求められる。そのためにはまず「見る」ことが不可欠であるのはいうまでもない。ひと口に「見る」といってもさまざまな視覚機能のなかで，特にどのような機能が重要なのか，そしてそれらの機能をどのようにすれば高めることができるのかを知りたいアスリートや指導者は多い。しかし現状では，これらの点に関して科学的根拠に基づく体系的な知見や方法論は確立されていない。心理物理学や神経科学などの分野では，長年にわたって視覚の基礎的特性や神経メカニズムに関して詳細な研究が行われており，膨大な知見が蓄積されている。しかしその大半は，単一もしくはごく少数の刺激要因のみを操作したきわめて単純な状況下での実験に基づいており，インタラクティブなスポーツのように，厳しい時間的制約のなかで多数の要因が複雑に絡み合った極限的な状況に適用するのには無理がある。一方，眼科の臨床や視覚トレーニングなどの分野では，暗黙のうちに「対象をはっきり認識すること」に主眼が置かれている場合が多い。しかし後述するように，基礎研究の知見によれば，対象の認識と動きへの反応は別の問題である。この点を念頭に置かないかぎり，インタラクティブなスポーツに求められる視覚機能の全体像は理解できない。

　このような状況を踏まえると，現時点では，まず基礎研究者，臨床家，アスリート，指導者たちの間で基礎知識と問題意識を共有することが必要であろう。本項では，まず網膜から脳にいたる視覚経路における視覚情報処理の基礎について，動きの視覚情報を捉えて自己の運動を生成する機能（視覚運動機能）に関連の深い部分を中心に概説する。次に，インタラクティブなスポーツにおいて，アスリートが直面している視覚運動情報処理の課題について，野球の打撃を素材として分析し，最後にそれらの検討を踏まえ，今後の研究の方向性を示唆する。

■ 視覚運動情報処理の基礎

　視覚系は眼球から脳にいたる多段階の情報処理システムである。網膜への結像は，視覚情報処理の入口であって，これがそのまま写真のように認識されるわけではない。ある時点での網膜像は，ある空間範囲に関するノイズも含まれた外界のサンプル（二次元投影像）である。眼球が動くと，別の空間範囲に関するサンプルが得られる。こうして得られた断片的なサンプルの系列から，多段階の情報処理によって，さまざまな画像の特徴が抽出され，統合されて外界に関する知覚が形成されていく。知覚の形成には，ボトムアップの情報処理だけでなく，脳内に蓄えられた情報に基づくトップダウンの予測も本質的な役割を果たしている。また，視覚だけでなく，聴覚や体性感覚，自己受容感覚など，他の感覚系から得られた情報も視覚情報処理に影響する。さらに，注意（attention）と呼ばれる機構によって，自覚的・無自覚的に情報の取捨選択が行われる。物を見るときに，断片的なスナップショットの羅列ではなく，自身の周囲に一貫した視覚世界が存在しているように知覚されるのは，こうした複雑な情報処理の結果に他ならない。結果として知覚の内容は，しばしば外界の事物とは乖離していることもある。そ

のなかで特に顕著なものを錯覚（錯視）と呼ぶが，そもそも網膜像と知覚内容は基本的には単純に対応していない。しかしそれは単なる錯誤ではなく，網膜が捉えた情報に関する脳の解釈とみるほうが適切である。そのような解釈抜きに，網膜像だけで，実環境のさまざまな状況下で安定した視覚認知や適切な行動を実現することは不可能なのである。

このような視覚情報処理の神経メカニズムを考えるうえで重要なのは，網膜から脳まで段階的に処理が進むという階層性と，性質の異なる複数の処理が（完全に独立ではないにせよ）並行して行われるという並列性である。まず，光を電気信号に変換する網膜では，中心部と周辺部で特性が異なる。中心部は色（波長）に選択性をもち，空間分解能が高い[36]。最も視力の高い中心窩の視力を基準とすると，約2～3°離れただけで視力は約半分まで低下する[1,50]。一方，周辺部は色に選択性がなく，空間分解能が低いが，時間分解能に関しては感度が高い。

網膜の出力である神経節細胞の活動信号は，視床の外側膝状体を経由して，大脳後頭葉にある視覚皮質に伝達される。この経路は，前述したように大細胞系と小細胞系に大きく分けられ，大細胞系は小細胞系よりも時間分解能が高く，空間分解能が低い[18,24]。視覚皮質の最初の段階である一次視覚野には，網膜上の比較的狭い領域ごとに，特定の線分の傾き，色，動きの方向などの特徴にだけ反応する細胞が存在する。このうち，動き方向に対する選択性は，主に大細胞系から伝達される情報をもとに形成される。

一次視覚野以降の視覚経路は，大きく側頭葉へと向かう腹側経路と，頭頂葉へと向かう背側経路に分かれる[49]。腹側経路は小細胞系から，背側経路は大細胞系から，それぞれ情報を受け取る[26,28]（厳密に1対1に対応するわけではない[29]）。腹側経路は主に形状や色などの処理にかかわり，対象物を認識することに貢献する（What経路）[12,33]。一方，背側経路は動きや位置などの処理にかかわり，対象物に対して正確に手を伸ばすといった動作に重要な役割を果たす（Where経路もしくはHow経路）。ただし，この2つの経路は完全に独立しているわけではなく相互連絡がある。また，各経路内でも上位と下位の領野の間で双方向結合がある。

動きに関する視覚情報は主に背側経路のMT野（middle temporal area；ヒトではV5と呼ぶ），MST野（medial superior temporal area）といった領野で処理される。一次視覚野にある動き検出細胞が狭い領域の特定方向の動きにのみ反応するのに対し，MT野の細胞は一次視覚野の動き検出細胞の出力を広い範囲で統合することにより，対象物全体の動きを捉えることに貢献する。MT野を破壊すると動きの方向が弁別できなくなることや[34,41]，MT野を電気刺激すると動きの方向に対する判断がバイアスされる[43,44]ことからも，MT野が動きの処理に本質的な役割を果たしていることがわかる。MST野には，並進運動に加え，拡大・縮小運動，回転運動などに選択的に反応する細胞がある[6,7,14,35,48]。例えば拡大運動は，対象物が観察者に近づいてくる場合や，観察者が対象物に近づく場合に生じる。後者では，視野全体に放射状の拡大運動が生じる。MST野の細胞は，このような動きの全体的なパターンを捉えて，観察者自身と対象物の相対的な動きの関係性を分析していると考えられる。

以上のように並列的に処理された色，形状，動きといったさまざまな視覚特徴は，最終的には脳内で統合されて，「赤い」「オープンカーが」「右から左に猛スピードで走り去る」といった知覚が成立する。その統合された知覚があまりにも自然でリアルなので直感的にはイメージしにくいかもしれないが，「形が詳細にわかる」（例

えばナンバープレートの数字が読める）ということと，「動きの方向や速度が正確に判断できる」（例えば車が目の前でわずかに加速したことがわかる）ということは，網膜から視覚皮質にいたる視覚系のかなりの部分において，別々の神経メカニズムで処理されているということに注意しなければならない．理論上は，動きを捉えるためには形が細かくわかる必要はないし，形が細かくわかったからといって動きが正確に判断できるわけでもないのである．

　もう1点素朴な直感に反することであるが，最終的に統合された知覚が形成される（「こういうものが見えた」という意識が生じる）のとは別に，視覚情報に基づいて眼球や身体の運動を自動的に駆動するための処理も行われている．つまり，常に「認知（知覚）→ 判断 → 行動」という具合に直列的に処理が進むわけではなく，意識的な認知も判断も待たず，自動的に行動が生成されることもある．例えば，前方に呈示された目標点に向かって腕を伸ばすという課題を遂行している最中に，突然目標点が左右どちらかに移動すると，目標点の動きを認知しなくても[13, 38, 40]腕の軌道が目標点の動いた方向に変位する（automatic pilot）[3, 5, 46]．このような腕の反応は随意的な運動に比べて潜時が短く，目標物が動いた時点から150ミリ秒以内に生じる[3, 5, 46]．また，意識的に止めようとしても完全に止めることはできない．同様に無自覚的で素早い腕の反応は，目標点ではなく背景パターンが一方向に動いた場合にも生じ，腕が背景の移動方向に引っぱられる（manual following response：MFR）[42]．眼球運動においても，眼前の広視野パターンが突然動くときに反射的な反応が誘発されることが知られている（ocular following response：OFR）[10, 20, 32]．OFRもきわめて短潜時であり，視覚パターンが動きはじめてから80ミリ秒以内に眼球運動が生じる．輝度が縞状に滑らかに変化するパターンを用いて，MFRやOFRの空間周波数および時間周波数に対するチューニングを調べた実験[11]によると，MFRもOFRも，空間周波数が低く時間周波数が高い（つまり粗いパターンが速く動く）ときに感度が最も高くなる．一方，動きの方向を弁別する課題では，感度のピークは空間周波数が高く時間周波数が低い（つまり細かいパターンがゆっくり動く）領域となる．つまり，腕や眼球の反射的な応答が最も生じやすいのは，一番はっきりと動いて見える視覚パターンに対してではない．動く視覚刺激に対して身体が素早く反応するということと，対象物が「見えた」という知覚とは，空間分解能と時間分解能の異なる別々の神経メカニズムに媒介されていることがわかる．無自覚的な視覚運動処理は，対象物や自身が複雑に動き，素早く運動を生成する必要のあるインタラクティブなスポーツにおいては特に重要な役割を果たすと考えられる．

■ スポーツ場面における視覚運動情報処理の課題

　実験室環境であれば，参加者に呈示する視覚情報や参加者の遂行すべき実験課題を注意深く設定し，それ以外の要因は極力排除できるので，個別の課題にかかわる視覚機能について詳細に分析することが可能である．しかし実際のスポーツ場面では，多くの要因が複雑に絡み合っている．あるスポーツにおいてどのような視覚機能がパフォーマンスに影響するかを検討するには，先に実際の場面でアスリートに課せられた情報処理課題がどのようなものか，そしてそれを解くために利用できる視覚情報にはどのようなものがありうるかを，ある程度理論的に分析しておくことが必要である．

　例として，野球の打撃を取り上げる（**図 1-**

第1章 スポーツにおける眼と脳の役割

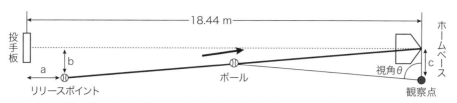

図1-27　野球の打撃におけるボールの軌道
投手は右投げ、打者は右打ち、ボールがホームベースの中心を通る直球の場合。a＝1.8 m, b＝1.0 m, c＝1.0 mとした場合の視角と視角速度を図1-28に示した。

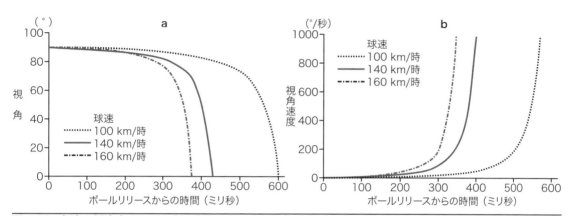

図1-28　打者の観察点から見た水平方向のボールの視角（a）と視角速度（b）
図1-27に示した条件での3種類の球速についてのシミュレーション。水平方向の視角は、最初は変化が小さいが、ボールが近づくにつれて急激に変化する。水平方向の視角速度は、リリース後200ミリ秒で約30°/秒であるが、ホームベースを通過する直前では1,000°/秒程度にもなる。この視角速度の変化曲線は、球速が違っても形状は似ている。

27）。投手板とホームベースの距離は18.44 mで、投手はさまざまな球種、球速（プロ野球であれば時速100～150 km）、コースの球を投げ分ける。ボールがリリースされてからホームベースに到達するまで、球速が速いと400ミリ秒もかからない。その間に、打者は打つべき球とそうでない球を見分け、打つべき球には正確にバットを当てなければならない。つまり、ボールがホームベース付近を通過する際、いつ、どこを通るかを、時間的には10ミリ秒単位、空間的にはセンチメートル単位の精度で特定する必要がある。この課題を遂行するために打者が利用できる視覚情報はどのようなものだろうか。

ここで重要なのが、打者がボールを見る観察点である。打者は基本的には打席でホームベースに正対して立ち、頭部をある程度投手方向に向けて構える。どの程度向けるかには個人差があるが、通常、頭部が完全に投手に正対することはない（トップレベルの打者のなかには、周辺視で投手を捉える者もいる）。したがって、投球は打者の前を、右打者の場合は打者から見て左から右（左打者の場合はその逆）に通過していく。打者は投球を斜め上から見る形になるので、垂直方向の動き成分も含まれる。以下、メインとなる水平方向の動き成分に注目してより詳しく分析する。投手は右投げ、打者は右打席内の固定点（ホームベース中心から1 m離れた位置）からボールを観察していると仮定する（実際には打者は眼球や身体を動かしながら投球を見るが、その点については後述する）。ボールの水平方向の視角は、最初のうちは変化が小さいが、ボールが打者に近づくにつれて急激に変

29

化する（**図 1-28**）。球速が 140 km/時の場合，ボールの水平方向の視角速度は，リリース後 200 ミリ秒で約 30°/秒であるが，300 ミリ秒で約 80°/秒となり，ホームベースを通過する直前の 400 ミリ秒付近では 1,000°/秒程度にもなる。この視角速度変化曲線は，球速が変わると立ち上がる時点が前後するが，形状は基本的には似ている。球速が 160 km/時でも，リリース後 200 ミリ秒では視角速度は 40°/秒程度であり，球速が 100 km/時でも，ホームベース通過の直前にはやはり 1,000°/秒を超える。

　もう 1 点重要なことは，網膜で捉えた視覚情報が脳で処理され，身体の動きに反映されるまでには無視できない時間がかかるという事実である。例えば，光刺激が呈示されたら素早くボタンを押すといった単純反応課題でも反応時間は 200〜250 ミリ秒程度である。反応時間は課題によって変化することが知られており，視覚情報に応じて反応するか否かを決めたり，反応の種類を変えたりするような判断が含まれる場合には単純反応よりも反応時間が長くなる。一方，前述した MFR や OFR などのような無自覚的な視覚誘発性運動応答は，潜時が 80〜100 ミリ秒程度で生じる場合がある。したがって，バットがボールに当たるインパクトの瞬間に影響を及ぼしうる視覚情報は，無自覚的な視覚誘発性運動を勘案しても，インパクトの 80〜100 ミリ秒程度前までに網膜で捉えられたものにかぎられるということになる。

　以上の分析を踏まえ，打者がボールの位置や動きを捉えるために利用できる視覚情報について考えてみる。実際の打撃動作では，観察点（眼球）が完全に固定されていることはなく，眼球自体や頭部を含む全身が協調して動く。この協調の仕方によって網膜像は変わってくる。まず，眼球や頭部（全身の動きも含める）が動かない場合には，上述の視角速度変化曲線のような ボールの動きが網膜に投影されたもののうち，インパクトの 80〜100 ミリ秒程度前までのものが手がかりとなりうる。一方，眼球や頭部が動く場合，もし眼球運動と頭部運動の和がボールの動きと完全に一致していれば，網膜上でのボールの動きはゼロになる。この場合，ボールの位置や速度の情報は，網膜上のボールの像からは得られない。その代わり，ボールの背景の視野全体が自己の動きと反対方向に流れるので，これがボールの位置や動きの情報となる。また，ボールの追跡に要した眼球や頭部の運動に関する神経指令や自己受容感覚にもボールの動きに関する情報が含まれる。実際には，眼球や頭部が完全に動かないことも，完全にボールを捕捉し続けることもない。したがって，ボールの位置や動きを求めるには，ボールの網膜像の動きや背景の動きといった視覚情報と，眼球や身体の運動に関する神経指令や感覚フィードバックの情報とを統合する必要がある。これは空間座標系の変換なども含む相当に複雑な情報処理であり，常に完全な答えが得られるわけではない。

　眼球運動のみでボールを追跡するには限界がある。滑動性追従眼球運動（smooth pursuit eye movement）の速度の上限は約 90°/秒程度であり[30]，ボールがホームベースを通過する時点から球速が 160 km/時で約 120 ミリ秒前以降，100 km/時で約 150 ミリ秒前以降にはボールの視角速度がこの上限値を超えてしまう。頭部運動も併用すれば，追跡できる視角速度の上限はもう少し高まる（より遅くまでボールを追跡できる）可能性がある。上限を超えた場合には，衝動性（跳躍）眼球運動（サッカード）で断続的にボールを捉えることは可能かもしれない。いずれにしても，視覚運動系の潜時の制約もあるので，インパクトの 80〜100 ミリ秒程度前以降の視覚情報は打撃動作には反映できない。なお，サッカードの最中には，網膜像のぶれの

影響を避けるため、視覚情報処理が遮断されている（サッカード抑制）。通常、このような情報遮断が気づかれないのは、サッカードの前後で視覚情報を統合し、視知覚の安定性や連続性を保つための処理が行われているからである。しかしこの処理は完全なものではなく、視覚情報の欠落や変容は免れない。

ところで、ボールとの距離を把握するには、一見、両眼視差、輻輳角、対象物の相対的大きさなどの奥行き手がかりも貢献しそうに思われる。しかしこれらの手がかりは、ボールの速度や距離、大きさを考えると、それだけで打撃に必要な精度の情報をもたらすとは考えにくい。例えば輻輳角は、リリースポイントからホームベースの約6m手前までは1°以下であまり変化せず、そこから急激に増大する。一方、目標物に追従する際の輻輳開散運動の潜時は200ミリ秒程度なので[8]、輻輳角の変化の情報が打撃に反映される時間的猶予はないと考えられる。

実際に打者がどのような眼球運動や頭部運動を示すかについては、いくつかの研究がある。Bahillら[2]は、ボールを模擬した視覚対象を提示した際（スイングは行っていない）の視線計測を行い、プロ選手はアマチュア選手と比べてより正確にターゲットを追跡できることを示した。また、一部の試行で、ボールに先まわりして視線を移動させる予測的サッカードが観察された。Higuchiら[17]は、眼球運動による眼のまわりの電圧変化を利用する眼電計（electrooculography：EOG）を用いてマシン打撃時の視線計測を実施した。その結果、顕著な眼球運動は観察されず、主に頭部の回転運動を用いてボールに追従するという結果が得られた。著者ら[22]は、現役のプロ打者を対象に、光学式のウェアラブルアイトラッカーを用い、実際の投手が投げる球を打撃するという最も試合に近い条件下で視線計測を実施した。その結果、打者は頭部

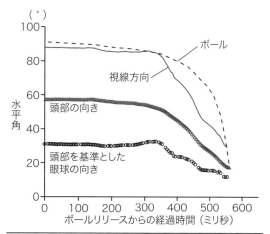

図1-29 プロ野球打者の実打中の頭部運動と眼球運動の例
実際の投手が投げる球を打撃するという試合に近い条件下で視線計測を実施した結果、打者は頭部と眼球の両方を協調的に動かしてボールを追跡すること、インパクトの200ミリ秒程度前の時点を境に追従眼球運動から予測的サッカードに移行することが明らかになった。視線方向：頭部の動き＋頭部を基準とした眼球の向き。

と眼球の両方を協調的に動かしてボールを追跡すること、インパクトの200ミリ秒程度前の時点を境に追従眼球運動から予測的サッカードに移行することなどが明らかになった（図1-29）。これらの研究結果は細部に違いはあるものの、少なくとも熟練した打者がリリース後ある程度の時間までは眼球もしくは頭部の運動を用いてボールを追跡していることで一致している。追従眼球運動が移動中の対象物の軌道を把握するうえで有利に働くことは実験室レベルでも示されている[9, 47]。

一方、予測的サッカードの機能的意義については複数の仮説が考えられる。最も素直な仮説は、視線を先まわりさせておき、ボールが通過する際の視覚情報を得るというものであろう。しかし、ボールと視線が一致してからインパクトまでは数十ミリ秒程度の時間しかないため、同じ試行内では視覚情報を打撃動作に反映させることはできない。ただ、バットとボールのずれに関する視覚情報を得て、それを次の試行以

降に活かすという可能性はある．別の仮説として，ボールの到達位置に予め視線を向けることで，ボールの位置情報に関して視線を中心とした座標系を脳内で表現しているということも考えられる．さらに，眼球運動を駆動する脳内指令（遠心性コピー）が腕運動に反映される[25, 45]という研究結果を踏まえると，予測的サッカードによる脳内信号を打撃動作の生成に利用している可能性も考えられる．今後の詳細な検討が必要である．

なお，予測的サッカードはクリケット[4, 23, 27]やスカッシュ[16]でも示されている．クリケットやスカッシュと野球の打撃の大きく異なる点はボールのバウンドの有無である．クリケットやスカッシュでは，予測的サッカードはバウンド地点に向けられ，バウンド後のボールの軌道を正確に把握するためであると解釈されている．野球の打撃における予測的サッカードとは機能的に異なるかもしれない．

本節では野球の打撃を例にパフォーマンスに関係しうる視覚情報処理について吟味してきたが，スポーツの種類や課題の内容によって事情が異なる可能性がある．対象物（ボールなど）のサイズ，対象物や相手との距離，動きの速度，動きの空間的広がりや複雑さ（例えば1つのボールの挙動か，空間的に展開した複数のプレイヤーの動きかなど）によって情報処理課題の性質は異なる．特に，動きの速度を取り扱う際には，対象物の物理的速度だけでなく，観察距離や方向を勘案した，視角速度を考慮しなければならない．また，格闘技における相手の動きのように，対象となる動きが空間的に広がっている場合には，1つの対象物を追いかける場合とは異なる眼球運動が求められる．特定部位を注視したり，頻繁にサッカードによって注視点を移動したりすると，注視していない部位に関する情報やサッカード抑制中の情報が取得し

にくくなる恐れがある．実際，格闘技における視線計測を行った研究によると，熟練者は頭や体幹といった特定部分（支視点）への視線の滞在時間が長いのに対して，非熟練者はさまざまな身体部位へ頻繁に視線を動かす傾向がみられる[15, 19, 31, 39]．

■ 今後の課題

ここまでみてきたように，スポーツパフォーマンスに貢献する視覚機能を特定するには，視覚運動系の基礎的知見と，各競技において要求される視覚情報処理課題の分析を踏まえ，適切な指標を選択することが重要である．この観点からすると，今日スポーツに関する視機能評価の分野で用いられている各種指標は，インタラクティブなスポーツに必要な視覚機能の全体像を捉えるにはやや不十分かもしれない．例えば，「動体視力」の指標として用いられるものにDVA（dynamic visual acuity）とKVA（kinetic visual acuity）がある．DVAは観察者と等距離を保って左右に移動する対象の空間分解能を測定するものであり，KVAは観察者に対して前後方向に移動する対象の空間分解能を測定するものである．DVAもKVAも形態視課題であり，本質的には対象を空間分解能の高い網膜の中心窩に適切に結像させる能力，すなわちDVAにおいては追従眼球運動，KVAにおいては焦点調節の能力を主に評価していると考えられる．DVAに関しては，さまざまな球技のパフォーマンスとの相関が報告されており[37]，一定の有用性を認めることができる．このことは，前述したように，例えば野球の打撃において追従眼球運動が重要な役割を果たしていることを考え合わせれば納得できる．しかしこの追従眼球運動は中心視での形態分析のためではなく，ボールを中心視で捉えたときに生じる背景視野全体の動き

のパターンと眼球運動による眼球運動の脳内指令などの網膜外信号[47]がボールの位置や速度に関する情報をもたらすためである可能性が高い。一方，動きの方向や速度を処理する能力自体を評価する指標（例えば動きの方向や速度の弁別閾）は，ほとんど用いられていないようである。

　スポーツに関する視機能評価の分野で用いられている別の指標に，ごく短時間呈示された数字が何桁まで読み取れるか（正確に言えば記憶・再生できるか）をみる瞬間視と呼ばれるものがある。これも課題としては対象の形態の分析，認識を求めているが，すでに論じた通り，対象を認識する処理と動きに対して身体で反応する処理とは神経経路としても別である。同様に視覚対象を瞬間呈示する課題に，さまざまな位置にランダムに点灯するライトを指先で押す反応時間を測るものがある。これは形態視ではなく身体応答を求めているが，ここで留意すべきなのは，インタラクティブなスポーツの場面において，対象物が突然現われることはないという事実である。ボールであれ相手であれ，必ず連続的な，しかもランダムではない（つまりある程度予測可能な）動きをする。そのような動きに対しては，無自覚的な視覚誘発性運動が生じる可能性があるが，突発的な対象の出現に対する運動はそれとは性質が異なる。この2種類の運動は潜時などの特性も神経経路も異なっている。また，実際のスポーツ場面における対象物や相手の動きの予測性は，熟練者の優れたパフォーマンスの大きな要因となっている。例えば野球の打撃では，トップレベルの打者は，リリース直後のボールの軌道や，投手の投球フォームのわずかな（見ても意識的には区別できない程度の）違いを球種判別に利用していることが示されている[21]。これは膨大な視覚学習に基づく「エキスパートビジョン」と呼ばれる視覚機能であるが，これを評価する指標は確立されていない。

　以上の点も含め，スポーツに求められる視覚機能を包括的かつ適切に評価するためには，今後より広範な指標を導入したり，既存の指標を改善したりすることが必要であろう。そして，それらの指標とスポーツパフォーマンスとの相関関係を厳密に検証し，さらに，それらの指標の成績向上がスポーツパフォーマンスの向上に結びつくかという因果関係の検証にまで進めていくことが望まれる。本項の趣旨は，もとよりこれまでのスポーツに関係する視機能の評価やトレーニングのアプローチを批判することではない。基礎研究者，臨床家，トレーニング関係者，アスリートやコーチなどの当事者が三位一体となって，互いの視点と方法論を共有しつつ研究と実践を進めていくことの重要性を強調しておきたい。

文　献

1. Anstis SM: A chart demonstrating variations in acuity with retinal position. *Vision Res*, 14: 589-592, 1974.
2. Bahill AT, Laritz T: Why can't batters keep their eyes on the ball? *American Scientist*, 72: 249-253, 1984.
3. Carlton LG: Processing visual feedback information for movement control. *J Exp Psychol Hum Percept Perform*, 7: 1019-1030, 1981.
4. Croft JL, Button C, Dicks M: Visual strategies of subelite cricket batsmen in response to different ball velocities. *Hum Mov Sci*, 29: 751-763, 2010.
5. Day BL, Lyon IN: Voluntary modification of automatic arm movements evoked by motion of a visual target. *Exp Brain Res*, 130: 159-168, 2000.
6. Duffy CJ, Wurtz RH: Sensitivity of MST neurons to optic flow stimuli. I. A continuum of response selectivity to large-field stimuli. *J Neurophysiol*, 65: 1329-1345, 1991.
7. Duffy CJ, Wurtz RH: Sensitivity of MST neurons to optic flow stimuli. II. Mechanisms of response selectivity revealed by small-field stimuli. *J Neurophysiol*, 65: 1346-1359, 1991.
8. Erkelens CJ, Regan D: Human ocular vergence movements induced by changing size and disparity. *J Physiol*, 379: 145-169, 1986.
9. Fooken J, Yeo S-H, Pai DK, et al.: Eye movement accuracy determines natural interception strategies. *J Vis*, 1; 16(14): 1, 2016.
10. Gellman RS, Carl JR, Miles FA: Short latency ocular-following responses in man. *Vis Neurosci*, 5: 107-122, 1990.
11. Gomi H, Abekawa N, Nishida S: Spatiotemporal tuning of rapid interactions between visual-motion analysis and reaching movement. *J Neurosci*, 26: 5301-5308, 2006.

12. Goodale MA, Milner AD: Separate visual pathways for perception and action. *Trends Neurosci*, 15: 20-25, 1992.
13. Goodale MA, Pelisson D, Prablanc C: Large adjustments in visually guided reaching do not depend on vision of the hand or perception of target displacement. *Nature*, 320: 748-750, 1986.
14. Graziano M, Andersen R, Snowden R: Tuning of MST neurons to spiral motions. *J Neurosci*, 14: 54-67, 1994.
15. Hagemann N, Schorer J, Cañal-Bruland R, et al.: Visual perception in fencing: do the eye movements of fencers represent their information pickup? *Atten Percept Psychophys*, 72: 2204-2214, 2010.
16. Hayhoe MM, McKinney T, Chajka K, et al.: Predictive eye movements in natural vision. *Exp Brain Res*, 217: 125-136, 2012.
17. Higuchi T, Nagami T, Nakata H, et al.: Head-eye movement of collegiate baseball batters during fastball hitting. *PLoS ONE*, 13(7): 1-15, 2018.
18. Kaplan E, Lee BB, Shapley RM: New views of primate retinal function. *Progress in Retinal Research*, 9: 273-336, 1990.
19. Kato T: Visual pivot, ambient vision system, and expertise in kendo. *Proceedings of the 11th World Congress of Sport Psychology*, 2005.
20. Kawano K, Miles FA: Short-latency ocular following responses of monkey. II. Dependence on a prior saccadic eye movement. *J Neurophysiol*, 56: 1355-1380, 1986.
21. Kimura T, Nasu D, Yamaguhi M, et al.: Availability of pitcher's motion information in batting timing control revealed by virtual reality. *Neuroscience*, 2018 (The Annual Meeting of Society for Neuroscience).
22. Kishita Y, Ueda H, Kashino M: Eye movements in real baseball batting by elite players. *Neuroscience*, 2018 (The Annual Meeting of Society for Neuroscience).
23. Land MF, McLeod P: From eye movements to actions: how bats men hit the ball. *Nat Neurosci*, 3: 1340-1345, 2000.
24. Lennie P: Roles of M and P pathways. In: *Contrast Sensitivity*, MIT Press, pp. 201-213, 1993.
25. Lewis RF, Gaymard BM, Tamargo RJ: Efference copy provides the eye position information required for visually guided reaching. *J Neurophysiol*, 80: 1605-1608, 1998.
26. Livingstone M, Hubel D: Psychophysical evidence for separate channels for the perception of form, color, movement, and depth. *J Neurosci*, 7: 3416-3468, 1987.
27. Mann DL, Spratford W, Abernethy B: The head tracks and gaze predicts: how the world's best batters hit a ball. *PLoS ONE*, 8(3): e58289, 2013.
28. Maunsell JH, Newsome WT: Visual processing in monkey extrastriate cortex. *Annu Rev Neurosci*, 10: 363-401, 1987.
29. Merigan WH, Maunsell JH: How parallel are the primate visual pathways. *Annu Rev Neurosci*, 16: 369-402, 1993.
30. Meyer CH, Lasker AG, Robinson DA: The upper limit of human smooth pursuit velocity. *Vision Res*, 25: 561-563, 1985.
31. Milazzo N, Farrow D, Ruffault A, et al.: Do karate fighters use situational probability information to improve decision-making performance during on-mat tasks? *J Sports Sci*, 34: 1547-1556, 2016.
32. Miles FA, Kawano K, Optican LM: Short-latency ocular following responses of monkey. I. Dependence on temporospatial properties of visual input. *J Neurophysiol*, 56: 1321-1354, 1986.
33. Milner AD, Goodale MA: *The Visual Brain in Action*. Oxford University Press, 1995.
34. Newsome W, Pare E: A selective impairment of motion perception following lesions of the middle temporal visual area (MT). *J Neurosci*, 8: 2201-2211, 1988.
35. Orban GA, Lagae L, Verri A, et al.: First-order analysis of optical flow in monkey brain. *Proc Natl Acad Sci U S A*, 89: 2595-2599, 1992.
36. Østerberg G: Topography of the layer of rods and cones in the human retina. *Acta Ophthalmologica. Supplementum*, 6:1-103, 1935.
37. Palidis DJ, Wyder-Hodge PA, Fooken J, et al.: Distinct eye movement patterns enhance dynamic visual acuity. *PLoS One*, 12(2):e0172061, 2017.
38. Pelisson D, Prablanc C, Goodale MA, et al.: Visual control of reaching movements without vision of the limb. *Exp Brain Res*, 62: 303-311, 1986.
39. Piras A, Pierantozzi E, Squatrito S: Visual search strategy in judo fighters during the execution of the first grip. *International Journal of Sports Science & Coaching*, 9: 185-198, 2014.
40. Prablanc C, Martin O: Automatic control during hand reaching at undetected two-dimensional target displacements. *J Neurophysiol*, 67: 455-469, 1992.
41. Rudolph K, Pasternak T: Transient and permanent deficits in motion perception after lesions of cortical areas MT and MST in the macaque monkey. *Cereb Cortex*, 9: 90-100, 1999.
42. Saijo N, Murakami I, Nishida S, et al.: Large-field visual motion directly induces an involuntary rapid manual following response. *J Neurosci*, 25: 4941-4951, 2005.
43. Salzman CD, Britten KH, Newsome WT: Cortical microstimulation influences perceptual judgements of motion direction. *Nature*, 346:174-177, 1990.
44. Salzman CD, Murasugi C, Britten K, et al.: Microstimulation in visual area MT: effects on direction discrimination performance. *J Neurosci*, 12: 2331-2355, 1992.
45. Soechting JF, Engel KC, Flanders M: The Duncker illusion and eye-hand coordination. *J Neurophysiol*, 85: 843-854, 2017.
46. Soechting JF, Lacquaniti F: Modification of trajectory of a pointing movement in response to a change in target location. *J Neurophysiol*, 49: 548-564, 1983.
47. Spering M, Schütz AC, Braun DI, et al.: Keep your eyes on the ball: smooth pursuit eye movements enhance prediction of visual motion. *J Neurophysiol*, 105: 1756-1767, 2011.
48. Tanaka K, Saito H: Analysis of motion of the visual field by direction, expansion/contraction, and rotation cells clustered in the dorsal part of the medial superior temporal area of the macaque monkey. *J Neurophysiol*, 62: 626-641, 1989.
49. Ungerleider LG, Mishkin M: Two cortical visual systems. In: *Analysis of Visual Behavior*, MIT Press, pp. 549-586, 1982.
50. Wertheim T: Über die indirekte Sehschärfe. *Zeitschrift für psychologie und physiologie der sinnesorgane*, 7: 172-187, 1894.

(柏野　牧夫，木下　祐輝，上田　大志)

第2章

スポーツにおける眼の働き

■本章のポイント■

　アスリートが競技力を十分に発揮するためには，眼の機能（視機能）が正常に働くことが必要である。プレー中のアスリートの眼球運動については明らかにされつつあるが，視機能と競技力の関係はよくわかっていない。

　本章では，「スポーツにおける眼の機能と検査」と「アスリートの眼」について解説した。

　「スポーツにおける眼の機能と検査」では，現在アスリートに行われている眼の検査の内容と測定方法，およびその問題点について解説した。

　「アスリートの眼」では，アスリートの視線には眼球運動と頭部運動が含まれており，競技によって視線が異なることや，視線の分析は競技スキルの向上に役立つことを説明した。また，アスリートの両眼による注視や眼球運動は動作パフォーマンスと関係があり，手の運動システムと協調することを説明した。視覚的センスの観点からは，熟練したアスリートは空間的・時間的に広い視野をもっていることから，高いパフォーマンスが発揮できることを明らかにした。

1 スポーツにおける眼の機能と検査

はじめに

スポーツで最高のパフォーマンスを発揮するためには，眼の機能（視機能）が正常に働く必要がある。しかし，スポーツにとってどのような視機能が重要なのか，競技力と関係する視機能は何かなど，まだ明らかにされていない部分が多い。本項では，現在アスリートに行われている視機能検査について，測定の意味や測定方法，および問題点について説明する。

■ 屈折検査

目標物をしっかりと見るためには，目標物の像が網膜に鮮明に映らなければならない。「正視」の場合は，網膜に像が鮮明に映るために視力はよい。一方，近視，遠視，乱視など屈折異常のある場合は，目標物の像が網膜に鮮明に映らないため視力が低下する。屈折検査は視力低下の原因が屈折異常によるものか，眼の疾患によるものかを診断する手がかりになる。また，眼鏡やコンタクトレンズを適切に処方するためにも必要な検査である。

屈折検査には自覚的屈折検査と他覚的屈折検査がある。他覚的屈折検査はオートレフラクトメーターという自動的に屈折度数を測定する器械を使用する（図2-1）。自覚的屈折検査は対象者にさまざまなレンズを装用させ，対象者の応答から屈折度を測定する。他覚的屈折検査だけでは正しい屈折値が得られないため，必ず自覚的屈折検査を行って度数を決める必要がある。

屈折検査で得られた屈折値で視力が向上すれば，視力低下の原因は屈折異常であったと考えられる。視力が低下している者には屈折検査は必要であるが，遠視の場合などは，裸眼視力が正常と判定されても問題が認められる場合もある（第3章参照）ため，すべてのアスリートを対象に検査を実施すべきである。

■ 細隙灯顕微鏡検査

この検査では，眼瞼・角膜・結膜・前房・虹彩・水晶体・硝子体などの状態を調べる（図2-2）。これらの部分は，外部からの光を網膜へ通過させる重要な役割を果たし，視機能にも大きな影響を与える。そのため，これらの部分が正常であることを確認することが重要である。

■ 眼底検査

眼底検査では視神経・黄斑部・血管・カメラのフイルムに相当する網膜などの状態を調べる。眼底に傷害を受けると視力低下や視野異常が起こる。ボクシング，空手，飛込競技など眼や頭部に反復性の衝撃を受ける種目や，ラグビー，バスケットボール，サッカーのようなコンタクトスポーツでは，眼に強い衝撃が及ぶため，眼底にさまざまな傷害がみられることがある。したがって，眼を受傷したときは必ず眼底検査を受ける。また，高血圧や糖尿病などの全身疾患でも，眼底に変化がみられることがある。

■ 視力検査

視力は眼の基本的な機能であり，他の視機能

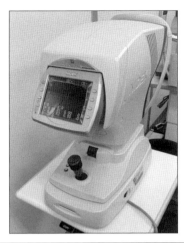

図 2-1　オートレフラクトメーター
自動的に屈折度数を測定する。

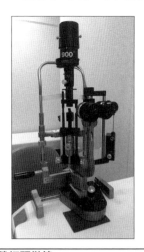

図 2-2　細隙灯顕微鏡
眼瞼・角膜・結膜・前房・虹彩・水晶体・硝子体などの状態を調べる。

に最も影響を与える。そのため，スポーツにかぎらず日常生活のすべてにおいて重要である。視力は，静止している視標を見る静止視力と動いている視標を見る動体視力に分けられる。

静止視力

静止視力（static visual acuity：SVA）は，通常，視力と呼ばれるもので，2 点が 2 点に見分けられる能力（最小分離閾）を指す。5 m 離れた位置からランドルト環を使用して片眼ずつ測定する。結果はわが国では 0.1 や 1.0 など小数視力で表示する。視力 1.0 とは，5 m 離れた位置からランドルト環の 1.5 mm の切れ目が見える状態である（図 2-3）。

静止視力は，①黄斑部が最もよく，周辺部にいくにつれて低下する（図 2-4）[6]，②明るい環境（明所視）ではよいが，暗い環境（薄明視・暗所視）では低下する（図 2-5）[10]，③片眼よりも両眼のほうがよくなる[12]，などの特徴がある。

静止視力の低下によって競技力が低下するとの報告がある[2]。また，プロ野球選手の静止視力を競技レベルで比較した研究では，競技レベルの高い選手のほうが低い選手よりも静止視力

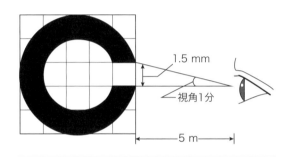

図 2-3　ランドルト環
視力検査において 1.0 とは，5 m 離れた位置からランドルト環の 1.5 mm の切れ目が見える状態を指す。

がよかった[4]。このように，静止視力は競技力と関連する重要な要素と考えられる。

日常生活では静止視力が 1.0 以上あれば正常と考えられているが，射撃などの標的競技や野球など高速で動く小さなボールを扱う競技では 1.0 でも十分でない場合もある。また，両眼の静止視力のバランスも重要である。左右の屈折度数が大きく異なる「不同視」の場合は遠近感が悪く，両眼で物を捉えることが難しくなる。

動体視力

スポーツでは動くものを見る能力が重要であ

第 2 章 スポーツにおける眼の働き

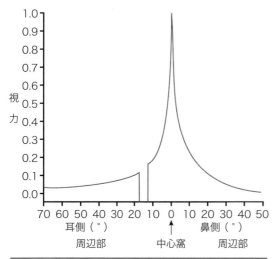

図 2-4 網膜位置と視力の関係（文献 6 より引用）
視力は中心窩で高く，周辺部では低下する。

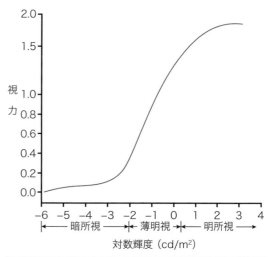

図 2-5 明るさと視力の関係（文献 10 より引用）
視力は明るくなるとよくなり，暗くなると悪くなる。

り，その能力を表わすものが動体視力である。動体視力に関する眼科の定義としては「動く物を見る能力」とされているが，生理学的な根拠は示されていない。動体視力にはKVA（kinetic visual acuity）とDVA（dynamic visual acuity）があり，それぞれの測定器がある（**図 2-6，図 2-7**）。

これらの測定器を用いて繰り返し測定をすると，機器に対する慣れや視標を追うコツを覚えて測定値が向上することがある。また，測定結果には集中力や性格が反映するなど，測定値が変化する要因も多い。したがって，この検査結果が実際の「動くものを見る能力」をどれだけ反映しているかは不明であり，結果の判定や評価は慎重に行い，これを基準にアスリートの競技力を評価してはならない。

KVA（kinetic visual acuity）

前方から一定の速度で接近してくるものを見分ける能力である。野球やソフトボールなどの球技やスピード競技で重要と考えられている。視標はランドルト環が使用されており，50 m先から時速 30 km で手元に向かって近づくように設定されている。ランドルト環の切れ目の向きがわかった時点でボタンを押し，正確に読むことができた値をKVAの値とする。KVAは常に静止視力よりも低く，静止視力が低下するとKVAも低下する。KVAは調節機能，網膜機能，中枢機能などさまざまな要因が関係しているため，測定結果から競技力を評価することは難しい。

DVA（dynamic visual acuity）

高速で水平方向に動くものを見分ける能力である。視標は一定の距離に置かれたスクリーン上にランドルト環を右から左，または左から右へ動かして表示する。ランドルト環の表示の回転数を高速から低速に変化させ，対象者が見えた時点での回転数をDVAの値としている。DVAは視標が高速のときは衝動性眼球運動の能力を，低速のときは滑動性追従眼球運動の能力を反映するため，眼球運動の水平方向のコントロール能力を測定していると考えられるが，横方向の動体視力を測定しているとの生理学的根拠は示されていない。また，この測定は対象者の視標の追い方を変えると結果が変化するとい

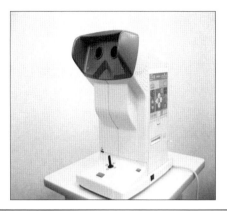

図 2-6　KVA（kinetic visual acuity）測定器
直線的に接近してくる視標を見る前後方向の動体視力を測定する。

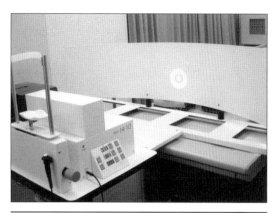

図 2-7　DVA（dynamic visual acuity）測定器
横に動く視標を見る横方向の動体視力を測定する。

う欠点がある。

■ 眼位検査

両眼の位置関係のことを眼位といい，正位，斜位，斜視がある。斜位は斜視検査で両眼の位置のずれがわかるが，両眼視機能は正常である。一方，斜視は両眼の位置のずれに加えて感覚の異常も伴う。眼位が正位であれば正面を見たときに両眼とも平行でまっすぐ前を向いているが，斜視では両眼の視線が目標に正しく合っていない（図 2-8）。眼の位置が鼻側にずれている場合を内斜視，耳側にずれている場合を外斜視，上下にずれている場合をそれぞれ上斜視・下斜視というが，病因や症状によってさらに細かく分類される。両眼の位置が見る方向に一致していれば両方の眼を感覚的に 1 つの眼として使え，両眼視機能はほぼ良好であるが，一致していなければ悪くなる。

眼位検査には他覚的検査である遮閉検査や自覚的検査である Hess 赤緑検査などがある。遮閉検査は片眼を隠しながら他眼の位置や動きを見て眼位を測定するが，程度の測定にはプリズムを使用する。Hess 赤緑検査は赤緑フィルター

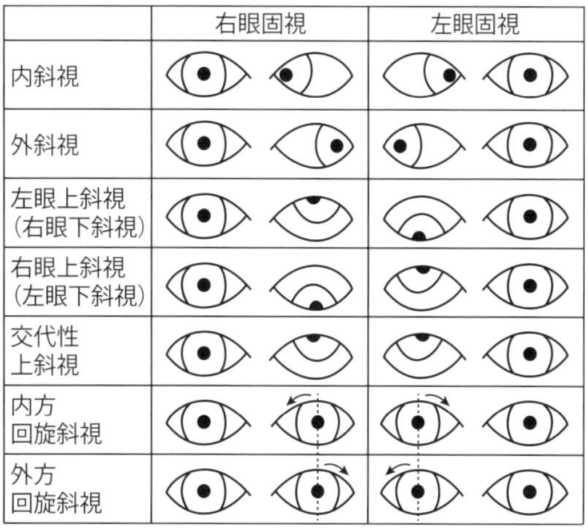

図 2-8　眼位のずれの方向による分類（文献 7 より引用）
片眼が鼻側にずれることを内斜視，耳側にずれることを外斜視，上下にずれることをそれぞれ上斜視・下斜視という。

を左右の眼にかけることで両眼から入る情報を分離させ，眼位のずれの性質や程度を自覚的に判断する。外眼筋の運動異常の確認と程度を定量的に知ることができる。

■ 眼圧検査

眼圧とは眼球の硬さのことで，眼球の形を保

つために必要な眼の圧力である。主に前房にある房水量の変動と眼球内容物の充実度によって決まる。眼圧計で測定し，10〜21 mmHg（平均約15 mmHg）が正常である。眼圧は一定ではなく，さまざまな条件で変動する。早朝から日中活動時は高く，夜間就寝時は低いといった日内変動の他に，血圧や薬剤などでも変動する。また，運動によっても正常範囲内で下がることも報告されている[11]が，その機序は明らかではない。

眼圧が高くなる疾患としては緑内障があるが，眼外傷で緑内障が起こることもある。緑内障では視力低下や視野異常が起こり，見ようとする物が視野の異常部分に重なったときに見えないことがある。また，網膜剥離や眼外傷後には眼圧が10 mmHg以下と低くなる。眼圧が低い場合も視機能に影響を与えるため，眼外傷後の眼圧を把握することは重要である。

■ 眼球運動検査

アスリートは動いているボールや目標を捉えるために，さまざまな種類の眼球運動を行っている。眼球運動を正確に分析するには眼電位図（electro-oculogram：EOG）検査を行う。

眼球運動には両眼が一致して動く共同性の運動と，一致しないで動く非共同性の運動がある。共同性の眼球運動には衝動性眼球運動と滑動性追従眼球運動がある（**図2-38**参照）。また，頭部や身体の動きから三半規管や前庭神経系を介して頭部の動きと反対側に眼球を動かして視線を補正する前庭動眼反射（vestibulo-ocular reflex：VOR）や視運動性眼振（optokinetic nystagmus：OKN）がある。非共同性眼球運動には輻輳運動と開散運動がある。その他の眼球運動には物をじっと見ている（固視）ときに生じるきわめて微小で生理的な眼球のふるえである固視微動がある（後述）。これらの眼球運動のうち前庭動眼反射・視運動性眼振は反射で起こり，衝動性眼球運動・滑動性追従眼球運動・輻湊運動・開散運動は随意的に起こる。

衝動性眼球運動

速く動く目標にすばやく視線を移動させる眼球運動で，日常生活における眼球運動の大部分を占める。衝動性眼球運動は過去の経験に基づく予測が必要で，正確性は経験によって得られる学習に依存している。そのため，スポーツ経験によって衝動性眼球運動を学習し，熟練したアスリートは，競技中に的確に衝動性眼球運動が実行できるためプレーでは有利である。

滑動性追従眼球運動

ゆっくりと動く目標を追うときの眼球運動で，目標を網膜の中心窩で捉えるために誤差を修正しながら眼を動かす。滑動性追従眼球運動は，目標の動きが速く追えなくなると，衝動性眼球運動に変化する。滑動性追従眼球運動は経験を通して学習でき，視力が低下していると目標を追うことが難しくなる。スポーツ経験によって目標の動きに慣れている熟練したアスリートは，滑動性追従眼球運動によって動く目標を捉える精度が高くなるため，プレーでは有利である[14]。

輻湊運動・開散運動

両眼視を維持するために左右の眼を逆方向に動かす眼球運動である。目標から近くを見るときに視線が内側に寄ることを輻湊運動（convergence），遠くを見るときに眼が外側に開くことを開散運動（divergence）と呼ぶ。近見反応では輻湊運動と調節，縮瞳が同時に起こる。網膜像のぼけが近見反応の刺激となり，両眼の像のずれが寄せ運動の刺激になる。輻湊・開散運動

は単独では行われない。この能力がスポーツにどの程度影響しているかは不明である。

前庭動眼反射

前庭動眼反射とは、頭部が加速度のある回転をしたときに内耳の三半規管を刺激し、頭部の動きと反対方向へ眼の動きが起こる反射である。この反射のおかげで、身体が動いたときでも網膜像を一定に保つことができ、目標物が見える。回転運動は前庭器官の三半規管が知覚し、直線運動・傾斜運動は三半規管の基部にある2種類の耳石器（卵形嚢・球形嚢）が知覚する。外側半規管は頭の水平成分の回転を知覚する。前（上）半規管は頭が下転したとき時の回転を知覚し、後（下）半規管は頭が上転したときの回転を知覚する。

視運動性眼振

視運動性眼振とは、ゆっくり動くものを追うような滑動性追従眼球運動（緩徐相）とそれをリセットするために逆の方向に起こる衝動性眼球運動（急速相）を繰り返す運動で、連続して一方向に動く外界の目標を追うときに起こる生理的な連続運動である。視野全体の動きに対して網膜像のぶれを防いで視線や姿勢を保持するために重要な眼球運動である。

このように視運動性眼振と前庭動眼反射は、日常生活において頭部の動きによる視野のぶれを防ぐように働いており、スポーツにおいても重要な能力である。

固視微動

固視微動は、動きのない刺激には応答しにくく、動きのある刺激には敏感である神経系の特性によって起こる運動である。固視微動は物体を見るときに重要な役割を果たしている。

眼がまったく動かないと網膜の細胞が順応し、外部からの刺激が感じられなくなって物が見えなくなる。固視微動はそれを防ぐために眼が常に無意識に動く運動であり、視覚を維持するために必要な生理機能である。トレモア、フリック、ドリフトの3成分からなる[3]（図2-22参照）。

■ 両眼視機能検査

物を見るときは、左右それぞれの眼から情報を取り入れ、大脳の後頭葉にある視覚中枢で1つにすることで立体的に見ることができる。このとき脳では両眼から入った情報を同時に感じる同時視、両眼から入った情報を1つにできる融像、両眼から入った情報を立体的に感じる立体視などの情報処理を行っている。これらを両眼視機能と呼ぶ。

両眼視機能は生後3ヵ月～1歳半の間に発達し、6歳ごろまでに完了する。その期間を立体視の感受性期間といい、この時期に視力が悪いと立体視の能力が獲得できない。また両眼視機能が正常であっても、視力が悪いと立体視や深視力が低下するために位置や距離の感覚が悪くなる。両眼視機能の悪い人はボールのキャッチングの練習効果が悪いとの報告[8]もあるが、両眼視機能が悪くても競技でよい成績を残しているアスリートもいることから、競技力に与える影響は限定的であると考えられる。

奥行き感覚の手がかりには、静的によるものと、動眼的によるものがある。静的手がかりは網膜像から直接得られる手がかりで、両眼視機能はこれにあたる。動眼的手がかりは、像の大きさの変化、水平網膜差の時間的変化、両眼間の速度差などの対象物の運動成分から得られるもので、水平輻輳とピント調節によって得られる。水平輻輳が視対象の絶対的距離の判断にどのくらい影響を与えているかは不明である。静

第2章　スポーツにおける眼の働き

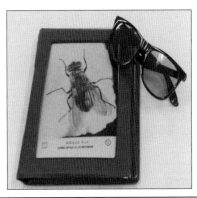

図 2-9　ティトマスステレオテストと偏光眼鏡
偏光眼鏡を使用して左右の眼に別々の視標を見せ，立体知覚を定量的に評価する。

的手がかりと動眼的手がかりはともに個人差が大きく，近距離では知覚に対してある程度の効果しかない。

対象物が動くようなスポーツでは，立体的に見えるために運動視差が重要である。運動視差には対象運動視差と相対運動視差がある。相対運動視差は頭部運動を行いながら奥行きの位置が異なる2点の静止対象を観察するもので，多くのスポーツではこの能力が重要である。一方，対象運動視差は観察者が静止したときの能力で，深視力はこれにあたる。

立体視検査

立体視は両眼視差（左右の眼で見える像の差異）を手がかりとして感覚される空間知覚で，立体視検査は立体的に物を捉える能力を調べる検査である。検査視標が静止していることから，静的立体視ということもある。代表的な検査にステレオフライテスト（ティトマスステレオテスト）がある（図2-9）。検査は偏光眼鏡を使用して左右の眼に別々の視標を見せ，立体知覚できる視差量（秒：second of arc）で評価する。この立体視検査は自覚検査なので，検査距離や眼位を確認しながら行う。立体視のためには視覚中枢に両眼視細胞が存在することが必要であ

る。立体視は生後3〜4ヵ月から発達して，3歳頃まで成長する。

深視力検査

深視力とは奥行きを認識する感覚で，遠方と近方の離れた2点の距離の差を区別できる値を視差で表わしたものである。距離感の検査ともいえる。深視力検査は，静止している対象に対して異なる距離にある物の動きで引き起こされる対象運動視差を測定する。検査視標が動いていることから，動的立体視ということもある。

測定には三杆深視力計を使用する。自動車の二種免許でも検査が行われる。測定器中に3本の棒が横1列に配置され，一定のスピード（毎秒25 mm）で中央の棒が動く。一般的には3本の棒が横1列に並ぶ時を答える並列法で行う（図2-10）。固定された両端の2本の棒と横に一直線に並んだ位置を2.5 m離れた位置から観察する。対象者が直線に並んだと答えた時に，正しい位置から何ミリずれているかを調べて平均値を算出する。誤差20 mm以下が正常で，20 mmを超えた場合は異常と評価する。測定条件によってばらつきが生じるため，測定や判定に注意が必要である。この検査結果に瞳孔間距離を加味して計算したものを深径覚という。深視力が悪くても競技でよい成績を残しているアスリートもいることから，この値で競技力を評価することはできない。

■ コントラスト感度検査

コントラストとは，対象物と背景の明るさの差のことで，その差が小さいほど対象物が見にくくなる。アスリートは競技中，さまざまなコントラストのなかで目標物を見ている。視力が良好でもコントラスト感度が不良だと，目標物の輪郭や濃淡が見えにくくなる。

第2章 スポーツにおける眼の働き

図2-10 深視力検査器
測定器中に配置された3本の棒の中央の棒が動き,3本が横1列に並んだと思ったときを答える。誤差20 mm以下が正常,20 mmを超えた場合は異常と評価される。

コントラスト感度検査は,コントラストの見えやすさの能力を測定するもので,明るさが微妙に異なるコントラスト視標を見て,どこまで明るさの差が見分けられるかを測定する。測定方法にはさまざまなものがあるが,Vision Contrast Test System (VCTS) では,3 mの距離から5段階の縞の間隔（周波数：1.5, 3.0, 6.0, 12.0, 18.0 cycle/°）と9段階の縞模様の明暗（背景の濃淡）の視標を用いて評価する（図2-11）。どの視標まで見えるかを縞の方向を含めて尋ね,正しい答えをした最小のコントラスト感度を求める。

コントラスト感度には眼から後頭葉の視覚中枢まで関与しているので,これらの部分に異常があると低下する。コントラスト感度が悪いと曇りの日や屋内,夕方などに対象物が見にくくなる。また,網膜疾患やLASIKなど屈折矯正手術を受けると低下するとの報告[13]がある。コントラスト感度が競技力にどの程度関係しているかについては明らかではない。

■ 視野検査

アスリートが周囲の状況を把握するためには広い範囲を知覚する必要がある。眼を動かさず

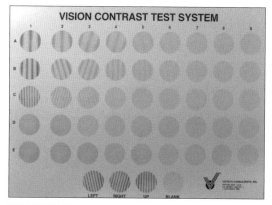

図2-11 コントラスト感度を測定するVision Contrast Test System
5段階の縞の間隔（縦軸）と9段階の縞模様の明暗（横軸）の視標を用い,どの視標まで見えるかを測定する。

に知覚できる広さが視野である。

視野は海に浮いた島の広さと山の高さに例えられる。つまり,視野の広さが島の面積で,網膜の感度が島の高さで表わされる。中央の最も高い所が最も感度がよいところで,周辺にいくにしたがって感度は低くなる（図2-12）。また,視野にはまったく感度がない部分がある（マリオット盲点）。眼底では網膜の感度が最も高いところが中心窩で,感度のないところが視神経乳頭にあたる。視野は,正常の場合,単眼で水平方向約160°（鼻側60°,耳側100°）,垂直方向

第2章　スポーツにおける眼の働き

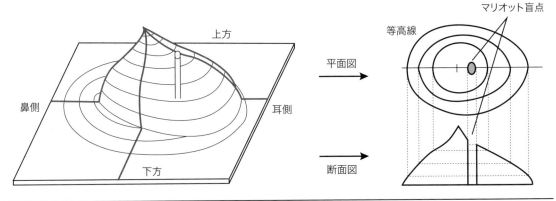

図2-12　視野の島（文献1より引用）
視野の広さを島の面積で，網膜の感度を島の高さで表わす。網膜の感度は最も高いところが最もよく，周辺にいくにしたがって低くなる。視野の等高線は，網膜感度の等しい部分をつないだ線で，網膜感度がまったくないところはマリオット盲点である。

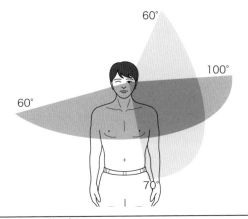

図2-13　単眼視野
単眼では水平方向約160°（鼻側60°，耳側100°），垂直方向130°（上方60°，下方70°）である。

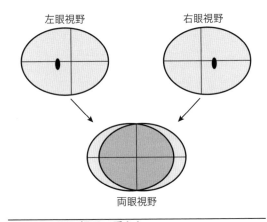

図2-14　両眼視野の重なり
両眼では水平方向約200°，垂直方向約130°となるが，水平の120°，垂直の60°は，両眼の視野が重なる。

130°（上方60°，下方70°）（図2-13），両眼で水平方向約200°，垂直方向約130°である。両眼では単眼よりも水平方向で耳側に約25％拡大するが，水平の120°，垂直の60°は，両眼の視野が重なっている（図2-14）。また，視野の中心部は微小な動きに対して感度が高く，周辺部は速い動きに対して感度が高い。これは前述のように，網膜の神経細胞には，動きの検出に役立つ大細胞層と形や物体認識に役立つ小細胞層があるからである[15]。

視野の欠損があるアスリートは，その部分の目標物が見えなくなり競技では不利になる。視野検査には網膜の感度を測定する静的視野検査と視野の広さを測定する動的視野検査，黄斑部の異常を検出する中心視野検査があり，これらは単眼で検査を行う。また，両眼で行う視野検査には，眼球運動の範囲を測定する注視野検査がある。眼科で行われる視野検査は生理的に異常がないかを確認するために重要な検査である。

静的視野検査

網膜の感度を測定する検査である。測定点と

第2章　スポーツにおける眼の働き

図2-15　ハンフリー視野検査計
測定点と視標の大きさを固定し，明るさを変化させて測定する。

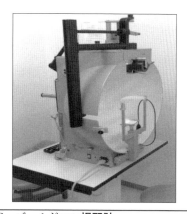

図2-16　ゴールドマン視野計
測定点と視標の大きさや明るさを変化させて視野の広さを測定する。

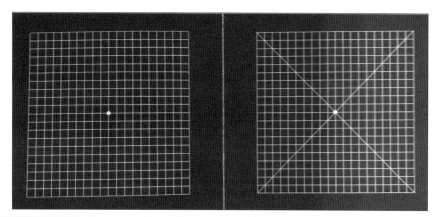

図2-17　アムスラーチャート
片眼で格子状の線を見て，その歪みや消えた部分で疾患の種類や程度を判断する。疾患や病態によって中心部分が見えなかったり歪んで見えたりする。

視標の大きさを固定し，視標の明るさを変化させて測定する。この検査で使われる代表的な機器には，ハンフリー視野計がある（図2-15）。検査は単眼ずつ行う。

動的視野検査

視野の広さを測定する検査である。測定点と視標の大きさや明るさを変化させて測定する。この検査で使われる代表的な機器には，ゴールドマン視野計がある（図2-16）。検査は単眼ずつ行う。

中心視野検査

黄斑部疾患による機能障害を調べるための検査である。アムスラーチャートが代表的なものである（図2-17）。単眼で格子状の線を見て，その歪みや消えた部分で疾患の種類や程度を判断する。眼に強い衝撃を受けて黄斑円孔となった場合は中心部分がまったく見えない。また，強いストレスを受けると中心性漿液性脈絡網膜症になって中心部分が歪んで見える。

第2章　スポーツにおける眼の働き

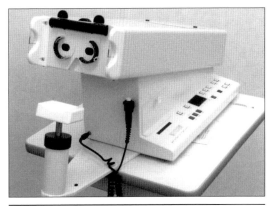

図2-18　調節近点計
対象に焦点を合わせるための調節機能を測定する。完全矯正した状態で視標を一定の速度で眼前に近づけ、その視標がぼやけはじめたときにボタンを押す。

注視野検査

頭部を正面に固定した状態で眼を動かして見ることができる範囲を測定する。眼球運動の範囲がわかるため、その異常がある人を対象とした検査である。眼球運動に異常があると視野の範囲が小さくなる。測定はゴールドマン視野計を使用する。検査は単眼で眼球が運動できる範囲を測定する方法と、両眼の眼球が運動で1つに見える範囲を測定する方法がある。

■ 調節検査

対象物をはっきり見るためには、対象にピントを合わせる必要がある。このピントを合わせる働きが調節機能である。ある目標より近くや遠くのものを見ようとすると、網膜に映る像はぼけると同時にずれが生じる。この網膜上での像のぼけやずれが刺激となって調節が起こり、網膜に鮮明な像を結ぶことができる。

調節の測定に用いられる機器にはさまざまなものがある。調節近点計（図2-18）は完全矯正した状態で視標を一定の速度で眼前に近づけ、その視標がぼやけはじめたときの眼前からの距離を測定する。眼前からぼやけはじめた距離と調節のぶれから調節機能とその疲労状態がわかる。しかし、測定結果には調節時間以外にもボタンを押すまでの反応時間なども影響するため、その点を考慮して結果を判断する。調節力は加齢に伴い徐々に低下する。

調節機能は、両眼視は単眼視よりも調節開始時間は約100ミリ秒、調節完成時間は約150〜200ミリ秒短くなり、調節速度は1秒間に約2D速くなる。また、調節応答量も増加し、調節ラグは減少する。つまり、調節は両眼で見たほうが単眼よりも時間は短く、速度は速く、精度は高くなる[5]（表2-1）。

調節障害には調節麻痺・調節衰弱・調節痙攣・調節緊張・調節不全などがある（表2-2）。調節障害は眼の異常の他に、糖尿病・薬物・頸部損傷・脳の疾患などでも起こる。調節障害があると調節機能が低下し正確なピント合わせができなくなる。コンタクトスポーツなど競技中に頭頸部に衝撃を受けることが多い競技では調節障害が起こることがある。

■ 短期記憶能力

アスリートは競技中、次々に起こる状況の視覚情報を記憶していると考えられている。そのためアスリートの視覚情報の記憶に関する検査が行われている。

記憶は超短期記憶、短期記憶、長期記憶の3段階に分けられる（図2-19）。超短期記憶は感覚記憶とも呼ばれ、視覚からの刺激による記憶で持続時間が0.5〜5秒程度と短く、意識しなければ消失する記憶である。短期記憶は持続時間が1〜30秒程度続き、約7文字の記憶が可能といわれている。長期記憶は内容を1回または反復することで半永久的に記憶される。これには陳述記憶（エピソード記憶・意味記憶）や非陳述記憶がある[9]（表2-3）

第 2 章　スポーツにおける眼の働き

表 2-1　単眼と両眼の調節能力の違い（文献 15 より引用）

	単眼視	両眼視
調節が起こる要素	網膜のぼけ	網膜のぼけ + 網膜像差による輻輳からの信号
調節潜伏時間	350〜450 ミリ秒	250〜350 ミリ秒
調節完成時間	700〜800 ミリ秒	550 ミリ秒
調節速度	約 3 D/秒	約 5 D/秒
調節ラグ	5D 刺激で 0.3〜0.8 D	両眼視時に減少
調節応答量		両眼視時に増加

表 2-2　調節障害と症状

	状態	症状
調節痙攣	調節が過剰に起こる	近くは見えるが，遠くが見えない
調節衰弱	調節機能が疲れやすい	近くを繰り返し見ると，徐々に見えなくなる
調節麻痺	調節がほとんどできない	近くが見えない
調節緊張	調節時間が遅い	ピント合わせに時間がかかる
調節不全	年齢の割に調節力が弱い	年齢の割に近くが見えない

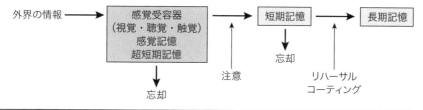

図 2-19　3 段階の記憶能力
記憶は超短期記憶，短期記憶，長期記憶の 3 段階に分けられる。超短期記憶は感覚記憶とも呼ばれ，視覚からの刺激による記憶である。短期記憶は持続時間が 1〜30 秒程度続く記憶で，約 7 文字の記憶が可能である。長期記憶は半永久的に残る記憶で，1 回または反復することで記憶される。

表 2-3　3 つの記憶能力

	超短期記憶（感覚記憶）	短期記憶	長期記憶
持続時間	0.5〜5 秒	1〜30 秒	半永久的
特徴	意識しなければ消失	約 7 字の単語記憶 訓練・チャンクで記憶亢進	1 回・反復で記憶 陳述記憶・手続き記憶
たんぱく質合成	伴わない	伴わない	伴う

　短期記憶の能力を調べるには，タキストスコープで短時間視標を提示したり（図 2-20），コンピュータなどで数字を表示し，記憶した数字を答えてもらうことで記憶量と記憶範囲を測定する方法がある。この検査で用いる視標は，実際のスポーツ現場で見る目標物とは異なり数字や文字などの言語情報であるため，視覚による記憶能力というよりも前頭葉の言語関連領域に

第2章　スポーツにおける眼の働き

図2-20　タキストスコープ
短期記憶の能力を調べる。短時間に数字を表示し，記憶した数字を答えてもらう。

図2-21　眼と手の協調性の能力を測定する検査
無作為に点灯するライトを指で正確に押すことでライトを消し，次に点灯したライトを消すことを繰り返す。

関与した記憶能力が反映する。また，競技中は次々と周囲の状況が変化するためにアスリートの判断時間は短く，アスリート自身が認識していないことも多い。そのため，この検査結果からアスリートの視覚能力や競技力を判断することは難しい。アスリートの記憶能力の評価には0.5～5秒程度の超短期記憶のほうが妥当であろう。

■ 眼と手の協調性

アスリートは視覚情報をもとに身体を動かし，プレーするため，身体が視覚情報と協調して動くことが重要である。視覚情報から手がどの程度スムーズに反応するかという，眼と手の協調性の能力を測定する検査を図2-21に示した。対象者はパネルの前に立ち，無作為に点灯するライトを指で押す。このライトは触れると消える仕組みになっており，1個のライトが消えるとすぐに次のライトが点灯する。正確に押すことができたライトの数と位置，時間から，眼と手の協調性を判断する。

この検査は，視野の一部で捉えた目標を，身体の動きと眼球運動で網膜の中心窩にもってきて目標を確認するという情報の入力回路と，その目標に手を伸ばしてボタンを押すという身体反応の出力回路の2つの要素の能力を測定する。したがって，この検査には眼科的要素として視力・視野・眼球運動，心理的要素として集中力・注意力・認識力・空間位置感，身体的要素として反応速度・重心移動など，さまざまな要素が含まれる。そのため，測定結果の違いがどの要素に由来するのかを明らかにすることができない。また，ライトを押すときの眼や身体の位置が個人によって異なり，すべての対象者が同じ測定条件にならないことから，この測定結果から競技力を評価することはできない。

■ 瞳孔反応検査

瞳孔は自律神経（交感神経・副交感神経）の支配を受けている。交感神経が放射状に広がる瞳孔散大筋を，副交感神経が瞳孔の周囲を取り巻く瞳孔括約筋を支配して，瞳孔の大きさと動きを決定する。

瞳孔の検査には両眼の大きさ（瞳孔径・瞳孔面積）を比較する検査，対光反応や近見反応を測定する検査がある。対光反応の検査は光を眼

に当てたときの縮瞳と散瞳の反応を観察する。近見反応の検査は近くを見るときに輻輳・調節・縮瞳が起こる反応を観察する。瞳孔の異常には，対光反応，近見反応の異常や左右瞳孔径の異常がある。瞳孔は外部の光量を調節する役割があるため，対光反応や近見反応が悪いと外部の光に対して瞳孔の反応が鈍くなり，見る物がまぶしく感じたり，暗く感じたりする。また，調節も悪くなるため近くの物にピントが合わなくなり，ぼやけて見えるようになる。

　また，副交感神経は脳内に経路があるために脳内に異常があると機能は低下するが，交感神経は脳から胸部の肺尖部まで下降して内頸動脈のそばを通過して再び脳へもどる長い経路をとるため，肺尖部や内頸動脈の異常などによっても機能が低下する。このように脳内だけでなく，胸部や頭頸部に異常があると自律神経に影響が及び瞳孔反応に異常が生じることがある。

■ 色覚検査

　色覚は可視光線によって眼が刺激されるときに生じる知覚で，ヒトはこの波長の違いを網膜にある錐体細胞で色として感じる。色覚異常には，遺伝による先天性のものと，眼から脳の障害によって起こる後天性のものがある。

　先天性の色覚異常の多くは赤緑色覚異常で，わが国では男性の約5％，女性の約0.2％にみられる。色覚異常があるとボールやユニフォームの色が見分けにくくなったり，暗い環境では色の判別ができにくくなる場合ある。しかし，使用されているボールの色は周囲と見分けやすくされている場合が多いことや，ユニフォームは目立つことを意識してデザインされていることから，先天性の色覚異常の場合はあまり影響はないと思われる。しかし，後天性の色覚異常の場合は片眼だけ色が変わって見えたり，色が異なって見えたりするためプレーに支障をきたすことがある。色の見え方が以前と異なると訴えたときは，眼や脳の検査を行う必要がある。

■ CFF検査

　光は低い頻度で点滅させるとちらついて見え

■ *Column* …… 子どもや中高齢者の視機能の特徴

　視機能は年齢によって大きく変化する。そのため，各年齢層による視機能の生理的特徴，視機能の特性を理解しておく必要がある。特に子どもと中高齢者の視機能の検査や分析には注意が必要である。

　①**子どもの視機能**：子どもの眼の構造は2～3歳までにほとんど完成する。多くの子どもの視力が1.0になるのが6歳頃で，色覚が完成するのは6～10歳頃，距離感や立体感が完成するのは6～9歳頃と，小学生のときに完成する。つまり，子どもの視機能は小学生高学年までは未熟であり，年齢が1歳違うだけでも視機能が大きく異なる。競技力は視機能の影響も受ける。この時期の子どもはスポーツが下手であっても必ずしも運動能力の未熟さだけではなく，視機能の未熟さが原因の可能性もある。

　②**中高年齢者の視機能**：加齢に伴ってさまざまな視機能が低下する。眼球運動能力や瞳孔反応が低下するだけでなく，角膜・水晶体・硝子体が混濁するようになる。これらの変化によって，光覚・ピント合わせ・色覚・グレアの能力・遠方視力・対比感度・コントラスト感度・視野の感度・動体視力などが低下する。衝動性眼球運動や滑動性眼球運動が起こるまでの時間が延長し，最大速度や精度も悪くなるので，正確に目標を追えなくなる。また，前庭動眼反射も低下するので，身体が動いているときに目標が見にくくなる。中高年者の競技力の衰えは身体の能力だけでなく，視機能の低下による視覚の衰えも関与していると考えられる。

るが，点滅の頻度を上昇させるとちらつきを感じなくなる．このときの周波数をフリッカー融合頻度（critical flicker frequency：CFF）または，フリッカー値という．これは視覚の時間的弁別能を表わしている．フリッカー値を低下させる要素としては，視神経や脳疾患の他に，視覚的，肉体的，精神的な疲労状態，睡眠不足や暑さ，寒さなどの環境ストレス，栄養不足や月経などの生理的ストレス，薬物などがあげられる．したがって，この検査は眼や脳の疾患の発見だけでなく，疲労の程度の判定などにも利用される．

おわりに

アスリートの眼の機能を測定する方法としてはさまざまなものがあるが，測定項目には多くの問題点がある．第一に，生理学的な根拠が示されている検査と示されていない検査が混在していることである．生理学的な根拠が示されていない検査では，結果が的確に判断できないことから，誤った分析や思い込みの分析が行われる可能性がある．第二に，検査方法がスポーツの状況に即していないことである．現在，スポーツにおいてどの視機能がどのように働いているかは，明らかにされていない．そのため測定項目や判定基準を決めることが難しい．第三に，視機能検査の結果と競技力が一致しないアスリートがいることである．この点は，第一と第二の問題点を含んでいるだけでなく，視機能は競技力を構成する多くの要素の1つにすぎないということを示唆している．したがって，視機能だけの検査でアスリートの競技力を正確に推測することはできず，視機能を向上させてもそれだけで競技力を向上させることはできない．つまり，現在の測定項目の結果から，アスリートの視機能や競技力を評価するには限界があることを理解する必要がある．近年のスポーツと視覚の研究は，世界的に眼の分析から脳の機能の分析に重点が移っている．視機能検査から得られる検査結果は限定的で，アスリートの能力の一部しか反映していないことを理解しておかなければならない．

文　献

1. Autrum H, Jung R, Loewenstein WR, et al. eds: *Handbook of sensory physiology*, Vol 7, Springer-Verlag, New York, 1972.
2. 枝川　宏：アスリートの視力と視力矯正について. *OCULISTA*, 58: 1-7, 2018.
3. 福田忠彦：視覚系の情報処理. 生体情報システム論. 産業図書, 東京, pp. 36-38, 2004.
4. 保科幸次：プロ野球選手の視機能. *OCULISTA*, 58: 25-29, 2018.
5. 岩崎常人：両眼視と調節. 大月　洋 編, すぐに役立つ眼科診療の知識 両眼視, 金原出版, 東京, pp. 54-58, 2007.
6. 門田直幹：形の感覚, 勝木保次 編, 生理学大系, 医学書院, 東京, pp. 201-213, 1967.
7. 久保田伸江：眼位, 丸尾敏夫, 久保田伸枝, 深井小久子 編, 視能学, 第2版, 文光堂, 東京, p. 169, 2011.
8. Mazyn LIH, Lenoir M, Montagne G, et al.: Stereo vision enhances the learning of a catching skill. *Exp Brain Res*, 179: 723-726, 2007.
9. 中沢一俊：記憶, 甘利俊一 監修, 認識と行動の脳科学, 東京大学出版会, 東京, pp. 131-133, 2008.
10. 大島祐之：視力検査, 日本眼科全書, 第1分冊, 視能検査法, 金原出版, 東京, p. 50, 1961.
11. 清水洋一：運動による眼圧変動の研究. 臨床眼科, 30: 23-33, 1976.
12. 所　　敬：視力測定の検査基準. 日本の眼科, 54: 585-586, 1983.
13. 魚里　博：低コントラスト視力. *IOL&RS*, 15: 200-205, 2001.
14. 山田光穂：眼球運動と人の行動解析. 臨床スポーツ医学, 32: 1152-1155, 2015.
15. 吉澤達也：視覚現象としての動き. 視覚 II (講座 感覚・知覚の科学), 朝倉書店, 東京, pp. 7-10, 2007.

（江塚　彩芽，枝川　　宏）

2 アスリートの眼

1）アスリートの眼球運動

はじめに

　ヒトにかぎらず，眼球運動は「ほとんど」すべての生物で生きていくための重要な役割を担っている。「ほとんど」としたのは，昆虫，カエル，ふくろうなど，ほとんど眼球が動かない動物もいるからである。これらの動物は眼球運動の代わりに頭部運動が重要な役割を担う。すなわち眼球運動によっていろいろなところを見ているわけではなく，視線を動かして見ている。そしてここでいう視線とは，眼球運動と頭部運動の和である。特にアスリートの視線の動きはダイナミックである。スポーツにかぎらず，自動車運転，機器操作，日常の立ち振る舞いなど専門的なスキルが高い人やよく練習した人の視線の動きは無駄がなく，そうでない人の視線の動きは無駄が多いといわれている。アスリートの視線の動きを調べることによりスキルの向上に役立つことが期待される。ここでは，まず視線の動きとその測定法について解説し，アスリートの眼球運動の特徴について測定例から述べる。

■ 視線の動きの性質

眼球運動

　2つの眼球の動きは，カメレオンなど一部の動物を除き相互に関連している。両眼が同じ方向・同じ速度で動く共役運動（共同性運動 conjugate eye movement）と，互いに逆方向に動く輻輳開散運動（非共同性運動 disconjugate eye movement）である[2]。共役運動は，同じ距離の対象間を移動するときに生じ，輻輳開散運動は距離の異なる対象や立体画像を観察するときに生じる。ただし，カメレオンの両眼眼球運動もレーダーのように周囲を探知するとき以外は相互に関連している。それぞれの眼の眼球運動は固視微動（miniature eye movement），滑動性追従眼球運動（随従眼球運動，smooth pursuit eye movement），サッカード（衝動性眼球運動，跳躍運動，saccade）の3種類に分類される。

　固視微動は1点を注視中に無意識に絶えず小さく動く運動であり，意識的に運動量を制御することはできない。弓道やライフル射撃の選手は一般の人より正確にターゲットを注視できるといわれている。また，注視維持は後述する頭部運動を含めた制御であり，厳密には固視微動だけの制御ではない。固視微動にも，①振幅角度が15秒程度で30〜100 Hzの周波数成分からなる不規則運動（トレモア tremor）と，②振幅角度20分程度，30ミリ秒〜5秒間隔で不規則に生じるステップ状あるいはパルス状の運動（マイクロサッカード micro-saccade，フリック flick とも呼ばれる），③偏位角度5分以下のドリフト（drift）と呼ばれている遅い運動，の3種類の成分がある。トレモアは眼球を駆動する神経系ノイズに関係し，マイクロサッカードは1点を注視しているときのずれを，ドリフトは姿勢の動きに伴うずれを補正するために主に使用されているといわれている。固視微動の様

第2章 スポーツにおける眼の働き

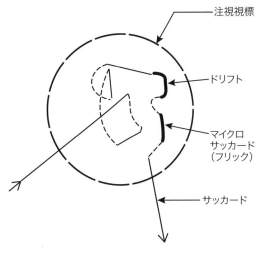

図2-22 注視中の固視微動（文献6より引用）
注視中の眼球運動には，振幅角度が15秒程度で30～100 Hzの周波数成分からなる不規則運動（トレモア），振幅角度20分程度，30ミリ秒～5秒間隔で不規則に生じるステップ状あるいはパルス状の運動（マイクロサッカード，フリック），ドリフトと呼ばれる偏位角度5分以下の遅い運動がある。トレモアは小さいため，この図では示していない。

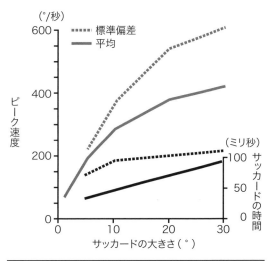

図2-23 サッカードの大きさと速度（文献2より作図）
サッカードの最高速度は300～600°/秒に及ぶ。対象が静止しているときの視線の動きはすべてサッカードである。サッカードが大きくなるほどピーク速度は速くなる。サッカードの運動時間は100ミリ秒以下と短い。

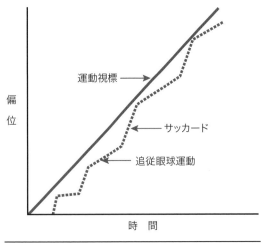

図2-24 運動視標追従時のサッカードと追従眼球運動
この例では，不応期（潜時 latency）の後，サッカードによる追従を開始し，徐々に追従眼球運動の速度が上がっている。追従対象が低速度で移動する場合，追従眼球運動により滑らかに追従できるが，高速度になると眼球運動の遅れを取りもどしたり，逆に追従対象の動きに先行する動きとしてサッカードが加わる。

子を**図2-22**に示した。実際には1°未満の大きさの動きである。

追従眼球運動は運動する追従対象を目で追う場合にのみ発生する低速度の滑らかな眼球運動であり，せいぜい30°/秒（眼球が回転するため角速度で定義）といわれている。アスリートでは70～80°/秒まで追従できる者もいる[5]。しかし，速度が追従対象と同じというだけで追従対象より遅れることが多い。正確に追従対象を追従できるのは，せいぜい5°/秒までである[6]。サッカードは非常に高速度の眼球運動であり，最高速度300～600°/秒に及ぶ（**図2-23**）。絵画を見ているときや本を読んでいるときなど，対象が静止しているときの視線の動きはすべてサッカードであり，追従眼球運動が発生することはない。追従眼球運動とサッカードには不応期（潜時 latency）があり，追従対象の追従を追従眼球運動で開始する，あるいは次の対象にサッカードで移動するまでには常に160～170ミリ

第 2 章　スポーツにおける眼の働き

秒の遅れが生じる。

　図 2-24 に運動する追従対象を追いかける場合の眼球運動の例を示した。追従対象が低速度で移動する場合，追従眼球運動により滑らかに追従できるが，高速度になると眼球運動の遅れを取りもどしたり，逆に追従対象の動きに先行する動きとしてサッカードが加わる。

頭部運動と眼球運動

　前述したように，実際の視線の動きは眼球運動と頭部運動との合成により実現されている。頭部運動は，頭部自体が動くことはなく，身体のさまざまな部位の動き，すなわち首，胴，腰，足などの動きの合成として表現される。これらの動きの和から頭部運動を求めるのはきわめて困難であり，絵画や画像のどこを見ているかというような実験では，あご台の上に頭部を固定して眼球運動だけから視線の動きを算出することが多い。しかし，スポーツ中など非常に広範囲の視野から情報を受容する際には，頭部運動が優勢になると予想される。

　眼球運動だけでも ±100°近い範囲を見ることができるが，実際には頭部を止めて極端に側方視することはない。サッカードを用いた眼球運動だけで対象を捉えることができる範囲は約 ±15°とされ，この範囲は有効視野と呼ばれる[1]。視線の移動量が 20°を超えると頭部運動の占める割合は 80％近くになる[3]。前庭動眼反射（vestibulo-ocular reflex：VOR）と呼ばれ，三半規管の働きにより身体に加わる角速度や加速度を検出し，身体の動きに伴って生じる頭部運動を眼球運動で補償し，空間上の視線を安定に保持する機能が備わっている[2]。そのため，頭部運動と眼球運動は密接に関連している。

　図 2-25 に水平方向右 25°の位置に視標を提示し，この視標を注視させたときの測定例を示した[9]。頭部運動と眼球運動がほぼ同時に生起し，

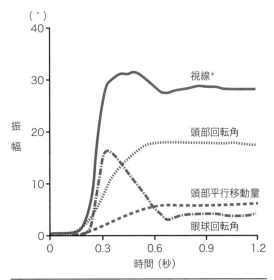

図 2-25　25°の視標を注視したときの視線，頭部運動，眼球運動（文献 9 より引用）
頭部運動と眼球運動がほぼ同時に生起し，サッカードにより視標を捉えた後，前庭動眼反射により眼球運動は頭部運動を補償する動きに転じ，視標への注視を保持する。約 0.3 秒で視標を捉え，視線は視標を注視し続けているが，実際に頭部運動と眼球運動が静止するには約 0.7 秒要している。＊視線：眼球運動＋頭部回転角＋頭部平行移動量。

サッカードにより視標を捉えた後，前庭動眼反射により眼球運動は頭部運動を補償する動きに転じ，視標への注視を保持する。このように頭部運動が遅いことを考慮し，高速のサッカードをまず駆動する。しかし，頭部運動は慣性が大きくすぐには停止できないため，前庭動眼反射により反対方向に動く眼球運動を駆動し，視線としては注視位置を保つ。実際に頭部運動と眼球運動が静止するにはこの例のように 1 秒近くを要する。発達という側面から考えると，前庭動眼反射の完成は小学校低学年くらいであり，幼児では頭部運動は小さく，高齢者でも頭部運動が小さい。

視線の動きの算出法

　頭部運動と眼球運動から視線の動き（Gx, Gy）を算出する方法について図 2-26 を用いて

第2章 スポーツにおける眼の働き

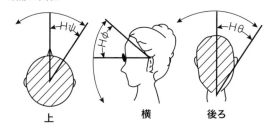

頭部の回転

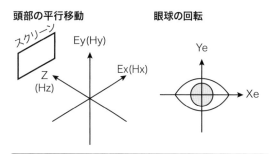

頭部の平行移動　　　眼球の回転

図 2-26　頭部運動と眼球運動の座標系（文献 8 より引用）
頭部運動の回転角は Hψ が水平方向の眼球回転角，Hφ が垂直方向の眼球回転角，Hθ は首の傾きに相当する。Hx, Hy, Hz は，それぞれ頭部の水平，垂直，奥行き移動量に相当し，注視対象までの距離を用いて眼球回転角に換算する。Xe, Ye は水平，垂直眼球運動を示す。

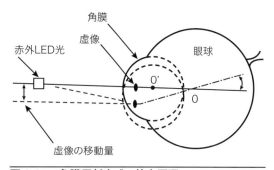

図 2-27　角膜反射方式の検出原理
角膜の曲率中心 O' と眼球の回転中心 O が異なることを利用して，眼球に入射した赤外 LED 光源の角膜内部の虚像が，眼球の動きとともに相対的に移動するのを検出する。

説明する[8]。Xe, Ye は水平方向と垂直方向の眼球回転角である。頭部運動の回転角は Hψ が水平方向の眼球回転角，Hφ が垂直方向の眼球回転角に相当する。Hθ は首の傾きに相当する。眼球

回転角としては，眼軸方向の回転すなわち torsion（回旋運動）に相当するが，人の目の動きでは torsion はほとんど生じない。しかし，首が傾いていると，スクリーン面に対する水平方向，垂直方向の眼球回転角の意味が異なってくる。例えば，横向きに寝ながらテレビを見ると，画面上の水平方向の移動には垂直方向の眼球運動が必要となる。そのため，検出された眼球回転角に対して Hθ だけ座標軸を回転させ，スクリーン面に対する水平，垂直方向成分に換算する。Hx, Hy, Hz は，それぞれ頭部の水平，垂直，奥行き移動量に相当し，注視対象までの距離を用いて，$\tan^{-1}$ の演算により眼球回転角 Ex, Ey に換算される。なお頭部の回転中心と眼球の回転中心は 10 cm 程度ずれているが，視距離がこれに比べて十分遠いときは，頭部の回転角と眼球の回転角はほぼ等しいと考えてよい。

$Gx = Xe' + H\psi + Ex$

$Xe' = Xe \cdot \cos(H\theta) + Ye \cdot \sin(H\theta)$

$Gy = Ye' + H\phi + Ey$

$Ye' = -Xe \cdot \sin(H\theta) + Ye \cdot \cos(H\theta)$

$Ex = 180/\pi \cdot \tan^{-1}(Hx/(D + Hz))$

$Ey = 180/\pi \cdot \tan^{-1}(Hy/(D + Hz))$

Gx, Gy：水平方向の視線の移動量，垂直方向の視線の移動量

Xe', Ye'：首の傾き Hθ だけ座標軸を回転させた水平，垂直方向の眼球移動量

Hψ, Hφ：水平方向の頭部の回転角，垂直方向の頭部の回転角

Ex, Ey：水平，垂直方向の頭部移動量を水平，垂直方向の眼球移動量に換算

D：対象までの距離

眼球運動測定法

スポーツ用の眼球運動測定装置は，ほとんど**図 2-27** に示したような角膜反射方式が用いら

れる。角膜の曲率中心 O'と眼球の回転中心 O が異なることを利用して，眼球に入射した赤外 LED 光源の角膜内部の虚像が，眼球の動きとともに相対的に移動するのを検出する。角膜反射方式では，装着中のセンサが 0.1 mm ずれると，0.1°の測定誤差が生じ，センサの頭部への装着状態によって測定精度が大きく左右される。この問題点を解決する方法の 1 つとして，最近ではセンサのずれや頭部運動に起因する瞳孔中心の動きを同時に測定し，角膜反射光の動きとの差分から眼球運動を検出する方式がが用いられている。

■ スポーツ中の視線の動きの特徴

追従眼球運動の追従速度比較[5]

図 2-28 に大学のスポーツ系クラブに所属するアスリートを対象に，70°/秒で移動する視標を追従させたときの追従眼球運動の測定例を示した。すぐに追従を開始できず 0.2 秒程度の不応期（潜時）の後，まずサッカードで視標に追いつき，その後，追従眼球運動に切り換えて追従を開始する。この例では，卓球選手は 0.25 秒以降，ほぼ運動視標と同じ速度で位置誤差なく追従している。テニス選手は速度は運動視標と同じであるが位置誤差が数度生じている。バドミントン選手は追従開始直後，卓球選手と同程度の追従を行っている。このようにボールの飛翔時間も短く高速に移動する競技の選手の追従能力は高い。

正確な追従には追従眼球運動の精度を上げるだけでなく，ボールの速度・方向・着地点の正確な予測が必要である。日頃の練習により，これらの能力を磨き，精度の高い追従能力を獲得したと考えられる。

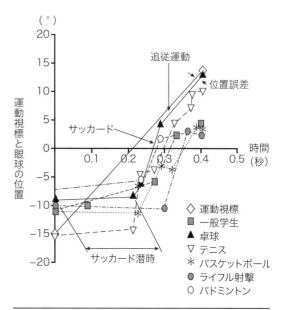

図 2-28 大学生アスリートが 70°/秒で移動する視標を追従しているときの視標と眼球位置（文献 5 より引用）

0.2 秒程度の不応期（潜時）の後，まずサッカードで視標に追いつき，その後，追従眼球運動に切り換えて追従を開始する。卓球選手は 0.25 秒以降，ほぼ運動視標と同じ速度で位置誤差なく追従している。テニス選手の速度は運動視標と同じであるが位置誤差が数度生じている。バドミントン選手は追従開始直後，卓球選手と同程度の追従を行っている。ボールの飛翔時間も短く高速で移動する競技の選手の追従能力は高い。

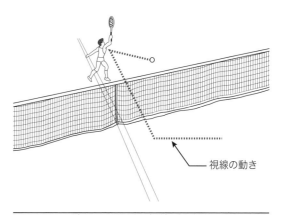

図 2-29 一流テニス選手の視線（文献 10 より引用）
相手選手の身体の動きやボールから眼を離さず，ボールの飛んでくる方向を予測し，的確にボールを捉えている。

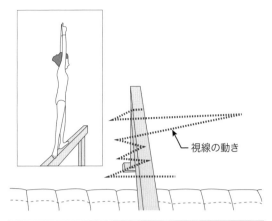

図 2-30　体操選手の平均台での視線（文献 10 より引用）
左右に大きく動く視運動性眼振（optokinetic nystagmus：OKN）がみられる。上級者は前方を向き、視線をやや下に向け、足下ではなく前方の平均台を見ている。

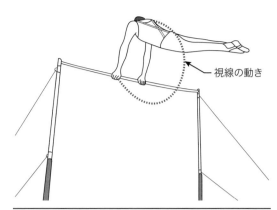

図 2-31　鉄棒での審判の視線（文献 7 より引用）
足先などの動きの激しい部分を忠実に追うばかりでなく，腰など身体の重心を中心に全体のバランス，足先の伸び，動きの的確さなど総合的に見ている。

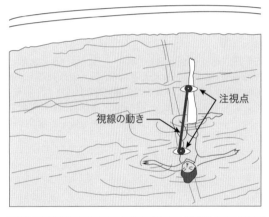

図 2-32　シンクロナイズドスイミングのコーチの視線（文献 10 より引用）
足先の伸びだけでなく，水面下の腰の動きを注視している。

競技中の視線の動きの比較 10)

テニスでの視線

図 2-29 にテニスの一流選手の視線の動きの例を示した。可搬型の眼球運動測定装置を選手に背負ってもらい測定した。ボールから相手選手の動き、ボールの落下点を予測して自コートへと一連の視線の動きを示している。相手選手の身体の動きやボールから眼を離さず、ボールの飛んでくる方向を予測し、的確にボールを捉

えていることが示された。

平均台での視線

図 2-30 は体操選手が平均台でターンしたときの視線の動きの例である。この例でも可搬型の眼球運動測定装置を選手に背負ってもらい測定した。左右に大きく動く視運動性眼振（optokinetic nystagmus：OKN）がみられる。初心者は下を向いて足下ばかり見ているのに対して、上級者は前方を向き、視線だけやや下向きで、足下ではなく前方の平均台を見ていることが示された。

専門家の視線の動きの特徴

体操競技やシンクロナイズドスイミングなど採点競技においては、審判やコーチの視線を知ることで競技成績の向上に役立てることができると考えられる。図 2-31 に鉄棒での審判の視線の動きの一例を示した。収録した競技中の映像をディスプレイに表示して審判経験者の視線の動きを記録した。一般視聴者のように足先などの動きの激しい部分を忠実に追うだけではなく、腰など身体の重心を中心に、全体のバラン

ス，足先の伸び，動きの的確さなど総合的に見ていることが示された。

図2-32はシンクロナイズドスイミングのコーチの視線である。この例では，プールサイドで実際に指導しているコーチに眼球運動測定装置を装着してもらい測定した。足先の伸びだけでなく，水面下の腰の動きにも注視していることがわかる。視線は動きの激しい部分や足先の先端部に誘導されやすいが，腰や身体の重心，水面下の腰の動きなど，コーチならではの視線の動きが記録できた。水面下の動きの重要性を知ることは，競技能力の向上だけでなく，視聴者としてスポーツを楽しむコツを教えてくれる。

頭部運動を測定した新たな実験結果[4]

前述した測定例は，アスリートやコーチに眼球運動測定用のセンサーをつけたゴーグルを装用してもらい眼球運動だけを測定している。装用者の視野に相当する映像は，ゴーグルに取りつけたカメラで撮影する。視野の映像はアスリートやコーチの頭部とともに動くことになる。しかし加速度センサーにより頭部運動を測定することにより，外部の固定カメラで撮影した視野画像上に頭部運動と眼球運動を視線として重ねることができる。そのためゴーグルにつけた視野カメラの映像ではなく，アスリートやコー

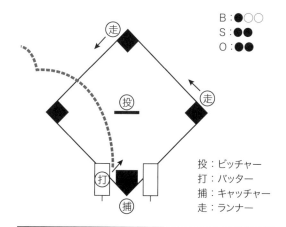

図2-33 今回解析した試合状況
ツーアウト，ランナー1塁，2塁でバッターが左翼外野へヒットを打つと2人の走者はいっせいに走り出す。このときのキャッチャーの視線と頭部運動を測定した。

チの後方に設置したカメラから得られる広視野の映像上に視線を表示できる。その結果，視野画像がアスリートの頭部運動と連動して動かないため視線解析が容易になる。野球のキャッチャーを対象として，われわれの大学の軟式野球部の紅白戦で測定した例を紹介する。

図2-33に今回解析した試合の状況を示した。ツーアウト，ランナー1塁，2塁でバッターがヒットを打つと2人の走者はいっせいに走り出す。ここではバッターが左翼外野方面へヒットを放ったときのキャッチャーの視線と頭部運動を測定した。図2-34は従来からの方式の視線

図2-34 従来方式の視線の動きの測定例（文献4より引用）
眼球運動測定装置の視野カメラの映像を左から右に連続的に表示。視野カメラを装着したキャッチャーがピッチャーからサードへ頭部を移動させると視野画像も頭部に合わせて移動する。

第2章 スポーツにおける眼の働き

図2-35 新しく開発した装置による視線の動きの測定例（文献4より引用）
キャッチャーの後方に設置した固定カメラの映像上に視線の動きを重ねて表示できるため，キャッチャーがピッチャーからサードへ頭部を動かしても視野画像は移動しない。

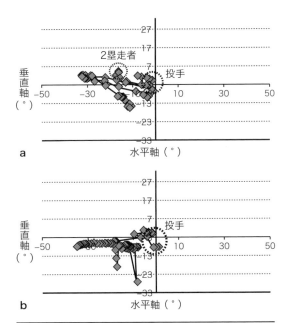

図2-36 キャッチャー経験者（a）と未経験者（b）の視線（文献4より引用）
経験者はピッチャーだけでなく，ボールや2塁ランナーにも気を配り注視している。未経験者はピッチャー以外は主にボールを注視している。

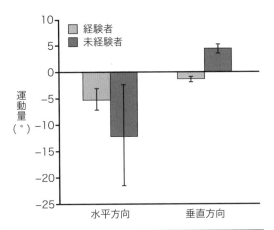

図2-37 キャッチャー経験者と未経験者の頭部運動量の比較（文献4より引用）
キャッチャー経験者の頭部運動は未経験者に比べて小さく眼球運動だけで素早く視線を動かしている。

の測定例である。眼球運動測定装置の視野カメラの映像に視線を重ねて表示する。視野カメラを装着したキャッチャーがピッチャーからサードへ頭部を移動させると視野画像も頭部に合わせて移動する。これに対して，新しく開発した方式では眼球運動に加えて頭部運動も加速度センサーにより測定しているため，図2-35に示したようにキャッチャー後方に設置した固定カ

メラの映像上に視線の動きを重ねて表示できる。そのため，キャッチャーがピッチャーからサードへ頭部を動かしても視野画像は移動しない。したがって，視野画像の固定した座標上にピッチャーや野手の位置を指定できるため，実験後に視線に占める頭部運動と眼球運動の関係を容易に分析することができる。

図2-36にキャッチャー経験者と未経験者の視線を示した。経験者はピッチャーだけでなく，ボールや2塁ランナーにも気を配り注視していたが，未経験者はピッチャー以外では主にボールを注視していた。頭部運動量を比較すると，キャッチャー経験者の頭部運動は未経験者に比べて小さく，眼球運動だけで素早く視線を動かしていることがわかった（図2-37）。サッカーなどのフィールド競技では，広い視野を確保するため，頭部を素早く大きく動かす様子がよく見られるが，キャッチャーでは，頭部をあまり

動かさず眼球運動だけで視野を確保する傾向がみられた。キャッチャーの場合，視線方向を悟られないように，あえて頭部をあまり動かさない可能性も考えられる。

おわりに

アスリートの眼球運動というテーマで測定例を紹介した。小型軽量で操作も簡単な眼球運動測定装置が実用化され，スポーツ中という過酷な条件下でも眼球運動の測定が容易になってきた。しかし単に競技中の眼球運動が測定できても，その解釈には眼球運動に関する知識が必要である。最近では特に眼球運動だけでなく頭部運動を含めた視線が注目されている。そこで視線の動きの性質について眼球運動と頭部運動から解説した。さらにアスリートの眼球運動の測定例を紹介した。本書がアスリートの優れた能力を定量化し，ひいてはそのスポーツを志す人の競技能力の向上に貢献できることを願っている。

文　献

1. Bahill AT, Adler D, Stark L: Most naturally occurring human saccades have magnitudes of 15 degrees or less. *Invest Ophthalmol*, 14: 468-469, 1975.
2. Carpenter RHS: *Eye Movements*, 2nd Edition. Pion Limited ,1988.
3. Gresty MA: Coordination of head and eye movements to fixate continuous and intermittent targets. *Vision Res*, 14: 395-403, 1974.
4. Mochiduki M, Suganuma M, Shoji G, et al.: Development of a new lines of sight analyzer while playing sport. *Adv Sci Technol Eng Syst J*, 2: 167-171, 2017.
5. Saito M, Ogata O, Yamada M: *Development of eye-movement analysis equipment for clarifying the visual characteristics of moving images*. The First International Workshop on Image Media Quality and its Applications, Nagoya, pp. 135-140, 2005.
6. 山田光穂，福田忠彦：画像における注視点の定義と画像分析への応用. 信学会誌, J69-D9: 1335-1342, 1986.
7. 山田光穂：スポーツ映像の視点. *Jpn J Sports Sci*, 10(3): 180-184, 1991.
8. 山田光穂：2次元平面上の視標を注視させたときの頭部運動と眼球運動の協調関係の分析. 信学会誌, J75: 971-981, 1992.
9. 山田光穂：眼球運動と頭部運動を活用した高臨場感の評価. 電子情報通信学会誌, 101: 818-824, 2018.
10. Yamada M, Fukuda T: A new sight-line displacements analyser and its application to TV program production. *SMPTE Journal*, 9: 16-26, 1990.

（山田　光穂）

2）運動パフォーマンスと両眼眼球運動

はじめに

本項では，主として両眼による注視および眼球運動の特性や機能について解説するとともに，運動パフォーマンスと両眼注視および両眼眼球運動との関係について述べる。

■ 両眼眼球運動の種類

両眼眼球運動の共同性による分類

左右眼が同じ方向に動く際の眼球運動を共同性眼球運動（conjugate eye movement）と呼ぶ。共同性眼球運動は，その速度によって素早い衝動性眼球運動（サッカード saccadic eye movement）と，ゆっくりとした滑動性追従眼球運動（パーシュート pursuit eye movement）に分類される。また，前庭動眼反射や視運動性眼振も共同性眼球運動に含まれる（図2-38）。

一方，奥行き方向に動く視標を追従する際や，異なる距離にある物体を識別するために，両眼が逆方向に動く非共同性眼球運動（disconjugate eye movements, vergence eye momements）が用いられる[3]。非共同性眼球運動（バーゼンス）には，眼球運動の方向により輻輳眼球運動（コンバーゼンス）と開散眼球運動（ダイバーゼンス）の2種類がある。例えば，手前に近づいてくるボールを追従するときのように，遠くから近くの物体へ注視を移動させる際には両眼が寄る方向に動く輻輳眼球運動が用いられる。また，遠方にある目標物やゴールを見るときなど，近くから遠くの物体へ注視を移動させる際には両眼が離れる方向に動く開散眼球運動が用いられる。非共同性眼球運動は，両眼視差に加え，両眼奥行き手がかり情報の1つともされている。スポーツのさまざまな場面における奥行きや距離の知覚に，両眼注視および両眼眼球運動が関与していることが考えられる。

輻輳・開散眼球運動の特性

輻輳眼球運動と開散眼球運動の特性の違いについては，これまでにいくつかの研究で調査されており，輻輳反応と開散反応は異なった運動特性や神経活動パターンを示すことなどが報告されている。

輻輳眼球運動と開散眼球運動の速度特性を比較した研究では，輻輳眼球運動が開散眼球運動に比べて速度が速かった[24]（図2-39）。また，これらの非共同性眼球運動は，衝動性眼球運動に比べてピーク速度が遅いことも明らかにされている。さらに，輻輳は振幅（距離）の増大とともにピーク速度が増加するが，開散は振幅

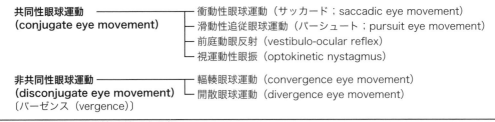

図2-38 眼球運動の共同性に基づく分類
共同性眼球運動は衝動性眼球運動と滑動性追従眼球運動に分類され，非共同性眼球運動は輻輳眼球運動と開散眼球運動に分類される。前庭動眼反射や視運動性眼振も共同性眼球運動に含まれる。

（距離）が増加してもピーク速度が変わらないことや，輻輳は開散に比べて振幅，ピーク速度が大きく，潜時が短いことが示されている[5]。輻輳が開散より速い理由としては，眼筋の収縮と弛緩の違いによるものであるという考え方や，接近する物体への対応を素早く行う必要があるため，という解釈がされている。

非共同性眼球運動は，2つのプロセスで制御されていることが，いくつかのモデルにより説明されている[19, 20]（図2-40）。1つは遅く持続的な反応（slow-tonic responses）で，もう1つは一過性の反応（phasic responses）と考えられている。遅く持続的な反応の特性は一過性の反応におけるピーク速度が高くなることにより直接的に影響を受けて変化したことから，この2つのプロセスは独立したものではなく，遅く持続的な非共同性眼球運動反応は一過性のシステムにおける神経出力による刺激を受けていることが示唆されている[6]。

また非共同性眼球運動には，上下方向への眼球運動との連動性がみられる。具体的には，輻輳眼球運動と下方への眼球運動，開散眼球運動と上方への眼球運動とにより強い関連性があると考えられている[13]。これは従来ヒトが外界の環境変化（例えば，危険な物体が接近するなど）

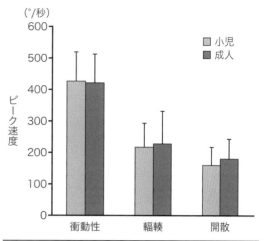

図2-39 衝動性・輻輳・開散眼球運動のピーク速度（文献24より引用）
非共同性眼球運動は衝動性眼球運動に比べてピーク速度が遅く，輻輳眼球運動は開散眼球運動に比べてピーク速度が速い。

の情報をもとに危機回避をするなかで備わってきたものであると考えられている。スポーツにおいてボールなどの物体が接近してくる場面を考えると，奥から手前に接近してくるボールは，視野の上方から下方に移動してくることが多い。このことからも，輻輳および開散眼球運動が上下方向の眼球運動と関連していることがうかがえる。

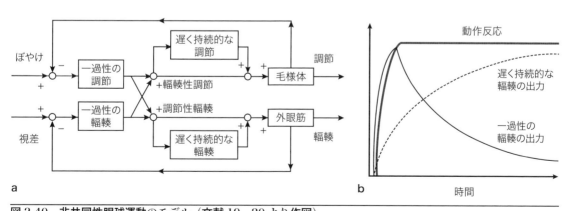

図2-40 非共同性眼球運動のモデル（文献19, 20より作図）
非共同性眼球運動は，遅く持続的な反応と一過性の反応の2つのプロセスで制御されている。

■ 両眼眼球運動における左右各眼の特徴

衝動性眼球運動の左右眼比較

両眼眼球運動における左右眼球の非対称性に関する検討が，いくつかの研究で行われている。まず，衝動性眼球運動の特性としては，潜時（反応時間），方向や振幅などの特性，速度や加速度などの動的特性などが調べられている。

例えば，Vergilino-Perezら[22]は，利き手と利き目（eye dominance）を考慮に入れながら，衝動性眼球運動における利き目（単眼）の潜時・振幅・ピーク速度を調査した。その結果，衝動性眼球運動の潜時に左右方向の差はみられなかったが，振幅・ピーク速度には左右方向の差が観察された。また，利き手にかかわらず，利き目と同側への衝動性眼球運動は反対側への衝動性眼球運動に比べて，ターゲット位置に対するより正確な振幅と大きなピーク速度を示した。さらに，両眼眼球運動を併せて測定したところ，この左右方向の差がみられた要因としては，利き目と非利き目の差によるものか，あるいは眼球運動の方向（外側あるいは内側）によるもののいずれかと考えられる。

非共同性眼球運動の左右眼比較

前述したように，非共同性眼球運動は衝動性眼球運動に比べピーク速度が遅いが，左右眼に分けて非共同性眼球運動をみた場合，左右眼の動きが必ずしも非対称ではないことも調べられてきた。奥行き方向への注視移動を行う際には，左右眼が逆方向にほぼ等しい振幅で動く（pure vergenceと呼ばれる）だけではなく，場合によっては，非共同性眼球運動における両眼の挙動が左右で異なることが示されてきた[2, 4, 5, 25]。具体的には，非共同性眼球運動に，共同性の眼球運動成分（衝動性眼球運動）が混入する（saccadic vergenceと呼ばれる）ことが観察されており，さらにその衝動性眼球運動成分の混入は，開散眼球運動でより多く観察されることが明らかになっている[6, 25]（図2-41）。衝動性眼球運動成分が非共同性眼球運動成分に混入することで，両眼を合わせた非共同性眼球運動速度が高まることが考えられている。

両眼注視の安定性について

Kimら[10]は，完全暗室における両眼での注視を行い，利き目や年齢に伴う老視が，注視する視覚ターゲットがない状態での眼球運動の安静位と関連しているかを調べた。その結果，老視でない対象者群において，利き目が共役成分の注視位置に影響を与え，右目利きの対象者は，両眼注視における共役成分の安静位が右方向になり，左目利きの対象者は，両眼注視における共役成分の安静位が左方向になった。一方，非共役成分については利き目の違いによる差異はみられなかった。また，老視の対象者は老視でない者に比べて，奥行き注視位置が後方になり，また斜位条件でも外斜位になる傾向があった。以上から，利き目や年齢により暗室で両眼での注視位置が影響を受けることが示唆された。原因としては，年齢に伴う①レンズ形態の変化，②毛様体筋の特性の変化，③筋への神経支配の変化の可能性が考えられている。

■ 眼と手の運動システムの協調（眼と手の協調）

非共同性眼球運動と手運動の協調

ヒトにおける眼球運動と手運動の制御システムが協調していることが，多くの研究から明らかにされている。例をあげると，自己生成した手運動方向に連動して前額面上を移動する視覚ターゲットへ視線を向ける際に用いられる追従

第2章 スポーツにおける眼の働き

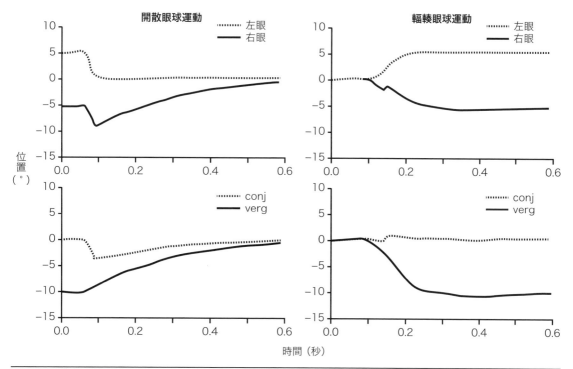

図2-41 非共同性眼球運動中にみられる衝動性眼球運動成分（文献25より引用）
conj：共同性眼球運動〔(右眼 + 左眼)/2〕，verg：非共同性眼球運動（右眼 − 左眼）。左右眼に分けて非共同性眼球運動をみると必ずしも非対称な動きをしない。奥行き方向への注視移動を行う際には，左右眼が逆方向にほぼ等しい振幅で動くだけではなく，非共同性眼球運動における両眼の挙動が左右で異なる。本来非共同の眼球運動成分である非共同性眼球運動に，共同性の眼球運動成分（衝動性眼球運動）が混入し，さらに，その衝動性眼球運動成分の混入は，開散眼球運動でより多く観察される。

眼球運動の正確性が，手の運動方向に連動せずに移動する視覚ターゲットへ視線を向ける際に用いられる追従眼球運動の正確性に比べて高いという結果がみられる[21]。また，眼球運動システムは手の運動システムからの遠心性コピー（運動を実行するときに作成される運動指令信号のコピー）[23]を受けるとされている。以上のことから，感覚運動の統合（sensorimotor integration）において，水平方向の追従眼球運動と手運動の制御システムが協調していることが考えられてきた。

さらに，奥行き方向の輻輳・開散眼球運動と手運動との間の協調についても検討が行われている。目と手のカップリングが，奥行き方向の物体追従のための非共同性眼球運動にもあてはまるかどうかを検討するため，自己の手の運動方向に対応する形で連動して平行あるいは奥行き方向に移動する視覚ターゲットに視線を向ける課題を行い，ターゲット追従の正確性が検討された[14]。その結果，ターゲットの動きが自己の手運動によって直接制御される場合は，ターゲットの動きが前の試行で実験参加者が実行した動きと同じものが提示された場合に比べて，ターゲットへの追従がより正確であった。つまり，水平方向の追従眼球運動と非共同性眼球運動の両方において，目と手の制御システムのリンクがみられた。このことから，自己生成した手運動方向に連動して奥行き前後方向に移動するターゲット（自分の手で動かしたターゲット）を追従する際は，自己生成した手運動に連動し

63

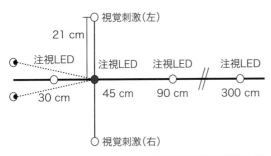

図2-42 注視距離が周辺視野反応時間に与える影響に関する実験の概略（文献11より引用）
奥行き方向の注視距離が，周辺視野に示された視覚刺激に対する反応の早さに与える影響を検討するために，参加者から距離45 cm，視野角度25°の上下左右4ヵ所に設置した視覚刺激LEDの点灯に対する反応時間を測定した。

ないターゲットを追従する場合に比べて，非共同性眼球運動の追従正確性が促進されることが示唆された。つまり，輻輳眼球運動と手の運動も協調したシステムを有していることが考えられる。

■ 運動パフォーマンスと注視距離

空間内における両眼を用いた注視および注意

これまでの注視および注意に関する検討の多くは，主として水平および上下方向の二次元空間で考えられてきた。その理由の1つは，注視および注意に関する実験研究における視覚刺激が，平面ディスプレイに提示されてきたためである。スポーツにおける注視や注意についての研究においても「選手がどこをみているか？」という観点で検討が行われてきたが，平面内での測定や検討が主であった。一方，注意に関する研究では，奥行き方向についても検討されてきた。その結果，①注意の焦点は水平方向と同様，奥行き（三次元）方向へも向けることが可能で[1]，また②注視点より奥には注視点より手前に比べて注意を向けにくい，ということが示されてきた[8]。

遠方を注視することの有効性

注視および注意が反応の早さに与える影響に関して調べた研究の多くでは，注視位置と視覚刺激の呈示位置が同一平面上に設定されている。しかし，スポーツ場面では，注視を向ける対象物の距離と反応すべき刺激が同一平面にないことが多い。そのため，奥行き方向を含めた三次元空間での注視位置が素早い反応に与える影響に関して検討する必要があると考えられる。そこで，奥行き方向の注視距離が，周辺視野に呈示された視覚刺激に対する反応の早さに与える影響を検討した研究[11]では，実験参加者から距離45 cm，視野角度25°の上下左右4ヵ所に設置した視覚刺激LEDの点灯に対する反応時間が測定された。実験参加者の眼前には注視LEDを設置し，注視LEDを奥行き方向に移動させることで4つの注視距離条件（30 cm，45 cm，90 cm，300 cm）を設定した（図2-42）。

その結果，主に2つの結果が得られた。1つは，注視距離が長くなるにつれて反応時間は短くなったことである。もう1点は，注視距離が反応時間に与える影響は視覚刺激の呈示位置により異なったことである。つまり，上視野および左右視野に呈示された視覚刺激に対する反応時間は注視距離による影響がみられたが，下視野では注視距離の影響がみられなかった。本実験の結果から，空間内で素早い反応を行うためには，注視を遠方へ向けることが効果的であること，および上視野は下視野に比べ近方への注視による反応の遅れが大きくなることが示唆された（図2-43）。

注視位置が反応の速さに与える影響について，これまでの研究では主に二次元平面での検討が行われてきた。それに加えて，奥行き方向も含めた三次元空間を考慮に入れ，注視距離が周辺

第2章　スポーツにおける眼の働き

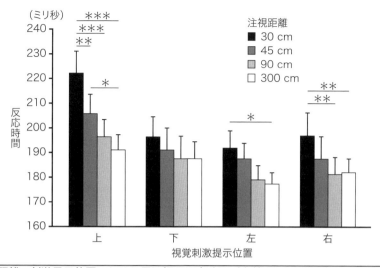

図2-43　各注視距離・刺激呈示位置における周辺視野反応時間（文献11より引用）
4つの注視距離条件では，注視距離が長くなるにつれて反応時間は短くなり，注視距離が反応時間に与える影響は視覚刺激の呈示位置により異なった。

視野反応時間に与える影響を実験的に検証したことで，運動を遂行する際に素早く反応を行うために，遠方を注視して準備することが，特定の視野における素早い反応に効果的であることが考えられる。体育・スポーツ場面における素早い反応の制御や学習に寄与する可能性を有していると考えられる。

最近，歩行中や自転車運転中にスマートフォンを操作することで反応が遅れ，事故を引き起こす問題が多発している。本研究の結果を適用すると，注視点を手前かつ下方に向けることは，同じ対象物に対しても反応が遅れてしまうことにつながると考えられる。また，運動場面以外でも，例えば検出作業中において注視を遠方に向けるほうが疲労を軽減させ，高いパフォーマンスを示すために望ましいということが示唆されている[9]。また，サッカー選手は非競技者に比べ下半分の視野に対して投射される網膜部位の感度が高いという報告もある[17]。下視野で群間の差がみられた理由について，サッカーでは相手を見ながらプレーするため，視覚ターゲットであるボールを下視野で捉えることが多く，

そのような環境で練習をしているためではないかと考えられている。スポーツ場面において両眼の注視距離を調べた研究はまだ多くないが，例えば，ゴルフのパッティング時の輻輳角を測定し，ボールに対する注視距離を検討した研究がある[16]。それによると，初心者や中級者はボールを注視した場合の輻輳角を示した一方，熟練者は初心者や中級者に比べて約0.2°輻輳角が小さかった（注視距離が約9 cm遠方に偏移していた）ことが報告されている。このことから，熟練者はボールよりも遠方に注視を向けていたことが示唆されている。長期的なトレーニングが，三次元空間内における注意にどのような影響を与えるのかについても今後検討が必要である。

■ 運動パフォーマンスと両眼眼球運動

複数物体追跡とパフォーマンス

立体的な空間における知覚−認知能力を測定する視標の1つとして，複数物体追跡（multi-

65

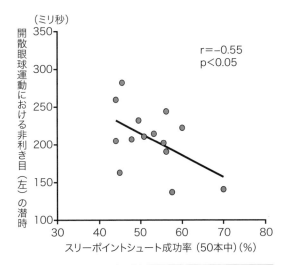

図2-44 開散眼球運動の潜時とシュートパフォーマンスとの関係(文献6より引用)
開散眼球運動における非利き目の潜時が短い選手はスリーポイントシュートの成功率との間に高い相関がみられた。

ple object tracking：MOT)課題が導入されている[18]。MOT課題とは,立体的に提示される複数のボール状の物体から指定された物体を追跡し,追跡可能な速度閾値(visual tracking speed：VTS)を測定するものである。これまで,アスリートに対するMOT課題の測定が行われており,サッカー,ホッケー,ラグビー選手において高いスコアが示された[7]。また,プロバスケットボール(NBA)選手の選択反応時間やVTSを測定し,各選手のシーズンでのゲームパフォーマンスとの関係を調べた研究では,VTSについてはプレーに関する各種指標と有意な正の相関がみられたが,視覚のターゲットに対する反応の早さはいずれのパフォーマンス指標との間にも相関がみられなかった[15]。このことから,VTSが高いことが優れたパフォーマンスと関連していると考えられる。また,バックコートプレーヤーがフロントコートプレーヤーより高いVTSを示したことから,バックコートプレーヤーは三次元空間で複数の物体を追跡す

る高い能力を有していたと考えられている。

両眼眼球運動とシュートパフォーマンス

スポーツでは,空間内の対象物を見るという点から,手前から奥,または奥から手前へと注視距離を素早く切り替えることが重要である。例えば,バスケットボールにおいてシュートを打つ際に,手もとのボールから奥のリングへと素早く注視を切り替える必要がある。そこで,球技スポーツ(バスケットボール)選手を対象に,両眼眼球運動の潜時とシュートパフォーマンスとの関係について検討した[12]。その結果,開散眼球運動における非利き目の潜時が短い選手はスリーポイントシュートの成功率が高いという有意な相関関係がみられた(図2-44)。一方,開散眼球運動における利き目の潜時や,輻輳眼球運動の潜時とシュートパフォーマンスとの間に有意な相関はみられなかった。シュートを行う際には,手もとから遠方のリングへと素早く注視を移すうえで,開散眼球運動成分が用いられると考えられるが,非利き目の注視移動が素早く開始されることは,時間的切迫があるなかで自身とリングとの距離をいち早く認識し,適切なシュートパフォーマンスを発揮するうえで重要であると考えられる。このことから,スポーツパフォーマンスを発揮するためには,利き目だけではなく,非利き目を用いることも重要であることが示唆される。このほかにも,アスリートを対象に両眼視のトレーニング効果を検討した研究もあり[26],優れたパフォーマンスに両眼眼球運動がどのように関係しているかについては,今後さらに調査していく必要がある。

おわりに

以上,両眼注視および眼球運動の特性について述べるとともに,運動パフォーマンスとの関係についての知見の一部を紹介した。両眼の眼

球運動を検討することで，奥行き方向も含めた三次元空間において，アスリートがどのように環境を見ているのかという問題が検討できると考えられるため，スポーツ場面における両眼注視および両眼眼球運動の貢献について今後さらに検討していくことが重要である。

文　献

1. Andersen GJ: Focused attention in three-dimensional space. *Percept Psychophys*, 47: 112-120, 1990.
2. Alvarez TL, Kim EH: Analysis of saccades and peak velocity to symmetrical convergence stimuli: binocularly normal controls compared to convergence insufficiency patients. *Invest Ophthalmol Vis Sci*, 54: 4122-4135, 2013.
3. Coubard OA: Saccade and vergence eye movements: a review of motor and premotor commands. *Eur J Neurosci*, 38: 3384-3397, 2013.
4. Enright JT: The remarkable saccades of asymmetrical vergence. *Vision Res*, 32: 2261-2276, 1992.
5. Erkelens CJ, Steinman RM, Collewijn H: Ocular vergence under natural conditions. II. Gaze shifts between real targets differing in distance and direction. *Proc R Soc Lond B Biol Sci*, 22; 236(1285): 441-465, 1989.
6. Erkelens IM, Bobier WR: Asymmetries between convergence and divergence reveal tonic vergence is dependent upon phasic vergence function. *J Vis*, 1;17(5):4. doi: 10.1167/17.5.4, 2017.
7. Faubert J: Professional athletes have extraordinary skills for rapidly learning complex and neutral dynamic visual scenes. *Sci Rep*, 3: 1154, 2013.
8. Gawryszewski LG, Riggio L, Rizzolatti G, et al.: Movements of attention in the three spatial dimensions and the meaning of "neutral" cues. *Neuropsychologia*, 25: 19-29, 1987.
9. Jebaraj D, Tyrrell RA, Gramopadhye AK: Industrial inspection performance depends on both viewing distance and oculomotor characteristics. *Appl Ergon*, 30: 223-228, 1999.
10. Kim EH, Alvarez TL: The horizontal dark oculomotor rest position. *Graefes Arch Clin Exp Ophthalmol*, 251: 2119-2130, 2013.
11. Kokubu M, Ando S, Oda S: Fixating at far distance shortens reaction time to peripheral visual stimuli at specific locations. *Neurosci Lett*, 18; 664: 15-19, 2018.
12. 國部雅大, 東　亜弓, 村上なおみ, 他: 大学女子バスケットボール選手における輻輳および開散眼球運動の潜時とシュートパフォーマンスとの関係. 筑波大学体育系紀要, 41: 1-6, 2018.
13. Kumar AN, Han Y, Dell'Osso LF, et al.: Directional asymmetry during combined saccade-vergence movements. *J Neurophysiol*, 93: 2797-2808, 2005.
14. Maiello G, Kwon M, Bex PJ: Three-dimensional binocular eye-hand coordination in normal vision and with simulated visual impairment. *Exp Brain Res*, 236: 691-709, 2018.
15. Mangine GT, Hoffman JR, Wells AJ, et al.: Visual tracking speed is related to basketball-specific measures of performance in NBA players. *J Strength Cond Res*, 28: 2406-2414, 2014.
16. 内藤　潔, 加藤貴昭, 福田忠彦: スキルレベルの異なるゴルファーの輻輳角. 体育測定評価研究, 7: 27-35, 2007.
17. Pereira VB, Pereira VB, Pereira RA, et al.: Comparison of retinal sensitivity between professional soccer players and non-athletes. *Int J Sports Med*, 37: 282-287, 2016.
18. Pylyshyn ZW, Storm RW: Tracking multiple independent targets: evidence for a parallel tracking mechanism. *Spat Vis*, 3: 179-197, 1988.
19. Schor CM: A dynamic model of cross-coupling between accommodation and convergence: simulations of step and frequency responses. *Optom Vis Sci*, 69: 258-269, 1992.
20. Schor CM: The relationship between fusional vergence eye movements and fixation disparity. *Vision Res*, 19: 1359-1367, 1979.
21. Steinbach MJ, Held R: Eye tracking of observer-generated target movements. *Science*, 161: 187-188, 1968.
22. Vergilino-Perez D, Fayel A, Lemoine C, et al.: Are there any left-right asymmetries in saccade parameters? Examination of latency, gain, and peak velocity. *Invest Ophthalmol Vis Sci*, 5; 53(7): 3340-3348, 2012.
23. von Holst E: Relations between the central nervous system and the peripheral organs. *Br J Anim Behav*, 2: 89-94, 1954.
24. Yang Q, Kapoula Z: Saccade-vergence dynamics and interaction in children and in adults. *Exp Brain Res*, 156: 212-223, 2004.
25. Zee DS, Fitzgibbon EJ, Optican LM: Saccade-vergence interactions in humans. *J Neurophysiol*, 68: 1624-1641, 1992.
26. Zwierko T, Puchalska-Niedbal L, Krzepota J, et al.: The effects of sports vision training on binocular vision function in female university athletes. *J Hum Kinet*, 49: 287-296, 2015.

（國部　雅大）

3) スポーツにおける視覚的センス

■ センスとは何か

　スポーツの競技現場などでは,「あの選手はセンスがよい」という言葉を聞くことがある。特に優れたパフォーマンスを発揮した選手を評価する際,特定の能力をもつことと同等の表現として「センス」という用語が用いられる。このことはスポーツにかぎらず,「ファッションセンスがよい」とか「笑いのセンスがある」などさまざまな場面でもみられる。しかしながら「センス」とは一体何を指しているのだろうか。

　「センス」を英語で表わすと「sense」であるが,これはいわゆる人間の感覚 (sensation) を示すことが多い。心理学において感覚とは「単純な刺激と結びついた経験」と定義されるように,きわめて低次な水準での主体的な精神体験と位置づけられている。人間にはそれぞれの刺激に対応した感覚受容器が備えられており,各感覚受容器によって外界の刺激が検出され,中枢により生理反応が起こることにより感覚が生じているが,この時点では高次な水準での統合や意味のある解釈はなされないため,「センス」が指し示すような意味とは大きな違いがある。また,知覚 (perception) とは諸感覚が統合され,より高次な情報が処理されることを意味するが,これも「センス」のもつ意味とは異なるようである。また,「感性」という言葉は日本人の心性を表わす独特の表現であり,感性工学 (kansei engineering) のようにそのまま英語でも用いられている。前述したような優れたアスリートがもつ「センス」とは,感覚よりも kansei に近い意味をなしているのかもしれない。

　スポーツのようなダイナミックに環境が変化するような場においては,迅速かつ正確な判断と身体運動を遂行するための,視覚的「センス」が必要とされる。特にきわめて厳しい時間的および空間的制約下では,鍵となる情報源に対して選択的に注意を向け,適切な意思決定を行うことが必要とされ,ここでの「センス」が次のプレーのパフォーマンスを左右している。スポーツの競技現場では「ボールから目を離すな」「ボールをしっかり見ろ」といった言葉がよく聞かれるが,これはボールをしっかりと見ることの重要さを認識していることの表われだといえる。しかしながらこの「ボールから目を離さない」ことは可能なのであろうか。野球を例にしてみると,この疑問に対しては 1950 年代から実際の打者を対象にした実験などにより検証が行われてきた。特に眼球運動計測装置を用いた実験では,メジャーリーグの著名な打者がホームプレートの約 1.7 m 手前までボールを視線でとらえていたことを明らかにしている。しかし,プレートから約 1.5 m 以内では眼球運動の限界の 3 倍近くの角速度でボールが移動しているため,いかなる人間であってもボールを追従することは不可能であり,「ボールから目を離さない」ことはできないことが実験的に証明されている[1]。その後,2000 年代にはクリケットの打者を対象とした研究が公表され,ここでも投球されたボールに対して打者の目が追従することはできない事実が示された[5]。この研究では,ピッチングマシンから投球されたボールに対する打者の眼球と頭部の動きを計測したが,プロのクリケット選手はボールの移動に先立ち予期的な視線移動 (predictive saccade) を行うことで,あらかじめ視線を移動させておき,周辺視でボールを捉えながら打撃を行っていると考察している。高速に移動するボールに対する視線

の移動についてのより詳しいレビューについては「アスリートの動くものの見方」を参照されたい。

このように優れたアスリートに共通する「センス」は，一般的解釈としての「感覚」を超えており，その特徴についてはいまだ明らかになっていない点が多い。本項ではスポーツ競技場面での視覚，特に眼球運動に着目し，スポーツにおける「センス」に迫ってみたい。

■ 2つの視覚システムと視野

人間の視覚システムは第一次受容中枢である眼光学系，第二次受容中枢である外側膝状体および外側膝状体外視覚系，第三次受容中枢である大脳における視覚領野に分類され，各段階において特異な組織構造と機能特性を有している。例えば，眼光学系における網膜はわずか0.1〜0.5 mmという範囲で高度に組織化された層構造がなされており，その先端となる視細胞層には錐体および杆体細胞が約1億ほど存在しているといわれている。19世紀後半にはすでにこの視細胞の機能分化が発見されたとされており，錐体細胞は色や空間情報処理を担い，その多くは網膜中心部に分布していることがわかっている。一方，杆体細胞は明暗や時間情報処理を担い，網膜周辺部に多くが存在している。このような機能分化は視細胞の結合先である神経節細胞，第二次中枢での小細胞層，大細胞層，さらには第三次中枢での腹側経路，背側経路へと続いていることから，「2つの視覚システム」が存在しているという仮説が1960年代頃から提起されている。

Milnerら[8]は，腹側経路が物体の視知覚において重要な役割を果たし，物体の恒久的な特徴を示す認知的，知覚的表象を可能にしており，一方で背側経路が物体に対する行為を視覚的にガイドするための感覚運動の変化を伝える役割を果たし，瞬間的な自己中心的特性を活用して，視覚運動制御を仲介していると述べ，これらの各経路は決して分離したまま働くことはなく，広範な組織化が行われていると主張した。彼らはこの腹側経路と背側経路の機能的および解剖学的な分岐は，object vision（物体視）とspatial vision（空間視）という「'What' vs. 'Where'」の関係というよりは，perceptual representation（知覚表象）とvisuomotor control（視覚運動制御）という異なる目的に応じた視覚情報の変換をそれぞれが受けもつ「'What' vs. 'How'」の関係であると考えた。特にこの視覚運動制御の詳細については「視覚による運動制御」を参照されたい。

また，Trevarthen[12]は分離脳（split-brain）サルを用いた実験から，大脳皮質において2つの視覚システムが解剖学的に分岐しているという仮説を打ち立て，眼光学系での機能分化を考慮しながら視野との関連を検討し（図2-45），情報の詳細な検討のための空間内の小さなエリアに対応する視覚システムを中心視（focal）と定義し，巧みな操作などの繊細な運動の指針を受けもつ機構を中心視システムと名づけた。また，身体周辺の広いエリアを捉えるための視覚システムを周辺視（ambient）と定義し，歩行や姿勢などの全身運動の指針を受けもつ機構を周辺視システムと名づけた[12]。

Polyak[11]は，網膜視細胞層の解剖学的組織分類に従い，視野を以下のように分類した（図2-46）。これは生理学的視野とも呼ばれているが，眼科学的には中心から30°以内の範囲を中心部視野，それ以降を周辺部視野もしくは間接視野としたり，心理学的には中心から25°以内を中心視，25〜50°を准周辺視，それ以降を周辺視と呼ぶこともある。視力との関係を考慮すると，Polyakの分類をもとに視野中心から半径1°以内

第 2 章　スポーツにおける眼の働き

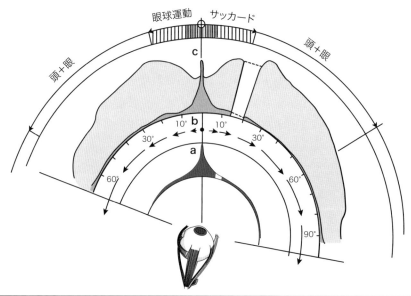

図 2-45　右目の機能分化と視野の関係（文献 12 より引用）
a：視力分布，b：直進した場合における網膜上の物体の変位ベクトル，c：錐体細胞と杆体細胞の分布。

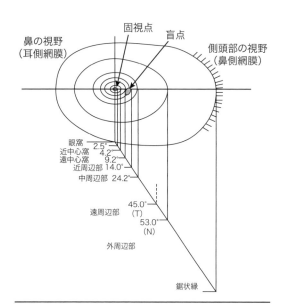

図 2-46　Polyak による視野の分類（文献 11 より引用）
眼科学では中心から 30°以内の範囲を中心部視野，それ以降を周辺部視野とし，心理学的には中心から 25°以内を中心視，25〜50°を准周辺視，それ以降を周辺視と呼ぶ。

の中心窩にあたる区分範囲が中心視であるといえる。

　ある1点に視線を固定したときに見える範囲を静視野（さらに単眼視野と両眼視野とに分類される），眼球を動かして見える範囲を動視野という。他にも，明るい視標の存在がわかる程度の感覚視野（これが静視野および動視野に対応），視標の形や大きさなどがわかる可視視野，ノイズのなかから対象物を検出することが可能な検出視野，必要な情報をノイズのなかから分離して検出する作業が可能な作業時検出視野といった分類もある。また，視覚的作業の際に有効的に活用されている視野は有効視野（useful visual field, functional visual field, effective visual field）と呼ばれている。有効視野は特に reading（読み）の際における視覚情報収集範囲として研究されてきた。三浦[9]は自動車運転中の有効視野と注意との関係を調査した。フロントガラスに光点を取りつけ，それらを無作為に点滅させた際に対象者が検出した時間や距離を測定した。その結果，道路状況の混雑度が大きいほど作業の処理が深くなり，それに伴い有効視野の範囲は狭くなった。一方，混雑度が小さいほど有効視野は広くなったが，このような関係を有効視野における処理の深さと広さのトレ

ード・オフと呼ぶ。

■ **知覚・認知スキル**

　スポーツの競技場面において素早い意思決定を行うためには，アスリートは広い視野の範囲から特定の情報に対して適切な選択的注意を向ける必要がある。例えば，サッカーやバスケットボールの選手は，時間的および空間的制約，そして精神的なプレッシャーのもとで，対象となるボール，ゴール，味方選手，相手選手といった環境に潜む情報を探りながら，さらにはコーチの指示や戦略なども考えてプレーしなければならない。その際，熟練アスリートはただ闇雲に大量の情報に注目しているのではなく，特定の視覚探索パターンを用いて効率よく視覚情報を獲得している[15]。そのような視覚探索活動を評価するためには，アスリートの眼球運動を計測する研究手法が有効である。視対象の安定した網膜イメージを維持するためには，視対象を有効視野内に収めることが重要なため，これまでの多くのスポーツにおける眼球運動研究は，競技者の注視（fixation）の様相，すなわち注視の回数，注視の継続時間，注視の対象数，注視の順序について注目してきた。アスリートの眼球運動に関する主要な研究に対するメタ分析では，概して熟練アスリートは迅速かつ正確に反応し，より少ない対象に対してより長い時間注視している，といった実験結果が多いことを示している[6]。一方，他の分野も含めた分析では，枠組みとなる諸理論に応じて眼球の振る舞いの理解も異なることが指摘されており，熟練者はより多くのタスク関連対象に対して短い時間注視したり，最初の注視までの時間は短く，長いサッカード距離を示したり，より広い視野を有効活用していることなどの特徴もみられた[3]。Vickers[13]は「タスクの最終動作を開始する直前までの間，ターゲットに対して注視していた時間」をquiet eyeという用語で定義し，バスケットボールのフリースローやゴルフのパッティングといったターゲットを狙うタスクにおいて，熟練アスリートは概してquiet eye継続時間が長く，さらに試行の成功時においてもquiet eye継続時間が長いという特徴を明らかにした。その際，視線制御の役割として①視覚運動作業空間（視野）を確保する，②視覚運動作業空間内の対象を捉える，③視覚運動作業空間内にスポットライトの注意を当てる，④視線と行為のカップリング，をあげている。特にターゲットを狙うタスクにおいて，quiet eyeがもたらす姿勢制御としての役割は重要であり，Vickersのいう視線と行為のカップリングが働いていると考えられる。

　眼球運動測定実験においては，実験環境が結果に大きな影響を及ぼすことが古くから指摘されている。スポーツ競技を対象とする研究においても，当初，視覚刺激として静的なスライドが用いられていたが，後にフィルムやビデオ映像による動的刺激が採用され，近年では実際の競技現場での計測も可能となっている。研究対象となるスポーツ競技としては最近でもテニスやサッカーといった動的環境下のタスクが多いが，前述のquiet eyeとの関連でターゲットスポーツも注目されている。特に緊張した状況下における競技パフォーマンスと眼球運動との関係性は非常に興味深いテーマであり，運動制御・運動学習の研究領域のみならず，応用スポーツ心理学の研究領域への寄与が期待されている。また，これまでは主に知覚のみに注目した研究が多かったが，知覚と行為は密接な関係〔「視覚による運動制御」参照〕であり，眼球以外の身体運動の計測も同時に行うことや，ライブ状況下でのフィールド実験を行うことが，生態学的妥当性を高めるためにも重要となる。著者らも

第2章 スポーツにおける眼の働き

図 2-47 アスリートの眼球運動計測実験の例
実際のスポーツ競技場面を考慮した環境下におけるアスリートの視覚探索活動に関する研究。特にフィールドでの実験による，生態学的妥当性の高い実験状況を構築することを目指す。

　実際のスポーツ競技場面を考慮した環境下におけるアスリートの視覚探索活動に関する研究を行ってきたが，特にフィールド上にて実験を行うことによる，生態学的妥当性の高い実験状況を構築することを目指してきた（**図 2-47**）。最近ではコンピュータグラフィックス技術の発達により仮想空間内での実験も可能となっており，今後のさらなる研究の展開が期待されている。より詳細については「スポーツにおけるバーチャルリアリティ環境について」を参照してほしい。

　このような眼球運動測定実験においては，必ずしも視線の先（注視対象）が情報を抽出している対象であるとはかぎらないという問題（looking と seeing の問題と呼ばれる）が指摘されている[15]。そのため，スポーツ競技の知覚-認知研究の議論においては，眼球を動かさなくても注意の対象を変えられることや，中心視よりも周辺視を活用したほうが効率よく情報を処理できること[4]を考慮する必要がある。前述したように，視線の先と情報抽出の対象が必ずしも一致しないことから，アスリートはいかなる先行手がかり（advance cue）をもとに予測や意思決定を行っているのかという疑問が残るが，その解決方法の1つとして刺激映像の加工技術を駆使した実験が行われてきた。例えば，テニスなどのラケットスポーツにおける実験では，事象遮蔽（event occlusion）と呼ばれる技術を用いて相手選手の身体部位の一部を遮蔽することにより，レシーブ時の判断に影響を及ぼす視覚情報を特定することができる。また，時間遮蔽（temporal occlusion）と呼ばれる技術を用いて刺激映像を決められた時間で遮蔽することにより，どの時点で視覚情報を得ているのかを特定することができる。また，視覚刺激の加工技術を用いた興味深い研究として，光点表示（point-light display）による研究手法があげられる。対象となる相手選手の関節部位などに光点マーカーを配置し，黒い背景の中でこの光点のみが見える映像を実験刺激として呈示する。

例えば，テニスのストローク時におけるボール方向の判断において，相手選手の視覚情報をビデオと光点表示とで呈示比較したところ，熟練者は両条件下において同じような視覚探索活動を行ったことから，光点表示における相対的な運動連鎖情報は，パフォーマンスに必要な最小限の本質的な情報を提供していると考えられている[14]。しかしながら，特に熟練者は空間的にも時間的にもより広範囲の対象から先行手がかりを得ていると考えられているため，視覚刺激を加工することは，いわゆる実験的バイアスによる結果への影響が無視できず，生態学的妥当性の問題も指摘されている。

試行中に対象者がどのような情報を得ていたのかを特定することは難しい問題ではあるが，1つのアプローチとしては対象者に口頭で直接報告させることで認知過程を探る，プロトコル分析の手法があげられる。言語報告の妥当性について考慮すべき問題が少なからず存在するが，より正確なデータ収集のためには事前に十分な教示と発話練習を行い，思考発話（think aloud）もしくは直後回顧（immediate retrospective）による方法を用いて，タスク解決のための説明や戦略についてではなく，その時に「何を考えていたか」を口頭で表現させることが重要であると指摘されている[12]。スポーツ競技においても主にアスリートの戦略的な意思決定に注目している研究があり，McPherson ら[7]は，テニスや野球といった競技における子どもから成人までの熟練度の異なる対象者に言語報告を行わせ，宣言的知識とともに手続き的知識がいかにして発達していくのかを追跡調査した。その結果，熟練度が高くなるにつれて「わかっている」ことが「できている」ことが明らかにされた[7]。

■ アスリートは何を見ているのか

本節では，これまで著者らのグループが行ってきた眼球運動計測実験をいくつか紹介する。まず興味深いのは，このような実験の際，アスリートに対して「今，何を見ていたのか」を問うと，多くの場合に明確な答えが返ってこないばかりか，アスリートによっては実際に視線の先が示した対象とはまったく異なるものについて述べることである。つまり，競技中は見ることに対して過剰な意識を置いていないため，詳細な認知処理を行っておらず，いわゆる「ぼうっと見ている」ような状態であり，その傾向は特に熟練者において顕著であることが多い。一方，眼球運動計測器により得られたデータは特徴的な視線移動経路（scan path）を示しており，熟練者において共通する視覚探索ストラテジーも示されている。

伝統的な武道である剣道では「一眼，二足，三胆，四力」と言われるように，特に目の使い方が重要視されている。相手の動きに惑わされず，遠くの山全体を望むように，半眼で相手に臨むことを「遠山の目付」と呼び，その際，相手の目に対して自身の視線を置きながらも，全体を大きく広く捉えるように観ることが大切であるといわれている（図2-48）。剣道範士八段（師範）を含めた熟練剣道選手を対象に，実際の競技場面での眼球運動計測を行った。その結果，特に師範は対峙場面において相手の目から視線をはずすことはほぼなかった[4]。師範の視覚探索活動を考察すると，相手の目を注視（fixation）することで相手の目から情報を得ていたというよりは，むしろ相手の目の位置に視支点（visual pivot）を置き，周辺視を活用して相手の全体像を捉え，相手の動きに関する情報を幅広く捉えていたと解釈するほうが妥当である。このようなストラテジーはボクシングや空手，

第2章　スポーツにおける眼の働き

図2-48　剣道における「遠山の目付」の概念
相手の動きに惑わされず、半眼で相手に臨むことを「遠山の目付」と呼ぶ。相手の目に視線を置きながら、全体を大きく広く捉えるように観ることことが大切である。

野球の打撃などにおいても確認されており、相手の動きに応じて「目を取られない」こと、いわゆる「木を見て森を見ず」にならないことが重要となる。実験の際、特に面や小手への攻撃、相手からの攻撃に対する防御といった場面では、自身の身体が激しい動きをしているにもかかわらず、視線（目）は常に安定して移動していた。この時、眼球および頭部を含めた身体全体を巧みに制御することにより、視線位置を安定させていたと考えられる。すなわち全身を使って相手を見据えることが「遠山の目付」のさらなる特徴ともいえる。視覚システムと運動制御システムの協調関係が働く極致において、このような本来の意味での「センス」が見出せるのかもしれない。

また、熟練者にみられる広い視野とは空間的な意味のみならず、時間的にも広い範囲から情報を収集することも示唆している。例えば、野球の打撃時のように、きわめて高速で移動するボールに対して視線を正確に追従させることは不可能であり、「ボールから目を離さない」ように見ることはできない。しかし、高速に移動する視対象から有効となる先行手がかりを得るため予期的な視線移動を行うことで、いわゆる予測を可能としている。大学トップリーグに所属する選手らによるサッカーのパススキルに関する実験では、全国レベルの技術を有した熟練サッカー選手はパスをもらう前の時間帯（フェーズ1）に相手選手を中心に幅広く視線を向けつつ、パスをする直前（フェーズ2）には最善に位置した味方選手に対して予期的に視線を配置させ、確実に有効なパスを送っていた[10]（図2-49）。この実験では、対象者はパスするためのキック動作も同時に行わなければならないため、いわゆる知覚-運動の連関（perception-action coupling）の様相が示されていた。また著者らがかかわったテレビ番組において、サッカーの世界的トップ選手であるスペイン代表のシャビ選手や日本代表の中村俊輔選手などは、実践的な攻撃場面において常に視野全体の中心部（主にフィールドの芝生部分）に視線を位置づけながら全体を把握しつつ、将来的にパスを出す味方選手に対して予期的に視線を向けるといった特徴が見られた。このことで空間的かつ時間的に広い視野が確保でき、高いパフォーマンスを発揮できるのであろう。

おわりに

「あの選手は眼がよい」という時、一般的には動体視力が優れているからと結論づけられることが少なくない。従来の測定基準における動体視力とは、高速に移動する視対象に対して、いかに短い潜時で素早く眼球運動が行えるのかという能力と同義であり、熟練者の特徴でもある外界の動きに抗して眼を動かさないこと、いわゆる「目を取られない」こととは解釈が異なる。また動体視力を鍛える方法として最新の視覚トレーニングを行ったとしても、実際の競技パフォーマンスとの関係についてはまだ明確にされていない。さらに視覚システムと運動制御システムの協調関係についても考慮されないことが

第2章 スポーツにおける眼の働き

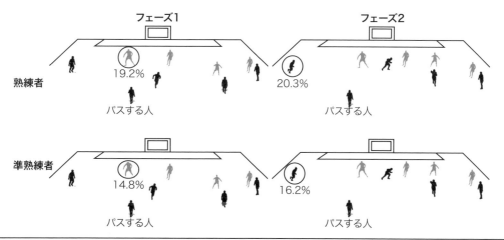

図2-49 サッカー熟練者と準熟練者のパス遂行時の視線配置位置の典型図（文献10より引用）
フェーズ1：対象者がパスをもらう前までの時間帯，フェーズ2：対象者に対してパスが出された時間帯，黒色の選手：味方選手，灰色の選手：相手選手．熟練者はフェーズ1において相手選手に対してより長い時間視線を向け，フェーズ2において実際にパスを送る相手である味方選手を中心に視線を配置させていた．

多いが，「遠山の目付」のように眼球のみならず，身体全体で見ることがスポーツにおける視覚的センスにつながると考えられる．イチロー選手も選球眼ではなく，「選球体」という言葉を用いて，身体で見ることの重要性を説いている．今後はこのようなスキルの詳細が解明され，スキル獲得のための新たなトレーニング方法が確立されることが期待される．そしてスポーツにおける視覚的センスに対する一般的な解釈も変わることを望みたい．

文献

1. Bahill AT, LaRitz T: Why can't batters keep their eyes on the ball? *American Scientist*, 72: 249-253, 1984.
2. Ericsson KA, Simon HA: *Protocol Analysis: Verbal Reports as Data, (Rev. ed.)*. Cambridge, Mass, London, MIT Press, 1993.
3. Gegenfurtner A, Lehtinen E, Säljö R: Expertise differences in the comprehension of visualizations: a meta-analysis of eye-tracking research in professional domains. *Educ Psychol Rev*, 23: 523-552, 2011.
4. 加藤貴昭：視覚システムから見た熟練者のスキル．日本スポーツ心理学会編，最新スポーツ心理学 - その軌跡と展望．大修館書店，東京，pp. 163-174, 2004.
5. Land MF, McLeod P: From eye movements to actions: how batsmen hit the ball. *Nat Neurosci*, 3: 1340-1345, 2000.
6. Mann DTY, Williams AM, Ward P, et al.: Perceptual-cognitive expertise in sport: a meta-analysis. *J Sport Exerc Psychol*, 29: 457-478, 2007.
7. McPherson SL, Kernodle M: Tactics, the neglected attribute of expertise: problem representations and performance skills in tennis. In: Starkes JL, Ericsson KA, eds., *Expert Performance in Sports: Advances in Research on Sport Expertise*, Human Kinetics, Champain, IL, pp. 137-168, 2003.
8. Milner AD, Goodale MA: *The Visual Brain in Action*. Oxford University Press, Oxford, 1995.
9. 三浦利章：行動と視覚的注意．風間書房，東京，1996.
10. 夏原隆之，中山雅雄，加藤貴昭，他：サッカーにおける戦術的判断を伴うパスの遂行を支える認知プロセス．体育学研究, 60: 71-85, 2015.
11. Polyak SL: *The Retina*. The University of Chicago Press, Chicago, IL, 1941.
12. Trevarthen CB: Two mechanisms of vision in primates. *Psychol Forsch*, 31: 299-337, 1968.
13. Vickers JN: *Perception, Cognition, and Decision Training*. Human Kinetics, Champain, IL, 2007.
14. Ward P, Williams AM, Bennett SJ: Visual search and biological motion perception in tennis. *Res Q Exerc Sport*, 73: 107-112, 2002.
15. Williams AM, Davids K, Williams JGP: *Visual Perception and Action in Sport*. E&FN Spon, New York; London, 1999.

（加藤　貴昭）

第3章

スポーツにおける視力の重要性

■本章のポイント■

　スポーツにおいて視力が重要であることは誰もが認めることである。静止している物を見るにしても，動いている物を追従して見るにしても，対象物を鮮明に見るためには，対象物にピントをしっかり合わせなければならない。対象物を鮮明に見ることができなくなる原因の多くが屈折異常であるが，放置されることも多い。しかし，屈折異常を放置したり，矯正が適切に行われないと，競技力が十分に発揮できない可能性がある。

　本章では，「屈折異常」と「視力矯正方法と正しい視力管理」について解説した。

　「屈折異常」では，遠視・近視・乱視など，視力を決定する屈折異常や不同視，調節の基本的な知識について解説した。

　「視力矯正方法と正しい視力管理」では，視力と競技力の関係，競技における矯正手段の選択，矯正方法（コンタクトレンズ・眼鏡・オルソケラトロジー・手術）の利点と欠点，眼に疾患がある場合の矯正手段について解説した。

　本章を読むことで，遠視・近視・乱視など屈折異常やその矯正，正しい視力管理方法について理解できるようになる。

1 屈折異常

■ 視力と屈折異常

われわれは外界からの情報の多くを視覚から得ている。物が「見える」と感じる時は，まず網膜に外界の像が鮮明に映り，その情報が視神経を通って後頭葉まで正確に伝わっている。それゆえ，網膜に鮮明な像が映らない状況に陥ったり，網膜に映った像が後頭葉に伝わる途中で障害されると「見えなくなる」「かすんで見える」「見たいところが見えなくなる」「見える範囲が狭くなる」などの症状が現われる。このような症状は，さまざまな疾患で起こるが，屈折異常でも現われる。屈折異常で起こる症状は，まったく見えないわけではないため放置されることが多いが，そのまま放置しておくと，さまざまな病気を引き起こすこともある。例えば，7～8歳頃までの子どもでは，遠視や乱視を放置しておくと，弱視や斜視になったり，両眼で物を見る能力（両眼視）が育たない，などの異常が現われる。また，成人の屈折異常を放置すると，コンピュータやスマートフォンを見たときや車を運転したときに，肩こりや頭痛を伴った眼精疲労になることがある。屈折異常のあるアスリートでは「ボールがぼやけて見える」「速いボールがよく見えない」「暗くなるとよく見えない」などの症状を訴えて，十分なパフォーマンスが発揮できなくなる。したがって，屈折異常を正しく理解し，適切な屈折矯正をすることが必要である。

■ 眼の構造と屈折力

われわれが遠くの木を見たとき，木の像は角膜，前房，瞳孔，水晶体，硝子体という透明な組織を通過し，カメラのフイルムに相当する網膜に映る（**図** 3-1）。このうち前房，瞳孔，硝子体は光を通過させるだけで，光を曲げる働きをするのは角膜と水晶体である。光を曲げる力を屈折力といい，ジオプトリー（D）という単位で表わす。屈折力（Dの値）が大きいほど光を曲げる力が強く，小さいほど光を曲げる力が弱くなる。眼の屈折力は，角膜で 40 D，水晶体で 20 D である。角膜の屈折力は一定であるが，水晶体は弾力性のある凸レンズのため，厚さを変えて屈折力を変化させることができる。水晶体が厚くなると屈折力が強くなり，薄くなると屈折力が弱くなる。

■ 調　節

遠くの物を見ているときは，水晶体が最も薄い（無調節）状態である。近くの物を見るときは，水晶体が厚くなって屈折力が増し，近くの物にピントが合う。これを調節という。調節に

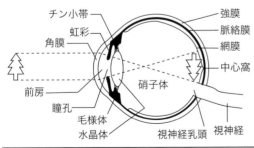

図 3-1　眼の構造
ものを見たとき，その像は角膜，前房，瞳孔，水晶体，硝子体を通過し，網膜に映る。

は水晶体と，毛様体にある輪状筋と縦走筋という2つの筋が関係する。図3-2に調節のメカニズムを示した。水晶体は毛様小帯（チン小帯）という細い線維で毛様体に固定されており[3]，近くの物を見るときは，まず輪状筋が収縮して毛様小帯がゆるむ。すると，水晶体は自身のもつ弾力性で厚くなり，屈折力が増して近くの物が見えやすくなる。また遠くの物を見るときは，輪状筋が弛緩して毛様小帯が緊張する。すると，水晶体は扁平になり，屈折力は減って遠くの物が見やすくなる（図3-2）。

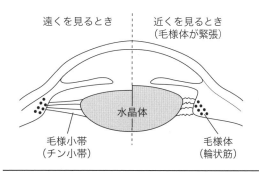

図3-2 眼の調節のメカニズム（文献3より引用）
近くの物を見るときは水晶体は厚くなり，屈折力が増す。遠くの物を見るときは，水晶体が扁平になり，屈折力が減る。

■ 屈折異常

正 視

正視は無調節状態のときに遠くの物の像が，網膜に鮮明に映る状態である（図3-3）。近くの物を見たときはその距離に応じた調節をして網膜に鮮明に像を映している。

屈折異常

屈折異常は遠くの物の像が，網膜に鮮明に映らない状態であり，遠視，近視，乱視がある（図3-3）。

遠 視

遠視は無調節状態のときに遠くの物の像が，網膜より後方にできる屈折状態である（図3-3）。網膜より後方に像ができるのは，角膜や水晶体の屈折力が弱い場合と眼球の長さ（眼軸）が短い場合があり，前者を屈折性遠視，後者を軸性遠視という（図3-4）。遠視の人は遠くを見たとき，網膜の後方に像ができるためぼやけてしまう。そのため調節によって網膜上に像を移動させなければならない。また，近くの物を見るときは，遠くを見るときよりもさらに多くの調節が必要になる（図3-5）。したがって，遠視の人は，調節をしなければ遠くの物も近くの物もぼやけてよく見えない（図3-6）。遠視の人は常に調節が必要なため，毛様体筋を酷使することになり眼が非常に疲れる。調節力が弱い人や遠視が強く自分の調節力で補うことができない

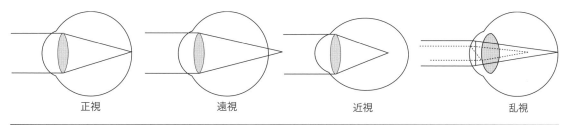

図3-3 正視，遠視，近視
正視は遠くの物の像が，網膜に鮮明に映る状態，遠視は遠くの物の像が，網膜より後方にできる状態，近視は遠くの物の像が，網膜より前方にできる状態である。一方，乱視は近視や遠視と異なり，目に入った光が1点にならない状態をいう。

第3章　スポーツにおける視力の重要性

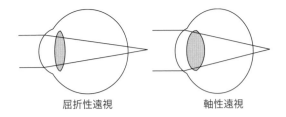

図3-4　屈折性遠視と軸性遠視
遠視には角膜や水晶体の屈折力が弱い屈折性遠視と眼球の長さが短い軸性遠視がある。

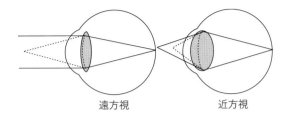

図3-5　遠視の遠方視と近方視
遠視では遠くの物は調節によって網膜上に像を移動させるが，近くの物は遠くよりも多くの調節が必要になる。

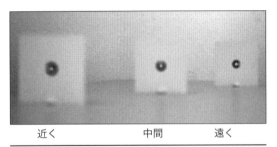

図3-6　遠視の見え方（無調節時）
遠視では，遠くも近くもぼやけて見える。

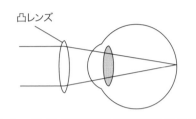

図3-7　遠視の矯正
遠視は凸レンズで矯正する。

ような人は，視力が低下する。自分の調節力では補うことができない強い遠視がある子どもでは，成長期に網膜に鮮明な像が映らないため，脳に十分な視覚情報が伝わらない。そうなると，脳の視力を司る細胞が成長できなくなり，眼鏡やコンタクトをしても視力が向上しない弱視になってしまう。また成人では，子どもほど調節力がないため，早い時期から見たい物にピントが合いにくくなったり，老眼のように近くが見にくくなり，眼精疲労が起こる。

アスリートは競技中，常に対象物にピントを合わせる調節力が必要である。遠視が弱い場合はあまり支障を感じない。しかし，遠視が強い場合や調節力が弱い場合は対象物がぼやけて見え，速い速度で移動するボールなどを見るような競技ではミスが多くなる。また，長時間プレーをすると眼が疲れる。遠視の人でぼやけて見えるなどの症状のある場合は，凸レンズで矯正する必要がある（図3-7）。

近視

近視は無調節状態のときに遠くの物の像が，網膜より前方にできる屈折状態である（図3-3）。網膜より前方に像ができるのは，角膜や水晶体の屈折力が強い場合と眼球の長さ（眼軸）が長い場合がある。前者を屈折性近視，後者を軸性近視という（図3-8）。近視では，遠くの物が鮮明に見えない。遠くの物を鮮明に見るためには水晶体を薄くし，網膜より前にできた像を網膜上に移動しなければならない。しかし，遠方を見たときは，水晶体が最も薄い状態になっているので，それ以上薄くできない。一方，見たい物が近くにあるときは水晶体を厚くできるので，像を網膜上に映すことができよく見える（図3-9）。このようなことから，近視の人は遠くは見にくいが，近くはよく見える（図3-10）。

近視には単純近視と病的近視がある。単純近視は屈折度が比較的軽く，眼鏡やコンタクトレンズによって矯正が可能である。学童期に発生

第3章　スポーツにおける視力の重要性

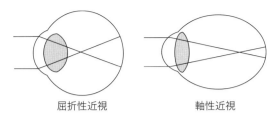

図 3-8　屈折性近視と軸性近視
近視には角膜や水晶体の屈折力が強い屈折性近視と眼球の長さが長い軸性近視がある。

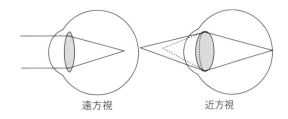

図 3-9　近視の遠方視と近方視
近視では遠くの物は網膜上にないので見えない。近づけるにしたがって見えるようになる。

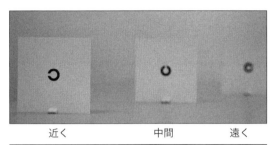

図 3-10　近視の見え方（無調節時）
近視では，遠くはぼやけるが，近くはよく見える。

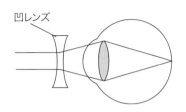

図 3-11　近視の矯正
近視は凹レンズで矯正する。

進行する近視の大部分は単純近視であり，近くを見続ける作業の影響を受ける。したがって，最近のように近くを見ることが必要な携帯型ゲームやスマートフォンの使用が増加している状況では，若年者にも近視が増える可能性がある。近くを見続けると毛様体筋の緊張が続き，本当は近視ではないのに近視のようになる偽近視（仮性近視）という状態が起こることもある。また，社会人になってから起こる成人近視も増加している。これも学童近視と同様に，主に近くを見続ける作業の増加によって影響を受けていると考えられている。網膜や黄斑部に異常が起こる病的近視は，近視の程度が強い場合が多い。一概に近視といってもさまざまな状態があるため，自己判断せず，眼科で適切な検査を受けたほうがよい。

近視のアスリートは，高速で動く物を見る競技，広いフィールドで行う競技，遠くの標的を狙う競技でさまざまな支障をきたす。例えば，ラケットスポーツや野球など，高速で動く小さな物を見るスポーツでは，ボールなどのスピードや距離感がわからなくなったり，高く上がったボールが見えなくなる可能性がある[1]。広いフィールドで行う競技では，シュートが入らない，相手を見失う，敵にパスをしてしまう，仲間の動きが見えないなどによってミスにつながることもある。背番号が見えない，得点や残り時間が見えない，相手の顔の表情や視線，ちょっとした身体の動きが見えず相手の動きを察することができないこともある。遠くの標的を狙う競技では，当然，狙いが定まらない。また，スキー競技では凹凸がわからずに転倒するなど危険なこともある。このようにスポーツのパフォーマンスには，近視による見えにくさが大きく影響するため，適切に矯正する必要がある。

単純近視であれば凹レンズで矯正できる（**図 3-11**）。近視の人は網膜が薄くなっているため球技や激しい衝撃を眼に受けやすい競技は危険

第3章 スポーツにおける視力の重要性

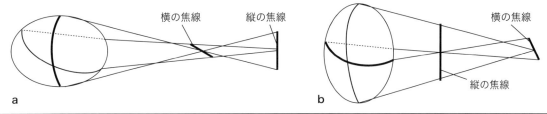

図 3-12 直乱視（a）と倒乱視（b）
直乱視は角膜がラグビーボールを横にしたような形になっており，垂直方向のカーブが強い乱視であり，倒乱視は角膜がラグビーボールを縦にしたような形になっており，水平方向のカーブが強い乱視である。

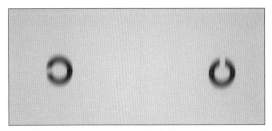

図 3-13 乱視の見え方（無調節時）
横に開いた切れ目は見えにくいが縦の切れ目はよく見える。

である。そのため，近視のアスリートは，スポーツ用保護眼鏡を使用することが望ましい。最近は，20歳以上での使用がすすめられている特殊なデザインのハードコンタクトレンズを用いて，角膜のカーブを扁平化させるオルソケラトロジーや，角膜矯正手術などの治療も行われるようになっている。

　近視は予防が大切である。勉強や読書などを正しい姿勢で行い，長時間続けずに40〜50分ごとに眼を休めること，パソコンやゲームなどを40分以上続けないこと，テレビは2〜3m離れて30〜60分見たら10分程度眼を休めることなどが提案されている。また，戸外での活動の推奨，ストレスの除去，適切な照明なども提案されている[4]。

乱視

　乱視は，近視や遠視と異なり，目に入った光が網膜に1点にならない屈折状態である（**図3-3**）。乱視の人は物がにじんで見えたり，だぶって見えたりする。乱視には正乱視と不正乱視がある。正乱視は，主に角膜の縦のカーブと，横のカーブの屈折力が異なることが原因で起こり，直乱視，倒乱視，斜乱視に分けられる。直乱視は，角膜がラグビーボールを横にしたような状態になっていて，垂直方向のカーブが強い乱視である（**図3-12a**）。カーブが強い垂直方向から入る光は屈折力が強いため，角膜に近い所で水平方向にピントが合う。そして，カーブが弱い水平方向から入る光は屈折力が弱いため，角膜から離れた所で垂直方向にピントが合う。倒乱視は，角膜がラグビーボールを縦にしたような状態になっていて，水平方向のカーブが強い乱視である（**図3-12b**）。カーブが強い水平方向から入る光は，屈折力が強いために，角膜に近い所で垂直方向にピントが合う。そして，カーブが弱い垂直方向から入る光は，屈折力が弱いために，角膜から離れた所で水平方向にピントが合う。斜乱視は，角膜がラグビーボールを斜めにしたような状態になっている。このように，乱視は遠くも近くも縦や横ににじんで見えたり，二重に見えたり，歪んで見えることから，疲れ目の原因となる（**図3-13**）。

　乱視があるとボールがいくつにも見える，夕方や夜になるとぼやける，晴れの日より雨の日や室内で行うときが見にくい，丸い標的が楕円

形に見えるなどの症状がある。そのため，乱視がある場合には，網膜上に鮮明に像が映るように，一方向だけ光の屈折が起こる円柱レンズを使用する。乱視の矯正方法として，眼鏡，ハードコンタクトレンズ，乱視度の入ったソフトコンタクトレンズ，オルソケラトロジー，角膜矯正手術などがある。

眼鏡で矯正できない乱視が，不正乱視である。不正乱視は角膜の表面に凹凸があり，同じカーブ上でさえも屈折面が平滑でなく不規則になることが原因で生じる。不正乱視の多くは，角膜の表面にある多数の傷で起こるびまん性表層性角膜炎や，円錐角膜でみられる。

■ 不同視

両眼の屈折異常の差が2D以上ある状態を不同視と呼ぶ。不同視があると，両眼のバランスが悪いため，見え方が悪くなるだけでなく，遠近感がわかりにくくなる。そのため，球技だけでなく，距離感が必要な競技で支障をきたす可能性がある。不同視の矯正は，左右の眼の度数の差が大きくなるほど，矯正するレンズの厚さに差が生じるため，その度数の差で網膜に映る像の大きさが違ってくる。この状態を不等像視という。右眼の像と左眼の像の大きさが違うと，後頭葉に視覚情報が送られたときに，像を1つにまとめることができず，眼鏡で矯正しても立体感，遠近感が悪くなる。このような場合，コンタクトレンズによる矯正がよい。また，小さな子どもに不同視があると，屈折異常の弱いほうの眼で見ていることが多く，もう片方の眼の発達が妨げられ，片眼だけ弱視となることがある[2]。このような場合，片眼がよく見えているので，本人も気づかず見逃されてしまうことがあるので注意が必要である。

おわりに

屈折異常は見にくくなるだけでなく，子どもでは弱視，成人では眼精疲労や両眼視の低下などが引き起こされるため，競技力を十分に発揮できない。また，屈折異常には眼の病気が隠れていることもあるので，疑がわれる場合は眼科を受診し，適切な検査による診断と治療が必要である。

文　献

1. 枝川　宏，川原　貴，小松　裕 他：トップアスリートの視力(II). あたらしい眼科, 32: 1363-1367, 2015.
2. 湖崎　克：小児の目の病気. 医歯薬出版, 東京, pp. 21-35, 1987.
3. 日本眼科医会：目についての健康情報, 子供が近視といわれたら, 6. 偽近視(仮性近視)は治らないの？ https://www.gankaikai.or.jp/health/39/06.html
4. 所　敬：屈折異常とその矯正, 第6版. 金原出版, 東京, pp. 103-186, 2014.

（野原　尚美，枝川　宏）

2 視力矯正方法と正しい視力管理

はじめに

スポーツにおいて眼の重要性はいまさら語るまでもない。せっかく持ち合わせている能力を活かすためにも，あるいはトレーニングで向上させる過程においてもより良質の視覚情報を得ることは大事であり，そのなかでも特に視力はなおざりにできない。そのためには競技特性や競技距離あるいは環境・ルールに合わせた矯正手段，視力値が必要である。

遠方の標的や動く対象物を見る競技では，いわゆるよい視力が必要であると誰しもが思う。近年近視の人の割合は上昇しており，アスリートにも視力矯正の必要な人が増えているが，逆に近距離での競技では近視状態を残しても構わないのではないかと思われてしまうことがある。しかし基本的な考え方としては，いかなる競技であってもいわゆるよい視力が必要であり，よいパフォーマンスのためには適切な視力矯正を行わなければならない。弱視などの条件がないかぎり，一般に視力は矯正可能であり，改善可能であるからこそ，適切な視力の維持は義務といっても過言ではない。しかし残念ながらアスリート自身あるいはコーチや保護者が視力を重要視せず放置されていることが少なくなく，アスリートの能力発揮のために視力確保が必要である事実への理解が望まれる。また視機能障害は運動能力の低下だけでなく日常生活にも影響するので，危険回避を含め，外傷などの予防と，疾患のある場合の管理は大切である。

■ スポーツと視力

対象物を見つめることはすべての競技に共通である。このために必要な視機能には，視力，視野，眼球運動などの他，認知機構まで含めると実にさまざまな要素が含まれている。さらに視力も静止視力や動体視力などに分けられて検討されているが，最も基本となるのは静止視力，いわゆる視力である。

スポーツに必要な視力を知るために，コンタクトレンズの度数を調整することで視力をいくつか設定してバッティングやシュートの成功率を調べた研究によると，視力1.2で成功率が最も高く，それよりも視力が低くなるにつれてパフォーマンスが悪くなった[2]（**図3-14**）。裸眼であろうと矯正下であろうとスポーツで目標とされる視力値は1.2ないし1.0であろうと推測される。これは静止した標的でも動く物体を認識するためであっても変わりなく，最重要の項

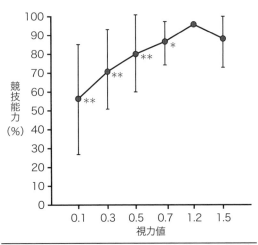

図3-14 視力と競技能力の関連（文献2より引用）
大学スポーツ部員（バスケットボール，サッカー，野球，テニス，卓球，アーチェリー）30名にコンタクトレンズを装用させ視力を調整した。視力1.2が最も競技能力が高かった。$*p<0.05$，$**p<0.01$。

第3章　スポーツにおける視力の重要性

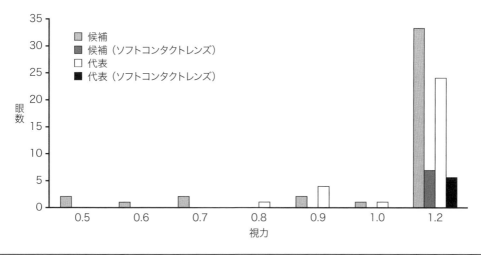

図 3-15　日本代表選手と候補選手の視力分布
世界的競技の日本代表選手と候補選手の視力を調べた。代表選手は裸眼あるいはコンタクトレンズ矯正によって視力がよかったが，候補で終わった選手には両眼とも視力が悪いまま，まったく視力矯正していなかった選手がいた。

目である。対象物が高速の場合に動体視力が重要と指摘されるが，動体視力にはさまざまな要素が含まれるため分析とその解釈は単純ではない。また動体視力は静止視力の改善によって向上することが多く，静止視力が悪ければ動体視力の向上も望むべくもない[7]。正しい補正によって少なくとも視力を 1.0 に保つことがよいプレーのために何より大事であることを忘れてはならない。しかし残念ながら案外なおざりになっているのが実情である。

　格闘技などでは遠くを見ることはないから近視でも不利ではなく，わざわざコンタクトレンズを装用しなくてもよいのではと考えられることがある。しかし，スポーツの基本は「よく見て競技する」ことである。競技内容やルールによって矯正手段に制約があるのであれば仕方がないが，視力を向上できる余地があるのにもかかわらず矯正しないまま競技を続けていては自分のパフォーマンスが発揮できないままになる（図 3-15）。たとえ互いに組み合う競技であってもよい視力でしっかりと相手を見据えて構えるのとぼやけた見え方のまま対峙するのとでは違

図 3-16　競技（柔道）タイマー
競技タイマーの確認は戦略の1つである（写真提供：セイコータイムシステム株式会社）。

うのは当然である。またコーチの表情や計時時計（競技タイマー）などの確認も戦術構成に含めるならば当然よい視力でなくてはならない（図 3-16）。

　必要なことは，競技に応じてどのように適切で安全な手段で視力を得るかということである。適切安全な矯正手段を講じて外部からの視覚情報を必要十分に取り入れることが何よりも競技パフォーマンス発揮につながることを強調して

■ 競技と矯正手段の選択

スポーツにおける視力矯正の基本は，よい矯正行い，よく見えることおよび安全なことである。対象物の動きと速度，自分が動くかどうか，相手との接触の有無，風や雨その他の環境要素などを考慮する必要がある。

矯正手段の基本は眼鏡である。サングラスを含むレンズの着色やレンズや枠の形状の選択肢なども広く，衛生面においても眼鏡が優れている。注視対象が静止物の場合ならば視力，距離感，両眼視などが達成できれば眼鏡，コンタクトレンズなどいずれの手段でもよい。接触のある競技では眼を打撲する可能性があるので，衝撃があっても損傷を受けにくいように割れにくい素材の眼鏡を用いたり，ゴーグルタイプのもので目を守るようにする。LASIKは眼球強度が落ちるため，眼球破裂の危険があるので特に注意を払う必要がある。格闘技など眼鏡では危険な競技や，雨泥などの環境によって眼鏡が適さない場合にはコンタクトレンズなどにかぎられてしまう。それでも活動内容，すなわち学校体育や練習内容，眼の状態によっては眼鏡の選択がありえよう[8]。

眼の乾燥は競技において大きな要素であり，日常生活での場合よりも問題になる。眼が乾くと不快感だけでなく，見ている像がぼやけるなどの症状がある。アスリート自身が高速で移動する競技や屋外競技では，風が当たるので乾燥に注意を払う必要がある。凝視する競技では特に乾燥や風，瞬目の影響を受ける。相手のプレーを待っている間にコンタクトレンズが乾いてずれたり落ちることもある。

外的環境への配慮も重要であり，遮光レンズや着色レンズの必要性，自転車競技などでは雨天時の汚れなどへの配慮など視力以外の要素も矯正手段に関係する。また屋内か屋外か，あるいはエアコンによっても眼が受ける影響が変わる。屋外ならば，風と乾燥への対策，寒冷や暑熱と自分の汗や蒸気への対策，水中競技ではゴーグル使用の可否や衛生問題なども考慮しなければならない。

■ 矯正方法

眼鏡，コンタクトレンズ，屈折矯正手術など視力矯正には種々の選択肢があるが，よく見えるように，安全で，かつ競技環境を考えて選択する。

眼　鏡

最も基本的な視力矯正手段であり，多くの競技に適している。コンタクトレンズのように直接眼に触れないため傷をつくらない，眼に炎症などの異常があっても使用できるなどの点で安全である。眼鏡の紫外線吸収コーティングレンズは競技を問わず使用でき，また日常生活にも適している。

視認性を高めるためには，ハイコントラストレンズや偏光レンズが効果的である。偏光レンズは水面や雪面からの反射光を抑え，反射で見えづらい雪面の凸凹が認識しやすくなる。眩しさに対してだけでなく，しっかり紫外線を排除したいならばサングラスが有用である（**図3-17**）。レンズと枠の形状は競技の必要性に応じ，側面からの紫外線も考慮して選択する。調光レンズの濃度は紫外線の強さや温度によって左右されることに注意する。

通常の眼鏡では，損傷するとレンズ破片で眼を傷つけたり眼球を直接打撲することがあるので，競技に用いるにはレンズや枠の強度を考慮することが大事である。通常の強化レンズや衝

図3-17　サングラス型アイプロテクター
レンズはポリカーボネートでできている（写真提供：山本光学株式会社）。

図3-18　眼鏡型アイプロテクター
ポリカーボネートレンズは枠から眼のほうにははずれないようにできている（写真提供：山本光学株式会社）。

撃吸収コートにスポーツ中の事故を防ぐ効果は期待できないが，スポーツ眼鏡のデザインは最近きわめて進歩しており，耐衝撃力のあるポリカーボネート製の眼鏡レンズとそのレンズがはずれない枠，あるいはゴーグルならば外傷や打撲から安全に眼を守ることができる[1]（図3-18）。割れないポリカーボネート製のレンズで眼を守るという意識を是非もって欲しい。

コンタクトレンズ

眼の表面に凹レンズを接触させるコンタクトレンズは，レンズが眼から離れている眼鏡に比べて像のゆがみや物が小さく見える現象が軽い。そのため距離感へも影響しにくい。強度近視，乱視も含め広く対応できるので，眼鏡が使えない競技などには優れた選択肢である。しかし知覚が敏感で，傷つきやすい角膜に触れている異物である以上，絶対に安全とはいえない。たとえ練習や試合で疲れていても，毎日正しく洗浄保存しなければならない。泥で汚れる競技では特にレンズの管理が重要であり，この点で1日使い捨てレンズは便利である。選択の際には瞬目によるぶれ，乾燥，衛生管理が鍵となる。

コンタクトレンズ使用者に対して共通の注意点がある。それは，競技中あるいは日常的にコンタクトレンズを使用しているアスリートは，レンズが破損したり紛失するなど万一に備えて実用的な眼鏡を常に携帯することが望ましいということである。結膜炎や眼に異常があってコンタクトレンズが使えない時など，眼鏡がないと生活ができないだけでなく，無理にコンタクトレンズを続けると思わぬ合併症を招く結果になる。

ソフトコンタクトレンズ

角膜よりも直径が大きなレンズで，文字通り素材が柔らかく，装用したときに異物感が少ないので広く使われている。瞬目によるレンズのずれが少ないことは有利である。欠点としては乾燥しやすいことがあり，瞬きせずに凝視したり，風が当たるとレンズが曇る，ごろごろする，眼からはずれるなどが起こる。また，柔らかいためにハードコンタクトレンズに比べて見え方のシャープさに限界がある。眼に炎症や傷があってもソフトコンタクトレンズを装用していると痛みがマスクされてしまい，重症な角膜感染症を起こしてしまうことがある。合宿先などで無理な装用をすることは避けなければならない。老視年代のアスリートの場合，遠近両用の二重焦点レンズならば手元の操作にも焦点を合わせることができるが，眼鏡ほどの明瞭さは期待できない。

第3章　スポーツにおける視力の重要性

図3-19　ソフトコンタクトレンズのパッケージ
通常のもの（左）に比べ，かさばらず携帯しやすい薄いもの（右）も販売されている。

図3-20　ハードコンタクトレンズの種類
通常のもの（左），少し大きなオルソケラトロジーレンズ（中），形も大きさも独特な強膜レンズ（右）。

1日交換使い捨てタイプ，2週間定期交換タイプ，1ヵ月定期交換タイプ，1年程度使用する長期使用タイプなどがあるが，見え方の質としては同じ程度である．1日交換使い捨てタイプ以外は，いずれも毎日使用後に専用液で洗浄管理する手間が必要である[6]．この管理は，決しておろそかにしてはならないため，性格的にずぼらな人や合宿中などできちんと管理できないことがある場合には適さない．消毒には薬液を用いるので飛行機に乗る際に機内持ち込みができるか気を配る必要もある．1日交換使い捨てタイプはこの消毒管理の手間が必要ないため，遠征中でも簡便で衛生的である．しかし，再装用が禁じられているので，入れ損なっていったん取り出した場合にも入れ直すことができずに新規のものを使わなければならないなど，年間を通してのコストは高くなる．長期遠征の場合など，日数分のパッケージの持参が必要なため，かさばる可能性があるが，最近は厚みの薄いパッケージもある（**図3-19**）．いずれにしても，よく考え，自分に合ったものを選ぶことが望ましい．1日交換使い捨てレンズと2週間定期交換レンズとを合宿や遠征のスケジュールに合わせて使い分けるアスリートもいる．レンズのわずかなずれが特に気になる場合には，眼球運動に対する追随性を向上させたスポーツ用と称するソフトコンタクトレンズもある．

ハードコンタクトレンズ

角膜よりも形が小さく素材が硬いため，異物感に慣れるまで時間のかかることがある．しかし，均一なポリマーだけからできているので，スポンジのようなソフトコンタクトレンズに比べ光学的に優れており，見え方のシャープさでソフトコンタクトレンズに勝る（**図3-20**）．ハードコンタクトレンズは瞬目のたびに角膜の上で動くので，瞬きによる視界の瞬間的なぶれが影響する競技には適さないが，ハードレンズを選択するアスリートは見え方のシャープさを評価していることが多い．素材の酸素透過性がソフトコンタクトレンズよりも優れており，またレンズ直径が小さいため角膜表面への酸素到達性が高いことは利点である．汚れや細菌がレンズの中に浸透しないのでレンズ管理もソフトコンタクトレンズに比べると簡便である．欠点の1つとしてゴミが入ったときにすぐに痛むことがあげられる．しかし，すぐにレンズをはずして対処すればむしろ重篤な眼障害へつながることは少なく逆に安全といえる．取り扱いの簡便さと購入後長期にわたって使えること，見え方のシャープさなどで選ばれている．競技への注意点は，瞬目によるレンズの動きが大きくラグがあるので，見え方に遅れの出ることや激しい眼の動き，手などが当たるとはずれてしまう可能性があることである．

第3章　スポーツにおける視力の重要性

図3-21　オルソケラトロジーレンズ
角膜の上にレンズが乗っている模式図。レンズ内面は特殊な形になっており，就寝中に角膜表面がこの形に合わせて変形する。

特殊コンタクトレンズ

円錐角膜など角膜形状の変形が強いアスリートの場合，普通のコンタクトレンズでは，ずれてしまい眼が痛んだり，視力の出ないことがある。このような事情でも安定した見え方と装用感を得ることができる形の大きな強膜レンズなどがある[4]。瞬きによる像のぶれがなく眼が乾燥することもないという特徴があり，アスリートを含む正常眼へ適応が広まる可能性がある。

オルソケラトロジー

通常のレンズの使い方と逆に，就寝中に内面が特殊な形状をしたハードコンタクトレンズを装用し，いわば寝押しのように角膜を一時的に変形させる手法である[5]（図3-21）。その効果によって翌日の視力を一時的に改善させ，裸眼で生活したり競技したりすることができる。ごく表面部分の型押しなので効果は1日しか続かないため，毎晩レンズを装用する必要がある。しかし，角膜を削ったり切れ目を入れるような手術ではなく，眼球の強度を減らすことがないので適応できる競技に制限はない。特に手が当たりそうなコンタクトスポーツには後述するLASIKよりも安全である。裸眼で見えるようになるので飛び込みや水球などの水泳種目にも有効である。欠点としては，効果に個人差があること，中等度までの近視にしか対応できないこと，高次収差が増すので精密な見え方が要求される競技には適さない可能性などがある。

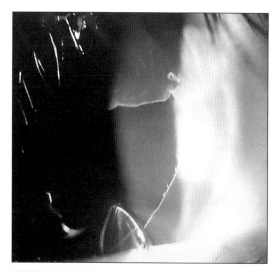

図3-22　LASIKのフラップ損傷
LASIKのフラップが剥がれてちぎれている。手術後時間が経っていてもフラップは癒着していないので外力に弱い。

手　術

近視矯正の手術には，角膜自体を凹レンズの形になるように削る方法や眼の中に凹レンズを入れてしまう方法などがある。

LASIK
（Laser-assisted in situ keratomileusis）

近視矯正手術として最も広く行われている方法である。角膜表層を薄く剥いでつくったフラップをいったんめくり，その底面へレーザーをかけて角膜を削った後にフラップをもとの位置にもどして蓋をする手術である。結果として術前よりも角膜自体を凹レンズのように加工する手技である。強度の近視にも対応し，乱視補正も可能である。スポーツにおける欠点は眼の強度が非常に弱くなる点である。これは，もどしたフラップは癒着しないので，眼球強度にかかわる角膜厚が，レーザーをかけた残りの底部分だけになるためである。またフラップが強い力で擦られると手術から日が経っていても剥がれたりちぎれてしまうことがある（図3-22）。眼

89

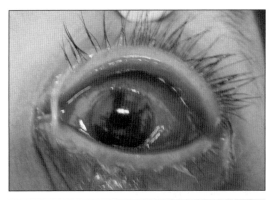

図3-23　はやり目（EKC）
充血，眼脂，流涙，刺激症状が強い。アデノウイルスが原因であり接触感染による伝染力が非常に強いので，周囲へ広めないよう注意する。

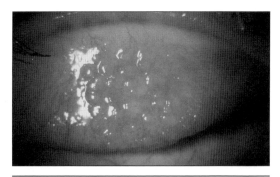

図3-24　ソフトコンタクトレンズによるアレルギー性結膜炎
ソフトコンタクトレンズの使用によって，上眼瞼結膜に凸凹した乳頭増殖が生じている。かゆみ，眼脂やレンズのずれの原因になる。

に外力が加わらない競技であればこの脆弱性は問題ではないが，コンタクトスポーツでは注意が必要であり[9]，たとえ手術で視力が改善していても安全面からは逆に永続的な問題を抱えた眼になったといえる。もしもフラップが損傷されると，その後の日常生活にも支障をきたす恐れがある。術後ドライアイの悪化や再び近視化することもある。競技によってはフラップを守るために防護ゴーグルを用いるべきである。

有水晶体眼内レンズ（implantable collamer lens：ICL）

眼の中の水晶体と虹彩の間に人工的なレンズを挿入固定する手術である。特に強度近視に有効とされ，術後の近視のもどりもないとされるが，健常眼への内眼手術なので実施そのものに対する評価が定まっていない。

■ 眼に疾患がある場合の矯正手段

感染性炎症

充血の原因が角膜感染症やはやり目，あるいは細菌性結膜炎のように感染による場合は，治癒するまでコンタクトレンズは絶対禁止である。コンタクトレンズの使用は症状を増悪させたり，角膜感染症へ進行することがあるので，眼鏡を使用しなければならない。無理をすると以後の日常生活にも支障が出るような障害を残す可能性がある。はやり目（epidemic keratoconjunctivitis：EKC）の場合は感染力が強く，練習相手や同僚へ伝播する恐れがあるので，競技そのものも控える必要がある（図3-23）。

コンタクトレンズを装用して痛むときは，角膜に傷がついていて角膜感染症の原因になることがある。またレンズフィッティングが悪いと瞬間的な眼の動きや瞬きでレンズがずれたり，目を開けてからはっきり見えるまで時間的遅れを生じて競技に不利になる可能性がある。

非感染性炎症

アレルギー性結膜炎による強い眼のかゆみは春先に多くのアスリートを悩ませる。コンタクトレンズ，特にソフトコンタクトレンズ使用者では眼瞼裏の結膜に隆起した乳頭増殖と呼ばれる状態が生じることがある（図3-24）。このようになると，瞬きをして目を開けた時にレンズがずれる，かゆみが強い，目やにが増えるなどの症状が出る。コンタクトレンズの装用は症状

第 3 章　スポーツにおける視力の重要性

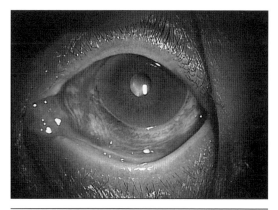

図 3-25　結膜下出血
結膜血管からの出血のためべたっと赤く，充血とは異なる。外見に驚かされるが視力に影響はなく，コンタクトレンズも使用できる。

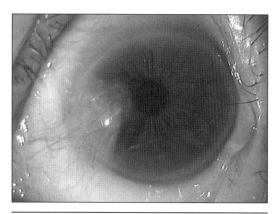

図 3-26　翼状片
結膜組織が角膜上へ侵入する。コンタクトレンズ装用は難しい。

を悪化させることが多く，一時中止して治療を優先すべきであるが，どうしても必要な場合でも最小限の装用に留めないと治りにくい。眼鏡にすると抗原への暴露を大きく減少させることができるといわれている。

　ドライアイは現代に多い疾患であり，多くの競技で妨げとなる。瞬目を控えて凝視することのある競技や眼に風が当たる競技では特に問題になる。ソフトコンタクトレンズでは特に自覚症状を強く感じることがある。直接眼に風が当たらないように工夫された眼鏡やサングラスを用いることがある。虹彩炎など眼内炎症による充血においてもコンタクトレンズを避け，眼鏡にすることが眼の負担を軽くする。充血と紛らわしいが，結膜下出血ならばコンタクトレンズは可能である（図 3-25）。

角膜・結膜疾患

　翼状片は結膜上皮が角膜へ白色三角形にとがって侵入する疾患である（図 3-26）。瞼裂斑は角膜の横に黄白色の小さな隆起が生じる変性疾患である（図 3-27）。いずれも高齢者に多いが，若年者でも屋外競技やヨットなど紫外線刺激の強い競技のアスリートに生じやすい。通常進行

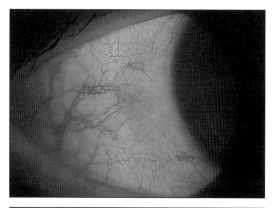

図 3-27　瞼裂斑
角膜横の小さな隆起。茶色に着色したりや炎症を起こして充血することがある。ちょうどソフトコンタクトレンズの縁が当たる位置にある。

は遅いものの充血を起こしやすいことと相まって美容的に気になったり，翼状片が進行すると乱視や視力にも影響する場合がある。コンタクトレンズを使用すると充血を起こしたり，レンズがうまく乗らなかったりする。対応としては眼鏡，予防としてサングラスの着用が有効とされる。

　円錐角膜はそれほどまれではなく，角膜が後天的に円錐形に突出する変性疾患である（図 3-28）。近視がどんどん進み，乱視がひどくなると眼鏡では視力が出なくなる。そのような場合，

91

第3章　スポーツにおける視力の重要性

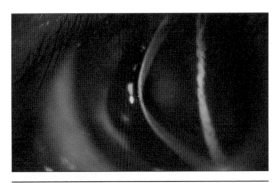

図3-28　円錐角膜
角膜の中央部が突出し変形している。眼鏡では視力が出ず，ハードコンタクトレンズが処方される。

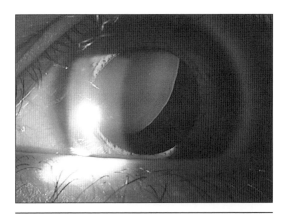

図3-29　マルファン症候群における水晶体亜脱臼
水晶体が斜め上にずれて，強い乱視を呈する。打撲によって水晶体が落下する危険がある。

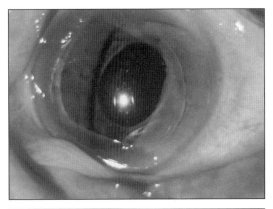

図3-30　打撲による眼内レンズの脱臼
打撲によって，白内障手術の際に虹彩の裏側へ入れてあった眼内レンズが虹彩の上に出てしまっている。

通常はハードコンタクトレンズで矯正を行うが，症状が進行するとレンズが非常に不安定になり，ずれたりはずれたり，視力が出せなくなるようなことが起こる。進行例では円錐角膜用として開発されたレンズや，より専門的な矯正手段として直径の大きな特殊コンタクトレンズを用いると効果の出ることがある。

水晶体疾患

　マルファン症候群は背が高く競技で活躍する人も多いが，眼においては水晶体を支える組織が弱いため，水晶体が大きくずれる水晶体亜脱臼が起こり，補正が難しい乱視となる[3]（図3-29）。水晶体は強度が不安定なため，打撲で水晶体がはずれると大がかりな手術が必要になるので，できるだけ打撲予防のためにゴーグルを装用することが望ましい。

　白内障では水晶体が混濁するため，薄暮時に急にプレーが悪くなったりすることがある。逆に明所では眩しく，コントラストが悪くなることがあるため，サングラスや調光レンズの使用も対処の1つである。手術では水晶体をクリアな人工眼内レンズで置き換えるので，視力は目覚ましく改善する。しかしたとえ術後長期間経っていても，競技中に打撲を受けると傷が開いたり，眼内レンズがずれることがある（図3-30）。レンズの材質によっても打撲による眼球変形への対応力が違うので，その可能性のある競技のアスリートは，術前に医師とよく話し合う必要がある。手術後は眼球壁に傷が残るので，できるだけ打撲から眼を守ることが望ましい。

網膜疾患

　網膜剥離は網膜が破れて剥がれ，放置すると失明につながる可能性のある疾患である。近視が強い眼や，眼球に衝撃を受ける競技などで生じやすいので，視野欠損を感じたら速やかに治

療が必要である．術後も網膜が弱いので再度の打撲や激しく眼を動かすことを避ける．日常生活においては眼鏡でもコンタクトレンズでもよいが，近視度が強いと眼鏡とコンタクトレンズで対象物の大きさの見え方が異なるという現象が起こり，ひいては距離感に影響することがある．そのため，スポーツを実施する際にはこの点を考慮し，矯正方法に慣れておく必要がある．手術前後を問わず予防ゴーグルの着用が安心である．

黄斑変性症は，網膜の最も鋭敏な箇所の構造が崩れる疾患で，見つめたい対象物が視野欠損のため見えなくなる．加齢などのほか，紫外線や強い光が危険因子の1つである．屋外では紫外線吸収性の素材やコーティングのもの，サングラスなら良質のものを用いる．

緑内障は，視野感度が低下し見えない部位が広がる．この視野感度の低下や視野欠損は自分ではほとんど認知できないうえ，両眼で補い合い，脳でも補正するので末期まで気づきにくい．そのため知らぬうちに症状が進行し，ボール競技などで急にボールが現われたように感じたりしてプレーが下手になったと勘違いされることがある．視力矯正手段は問わないが，打撲を避ける注意が必要である．

網膜色素変性症は，求心性視野狭窄と夜盲症が特徴である．そのため，見える部分があたかも筒を通して見ているかのように狭まるので視線から少しはずれたものを認識できず，競技能力が低下したり打撲を起こしやすい．また病初期から薄暮時の見え方が低下しているので，競技が夕方にかかるとパフォーマンスが極端に落ちる可能性がある．傍らにいるアスリートやボールに気づきにくいことがあるので打撲防止にゴーグルの着用がすすめられる．

文　献

1. 枝川　宏：スポーツ眼鏡．あたらしい眼科，32 (臨増)：95-98, 2015.
2. 枝川　宏, 石垣尚男, 真下一策, 他：スポーツ選手における視力と競技能力. 日コレ誌 (補遺), 37: 34-37, 1995.
3. 松原正男：マルファン症候群とスポーツ活動, 眼科の特徴とスポーツ. 臨床スポーツ医学, 14: 143-146, 1997.
4. 松原正男, 武田桜子：ミニスクレラルレンズコンタクトレンズの処方, あたらしい眼科, 32 (臨増): 189-192, 2015.
5. 松原正男, 武田桜子：オルソケラトロジーの原理. 眼科, 57: 991-996, 2015.
6. 宮本裕子：コンタクトレンズのケア. あたらしい眼科, 32 (臨増): 123-125, 2015.
7. 佐渡一成：スポーツにおける視力矯正. 臨床スポーツ医学, 18: 893-897, 2001.
8. 宇津見義一：学校におけるスポーツとコンタクトレンズについて. *MB Oculi*, 58: 17-24, 2018.
9. 山口達夫：近視矯正手術とスポーツ. 臨床スポーツ医学, 18: 899-904, 2001.

（松原　正男）

第4章

スポーツ眼外傷

> ■**本章のポイント**■
>
> 　スポーツによる眼外傷は，子どもから成人まで，毎年多く発生している。スポーツによる眼外傷の種類はさまざまで，その程度は軽度なものから重度なものまで幅広い。眼外傷により視力低下や視野欠損などの後遺症が残った場合，スポーツだけでなく日常生活でも支障をきたすことになる。
>
> 　本章では，独立行政法人日本スポーツ振興センターと公益財団法人スポーツ安全協会の資料から，わが国の高校生までのスポーツ眼外傷を中心にその実態について解説した。また，スポーツによる眼外傷や障害を予防するために日頃からアスリートの眼に関して把握しておくべき点やスポーツ眼外傷が起こったときの現場での対処法についても触れ，眼外傷から眼を保護するスポーツ眼鏡についても述べた。
>
> 　本章を読むことで，スポーツ眼外傷の現状，眼外傷が起こったときの現場での対処，眼外傷の予防法について知ることができる。

はじめに

わが国では子どもから成人まで，軽度なものから重度なものまで毎年多くのスポーツ眼外傷が発生している．スポーツ眼外傷が重度な場合，視力低下や視野欠損などの後遺症が残り，日常生活にも支障をきたすことになる．わが国におけるスポーツ眼外傷の実態については，高校生までは独立行政法人日本スポーツ振興センター (Japan Sport Council：JSC) や公益財団法人スポーツ安全協会などの資料から，かなり正確に把握することができる．しかし，大学生や成人についてはまとまった資料が少なく，正確に把握されていない．本章では，まずわが国のスポーツ眼外傷の現状をJSCの資料を中心に解説する．次に，日頃からアスリートの眼に関して把握しておくべき点とスポーツ眼外傷が起きたときに現場で行う対処法について述べ，最後にスポーツ眼外傷から眼を保護するスポーツ眼鏡について紹介する．

■ スポーツ眼外傷

スポーツ眼外傷の発生数

JSCの資料[7]は，災害共済給付制度への加入者1,672万人（2017年度）を対象にした，学校，保育所などにおける外傷の統計資料である．この資料はわが国の幼稚園，小学校，中学校，高校，高等専門学校の約95％をカバーしていることから，学校活動におけるスポーツ外傷の実態がほぼわかる．また，スポーツ安全協会の資料[11]は，スポーツ団体所属の学生を対象にした統計資料である．加入者数は約898万人で，競技別のスポーツ眼外傷の実態に詳しい．

JSCの資料[9]によると，学校では毎年約7万件の眼外傷が起こっており，そのうち約5万件（約70％）がスポーツによるものである（表4-1）．つまり，学校活動における眼外傷の多くがスポーツによるものである．

スポーツ眼外傷の原因

スポーツ眼外傷の原因には，①身体・ボール・器具による衝撃，②塵や埃，風による乾燥，③紫外線，④プールでの塩素や化学物質，などがあげられている．スポーツ眼外傷が起こった状況としては，「ボールに当たる」が約4割と最も多く，次いで「他者との接触」，「転倒・落下」，「バットが当たる」と続く[9]．

スポーツ眼外傷の多い競技

JSCが2005～2014年の10年間の体育活動中の障害に対して見舞金を給付した1,520件の障害部位の調査では，眼と歯牙（それぞれ29％）が多かった[9]．また，障害見舞金の給付が多かった競技は，野球（30％），サッカー（14％），バスケットボール（8％），ソフトボール（6％）と球技種目が多く，全体（438例）の76％を占めていた[9]．スポーツ眼外傷を競技人口10万人あたりの運動部活動の競技種目をみると，野球（30％），ラグビー（27％），ソフトボール（11％）の順であった．また，スポーツ安全協会の資料[11]では，スポーツ眼外傷の10万人あたりの発生頻度が高い競技はボクシング，野球，バドミントンであった（表4-2）．

表4-1 学校における外傷，眼外傷およびスポーツ眼外傷の発生件数の推移（文献9より引用）

年	全外傷	眼外傷	スポーツ眼外傷
2011	1,034,427	75,367	52,076
2012	1,041,282	76,632	53,041
2013	1,014,049	72,695	51,398
2014	1,004,540	71,421	51,074
2015	994,442	70,249	51,261

表4-2 スポーツ眼外傷の競技別発生頻度（文献11より引用）

競技	件数	対象者（加入者）数	10万人あたりの発生件数
ボクシング	12	13,202	91
野球	872	1,032,061	84
バドミントン	143	198,661	72
インディアカ	16	29,923	53
ホッケー	3	6,805	44
相撲	3	6,783	44
ドッジボール	17	42,826	40
レスリング	4	10,225	39
ラグビー	25	66,729	37
アメリカンフットボール	2	5,483	36
ソフトボール	138	452,597	30
バスケットボール	125	414,868	30

表4-3 さまざまなボールの直径と重量

種類	外周	直径	重量
バスケットボール	75〜78 cm	24.5 cm	600〜650 g
サッカーボール	68〜70 cm	22 cm	410〜450 g
ドッジボール	65〜67 cm	21 cm	370〜390 g
バレーボール	65〜67 cm	21 cm	260〜280 g
ハンドボール（男子）	58〜60 cm	19 cm	425〜475 g
ソフトボール	30.48 ± 0.32 cm	9.7 cm	187.82 ± 10.63 g
野球ボール（硬式）	22.89〜23.50 cm	7.29〜7.48 cm	141.7〜148.8 g
野球ボール（軟式）	22.45〜22.77 cm	7.15〜7.25 cm	30〜31 g
テニスボール（硬式）	20.54〜21.54 cm	6.54〜6.86 cm	56.0〜59.4 g
ゴルフボール	13.398 cm 以上	4.267 cm 以上	45.93 g 以上
卓球ボール	12.560〜12.748 cm	4.00〜4.06 cm	2.67〜2.77 g

スポーツ眼外傷のメカニズム

衝撃

スポーツ眼外傷の多くがボールによる衝撃で起こっている。眼球の損傷の状態や程度は，眼に衝撃を与えたボールや身体部分の大きさが，眼窩（成人で縦約35 mm，横約40 mm）よりも大きいか小さいかで異なる。表4-3に主なボールの直径と重さを示したが，眼窩よりも小さなボールや指が眼に当たったときは，衝撃力が眼窩周辺の骨に吸収されずに眼球自体に伝わるため，眼球前部の損傷が大きくなる（図4-1）。

一方，眼窩よりも大きなボールや肘が眼に当たったときは，衝撃力の多くは眼窩周辺の骨に吸収されるが，眼窩内にも伝わる。眼窩内に衝撃力が伝わると眼窩の内圧が急激に高まるため，眼窩を構成する骨の一部が骨折するだけでなく，損傷は眼球全体に及ぶ。特に眼球後部の損傷が大きい。衝撃による眼球後部の傷害の起こり方には2つのタイプがある（図4-2）。1つ目は衝撃のエネルギーが眼球全体に及んで眼球が上下前後に揺さぶられることに伴い眼球内の硝子体も揺さぶられるような，損傷が硝子体や網膜全

第4章 スポーツ眼外傷

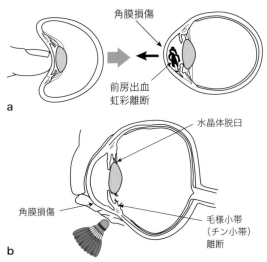

図4-1 眼球前部の鈍的外傷（文献12より引用）
a：指などによる鈍的外傷では前房出血，角膜損傷などが発生する。b：バドミントンのシャトルなど眼窩より小さいものが局所的に当たると角膜損傷，水晶体脱臼，毛様小帯離断などが発生する。

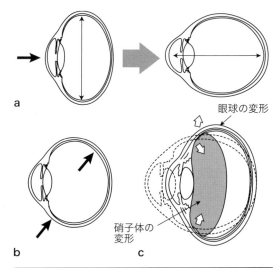

図4-2 眼球後部の鈍的外傷（文献12より引用）
a：衝撃により眼球が上下前後に揺さぶられ硝子体から網膜まで損傷が眼球全体に及ぶ。b：衝撃が硝子体を伝わり，衝撃を受けた部分だけでなく，反対側の網膜も損傷を受ける。c：衝撃が眼球全体に及び，眼球と硝子体が変形する。

体に及ぶタイプである（図4-2a）。2つ目は衝撃を受けた網膜の部分が直接損傷するとともに，衝撃のエネルギーが硝子体を通して反対側の網膜に伝わり，その部分の網膜が間接的に損傷するタイプである（図4-2b）。眼への衝撃が大きいと両方のタイプの損傷が起こる。

紫外線

太陽光は波長の短いほうから，紫外線，可視光線，赤外線に分けられる。紫外線の波長は190〜400 nmで，波長の短い順にUVC，UVB，UVAの3種類に分類されている。UVCは人体に最も危険な紫外線であるが，オゾン層に吸収され地表には届かない。しかし，UVBとUVAは地表に届いて人体に有害な影響を与える。UVBは角膜と前房でほとんど吸収され，UVAは水晶体でほとんどが吸収される[5]。紫外線による眼の障害には急性障害と慢性障害がある。屋外や高所，海などで行う競技のアスリートは紫外線を多く浴びることから，紫外線から眼を守る

必要がある。わが国では，野球やサッカーなど屋外で長時間プレーをする種目のアスリートは，眼部の紫外線被曝量が多く，瞼裂斑の有病率が高いとの報告がある[4]。

部位別スポーツ眼外傷

眼瞼

眼瞼の皮膚が受傷すると，裂傷・挫傷・皮下出血が起こる。鼻の近くの眼瞼が受傷したときは涙小管が断裂しやすく，眼窩上眉毛部が受傷したときは外傷性視神経障害（図4-3）が起こりやすい。上眼瞼挙筋と瞼板筋（ミューラー筋）が受傷すると，眼瞼が開けなくなって眼瞼下垂（図4-4）が起こる。眼輪筋が受傷すると眼瞼を閉じられなくなる。

角膜

角膜では，鈍的外傷や鋭的外傷のほか，化学物質（酸・アルカリ），紫外線，塩素で損傷が起こる。鈍的外傷では点状表層性角膜症・角膜び

第4章 スポーツ眼外傷

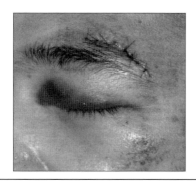

図4-3 外傷性視神経障害（文献3より引用）
眉毛部外側の強打による視神経管内で起こる視神経損傷。この症例はスポーツ眼外傷で起こったものではないが，視力に重大な影響を及ぼすことがある。

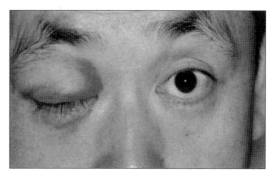

図4-4 外傷性眼瞼下垂（文献3より引用）
トレーニング装具の端で右眼を強打して起こった，右上眼瞼挙筋断裂による外傷性眼瞼下垂。

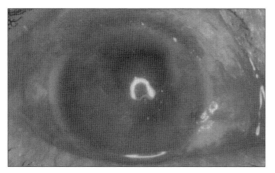

図4-5 アルカリ腐食（文献7より引用）
苛性ソーダによる角膜と結膜の損傷。アルカリによって結膜充血と角膜混濁が起こっている。

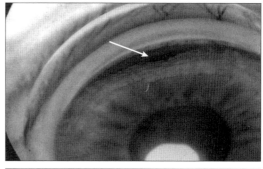

図4-6 隅角後退・隅角離断（文献3より引用）
軟式ボールが当たって眼球前部がダメージを受け，隅角後退，隅角離断（矢印）が起こった。

らん・角膜上皮剥離が，鋭的外傷では角膜裂傷が起こる。角膜や強膜の裂傷が起こると，裂傷部から菌が眼球内部に入り失明する危険性が高い。角膜実質や内皮細胞が傷害されると角膜は混濁する。角膜傷害は消石灰やゴーグルの曇り止め，日焼け止めなどの化学薬品でも起こる（図4-5）。紫外線による急性障害では点状表層性角膜炎が起こり，急激な羞明・流涙・眼痛がみられる。慢性障害としては翼状片・帯状角膜変性・角膜内皮障害が起こる。

結　膜

　結膜が受傷すると，結膜充血や結膜炎などが起こる。紫外線による障害としては結膜充血や瞼裂斑，翼状片がある。瞼裂斑は角膜輪部付近の瞼裂部球結膜に生じる淡黄色の結節性隆起病変で，鼻側の発生率が高い（図3-27参照）。翼状片は結膜部分が角膜中央に向かって伸びてくるもので，90％以上は鼻側結膜から侵入する（図3-26参照）。紫外線のほか，塵・埃・機械的な慢性刺激でも起こる。

隅　角

　隅角が受傷すると，虹彩・毛様体・隅角の離断や出血が起こる。隅角後退・隅角離断は，毛様体が断裂して毛様体と虹彩が後方へ移動した状態である（図4-6）。毛様体が断裂して虹彩根部の血管が障害されると前房出血（図4-7）と

99

第4章 スポーツ眼外傷

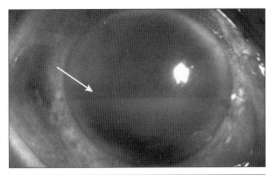

図4-7 前房出血（文献3より引用）
軟式ボールが当たって眼球前部がダメージを受け，前房から出血し，前房内下1/2に血液が貯留している。

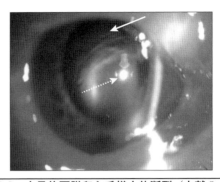

図4-8 水晶体亜脱臼と毛様小体断裂（文献3より引用）
水晶体を支えている毛様小帯が断裂（矢印），水晶体が下方に脱臼して水晶体の上縁が見えている（点線矢印）。

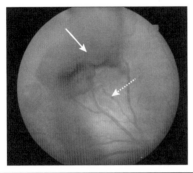

図4-9 硝子体出血・網膜振盪症（文献3より引用）
サッカーボールの直撃によって，硝子体出血（矢印）と網膜振盪症（点線矢印）が起こった。

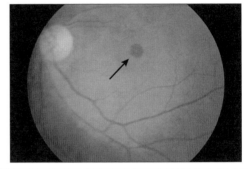

図4-10 黄斑円孔（文献3より引用）
衝撃により黄斑部に穴が開いた例。スポーツ眼外傷で起こる網膜疾患のなかでも多いものの1つである。

なり，視力低下や眼圧上昇が起こる。眼圧の上昇が高度の場合は，眼痛や頭痛，吐き気などを伴い，視神経などに影響が及ぶ。

虹　彩

虹彩が受傷すると，虹彩離断・瞳孔の変形や偏位・外傷性散瞳が起こる。虹彩離断は虹彩根部が毛様体や強膜より剥離した状態で，瞳孔が変形することもある。症状は視力低下や眼痛である。外傷性散瞳は鈍的傷害による瞳孔括約筋の断裂や麻痺で起こる散瞳状態である。症状は，調節障害・羞明・近方視力低下である。

水晶体

水晶体が受傷すると，外傷性白内障や水晶体の亜脱臼が起こる。外傷性白内障は鈍的外傷ではゆっくりとした変化であるが，穿孔性外傷では受傷後早期から発症する。水晶体亜脱臼は毛様小帯の断裂で起こる（図4-8）。外傷性白内障と水晶体亜脱臼はともに視力低下がみられる。また，紫外線によっても白内障が起こる。

硝子体

格闘技などで眼球に強い衝撃を受けると，眼球内部にある硝子体が上下前後に揺れ動く。その結果，硝子体が網膜を引っぱるために網膜裂

第4章 スポーツ眼外傷

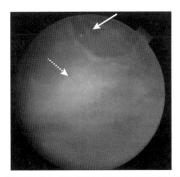

図 4-11 網膜裂孔と網膜剥離（文献3より引用）
サッカーボールの直撃によって，網膜の外上方部に網膜裂孔（矢印）と網膜剥離（点線矢印）が起こった。

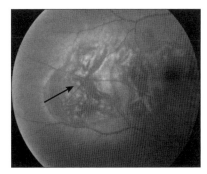

図 4-12 脈絡膜破裂（文献3より引用）
硬式テニスボールの直撃によって，脈絡膜破裂が起こった。網膜が腫れたように見える部分が脈絡膜剥離。矢印は網膜の浮腫性混濁を伴う亀裂。

孔や，網膜・脈絡膜・毛様体の血管が破綻して硝子体出血が起こる（図4-9）。症状は飛蚊症が出現し，重度の場合は視力が低下する。

網 膜

　網膜が受傷すると，黄斑円孔，網膜振盪症，網膜挫傷，網膜剥離，眼底出血が起こる。黄斑円孔は黄斑部に円孔が生じた状態で，視力は著しく低下する（図4-10）。網膜振盪症は眼球打撲で起こる頻度が高く，網膜の一過性の浮腫性変化である（図4-9）。網膜の混濁は多くの受傷者にみられ，外傷後数時間以内に発生し，数週間続く。症状は視力低下（黄斑部の傷害）や視野異常である。重症でないかぎり症状の改善が期待できる。鈍的外傷による網膜裂孔は受傷と同時に発生するが，網膜剥離は遅れて発症することが多い。網膜剥離は感覚網膜と網膜色素上皮が分離したもので，症状は飛蚊症・光視症・視野欠損・視力低下が起こる（図4-11）。網膜挫傷は網膜に不可逆性の浮腫性混濁や変性が起こる。眼底出血は起こった網膜部位や範囲，原因となる血管の状態によってさまざまである。黄斑部に近い場所で起こった場合，競技力に影響する視力低下や視野欠損が生じる可能性が高いが，黄斑部から離れた場所で起こった場合は競技力への影響は少ない。

毛様体

　毛様体が受傷すると，毛様体が強膜から断裂した状態になり，毛様体解離や脈絡膜破裂が起こる。毛様体解離では低眼圧・低眼圧黄斑症・乳頭浮腫が，脈絡膜破裂では網膜・硝子体出血・強膜露出が起こる（図4-12）。

視神経

　眉毛部外側に衝撃を受けると，視束管骨折によって視神経管内を通っている視神経が損傷し，外傷性視神経障害が起こることがある（図4-3）。症状は，視力低下や視野異常，眼瞼腫脹，鼻出血である。瞳孔検査では求心性瞳孔異常が起こり，対光反射が異常になる。視機能の完全な回復は難しく，受傷後治療までに時間が経過した場合は予後不良である。

眼窩壁

　眼窩周辺の骨が衝撃を受けると，眼窩吹き抜け骨折，眼窩内壁骨折が起こる。これは眼窩よりも大きい物が眼窩を塞いだときの衝撃で眼窩内圧が急上昇して起こる眼窩下壁や内壁の骨折である。症状は眼球運動障害，複視，下眼瞼の

第4章　スポーツ眼外傷

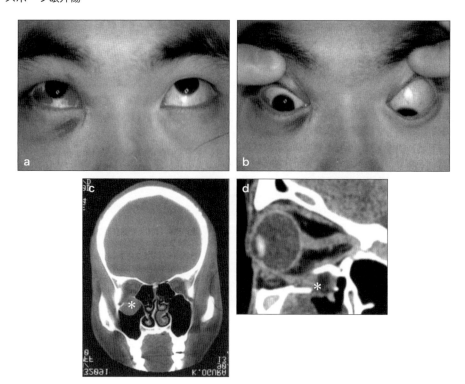

図4-13　眼窩底（吹きぬけ）骨折（文献3より引用）
右眼殴打により，右眼の上転時（a）・下転時（b）の運動制限がある。X線写真では，右眼窩底が骨折し，眼窩内容物が副鼻腔に出ている（c, d）。

知覚鈍麻，眼球陥凹，鼻出血，眼球運動痛である（**図4-13**）。眼窩内壁骨折では外斜視，眼球運動の内転不能や外転制限がある。眼窩吹き抜け骨折では上下の眼球運動障害や複視が起こり，小児では嘔気や嘔吐が必発である。

スポーツ眼外傷の症状
眼球運動障害

　スポーツ眼外傷でみられる眼球運動障害の多くは，眼窩や外眼筋，外眼筋に命令を出す神経が損傷することで起こる。眼窩底骨折・内側骨折は，骨折が起こった部分に外眼筋や脂肪などが挟み込まれることで眼球運動障害が起こる。また，外眼筋の挫滅や外眼筋を支配する神経が傷害されると筋への命令が行かなくなり眼球運動障害が起こる。症状としては見る方向によって物が二重に見える複視が起こる。また，平衡機能をつかさどる三半規管に異常が起こっても，異常な眼球運動が起こる。

視力低下

　視力低下は，眼球損傷によるだけではなく，眼球から後頭葉の視覚領域にいたる視覚情報伝達経路のどこかに障害があると起こる。したがって，眼外傷によって視力の低下がみられたときは，眼の検査だけではなく，CTやMRIなどで脳に異常がないかを調べる必要がある。**表4-4**に視力低下の有無と損傷部位から推測できる疾患を示した。なお，視力低下がないからといって，眼球や眼球以外の部分が損傷を受けていないとはいえないため，注意が必要である。

視野異常

　視野異常も視力同様，眼球から後頭葉の視覚

領域にいたる視覚情報伝達経路のどこかに障害があると起こる。視野異常では視野欠損が最も問題になる。視野欠損の部位ではボールや目標物を認識できないため，身体の反応が遅れたり，できなかったりする可能性がある。しかし，ほとんどのアスリートは両眼で見てプレーをしていることから，片眼だけの異常では気がつかない場合もある。表4-5に競技力に影響する視野欠損を起こす代表的な疾患と症状を示した。

網膜剥離では，網膜が剥離した部分に視野欠損が起こる。剥離部分を手術で復位させてもその部分の視野欠損は治らない。受傷の状態によって剥離箇所や視野欠損の広さが異なるため，網膜剥離の既往のあるアスリートは医療機関で視野検査を行い，視野欠損の場所や広さを知っておく必要がある。黄斑部に近い網膜の傷害，例えば中心性漿液性脈絡網膜症では視力低下や歪みを感じる。これは精神的なストレスでも起こることがある。黄斑円孔では見ようと思う部分が見えないという中心暗点が生じ，視力も低下する。眼底出血で起こる視野異常や視力低下は，出血部位や出血範囲によってさまざまである。黄斑部や黄斑部の近くで起こった出血では，競技力に影響する視力低下や視野欠損が起こる可能性が高い。しかし，黄斑部から離れた場所の場合は競技力に影響する可能性が低い。緑内障は軽度ならば視野の中央部に暗点や欠損が起こるだけであるが，進行に伴って視野の異常の範囲が拡大する。したがって，緑内障の程度とそれに伴う視野欠損の状態を知っておく必要がある。

表4-4 視力低下から推測できる疾患

視力低下	眼球損傷	眼球以外の損傷
なし	結膜損傷 黄斑部以外の網膜損傷	眼窩底骨折 眼窩壁骨折 眼瞼損傷
あり	角膜・前房・虹彩・水晶体・硝子体・網膜・視神経の損傷	視神経管骨折 眼窩先端部症候群 脳疾患

瞳孔異常

瞳孔が障害を受けて中等度散大した場合は，調節や対光反射が悪くなるため見えにくくなる。また，瞳孔異常は瞳孔の組織が正常であっても視神経に異常があると，光を当てても縮瞳しない求心性の瞳孔異常が起こる。

スポーツ眼外傷には，①多くが鈍的外傷である，②球技種目のアスリートに多く，原因の8割がボールによるものである，③ボールの大きさやスピードで損傷部位や重症度が異なる，④後遺症には視力低下や視野欠損があり，競技だ

表4-5 視野欠損を起こす疾患と症状

疾患	症状	視野欠損
網膜剥離	剥がれた部分が見にくい 場合によっては視力が低下する	剥離部に一致した視野欠損
中心性漿液性脈絡網膜症	歪みを感じる 視力が低下する	暗点はない
黄斑円孔	視力が低下する まんなかが見えない	中心暗点
緑内障	軽度：中央部が見にくい 重度：見えない部分が広がる	軽度：中央部視野欠損・暗点 重度：視野欠損の拡大
眼底出血	黄斑部付近：視力が低下する・見えない部分がある 黄斑部の周辺：見えない部分がある	出血部に一致した視野欠損

けでなく日常生活でも支障をきたすことになる，などさまざまな特徴がある。このような特徴を理解したうえで，以下に述べる予防方法や眼外傷が起こったときの対処の仕方を理解しておかなければならない。

■ 眼に関して把握しておくべき点と受傷の際の対処法

前述のように，眼外傷はさまざまなスポーツ場面で起こり，日常生活に支障をきたす後遺症が残る場合もある。そのような事態を避けるためには，眼外傷が起こらないように予防することはもちろん，受傷したときに適切な処置が行えるようにしておく。また，日頃からアスリートの眼の状態を把握しておく必要もある。

アスリートの眼に関して日頃から把握しておくべきこと

チームドクターやコーチなどのチームスタッフは，アスリートの身体の状態だけでなく，眼の既往症や手術歴，治療歴，日頃の眼の状態（視力や矯正方法），常用点眼薬などを把握しておく必要がある。

眼の既往症と手術歴

眼の既往症では，競技力が低下するような視力障害や視野異常を起こす眼の疾患をもっていないかを確認しておくことが重要である。また，眼に影響を与える全身疾患の有無も確認しておく必要がある。眼に影響を与える代表的な全身疾患としては，アレルギー性結膜炎を伴うアトピー性皮膚炎，先天性疾患であるマルファン症候群があげられる。

アレルギー性結膜炎を伴うアトピー性皮膚炎では，網膜剥離や円錐角膜，白内障などの合併症があることが多い。そのため，アレルギー症状だけでなく，これらの合併症によって視機能が低下する可能性がある。マルファン症候群の人は身長が高いことが特徴の1つである。そのため，身長が高いことが有利な競技のアスリートにときにみられる。マルファン症候群の患者は，毛様小帯が脆弱なため水晶体が偏位したり，不安定な状態になっている場合がある。このような状態だと視力が変動するだけでなく，眼に衝撃を受けたときに水晶体が脱臼しやすい（図3-29参照）。また，まれに緑内障や白内障が起こることもある。これらのアスリートに対しては，日頃から眼の状態を詳しく検査し，視力を把握しておく。

眼の手術歴を把握しておくことも重要である。例えば，角膜矯正手術を受けると夜間照明下でプレーする場合に照明のまぶしさで競技力が十分に発揮できない可能性がある。また，網膜剥離の手術を受けた場合，手術した部位に一致して視野欠損が起こる可能性がある。

日頃の眼の状態

視力と視力矯正方法：視力はすべての視機能の基本であるため，把握しておく。視力の低下は競技力に影響するので，正しく矯正をする必要がある。現在，視力矯正方法として，眼鏡・コンタクトレンズ・オルソケラトロジー・手術などがある。それぞれ利点と欠点を表4-6に示した。眼鏡は矯正精度や変更の容易さ，乾燥感の少なさ，取り扱いの容易さなどの利点があるが，曇りやすいという欠点がある。屈折矯正手術は視力矯正用具を使用せずにすむという利点があるが，度数の変更が容易でないことや外力に対する安全性が高くないことが指摘されている[10]。コンタクトレンズは欠点が少ないが，乾燥した環境下で行う競技では最適な矯正方法とはいえない場合がある。矯正方法を選択するときは眼科専門医と相談し，眼に最適な方法を選

表4-6 スポーツにおける視力矯正法の利点と欠点（文献10より引用）

	メガネ	コンタクトレンズ				屈折矯正手術		
		RGP	SCL	DSCL	OK	RK	PRK	LASIK
矯正精度	◎	◎	◎	◎	○	△	○	○
変更の容易さ	◎	◎	◎	◎	○	×	×	×
乱視矯正	○	◎	○	○	○	○	○	○
視野の広さ	△	◎	◎	◎	◎	◎	◎	◎
曇りにくさ	×	○	○	○	◎	◎	◎	◎
乾燥感の少なさ	◎	○	△	△	○	◎	◎	◎
取り扱いの容易さ	◎	○	△	◎	○	◎	◎	◎
外力に対する安全性	△	◎	◎	◎	◎	×	○	×

RGP：ガス透過性ハードレンズ，SCL：ソフトコンタクトレンズ，DSCL：使い捨てソフトコンタクトレンズ，OK：オルソケラトロジー，RK：放射状角膜切開術，PRK：photorefractive keratectomy，LASIK：レーシック，◎：特に優れている，○：優れている，△：症例による，×：欠点となる．

択する．また，視力矯正用具の管理がしっかり行われているかも確認する．

常用点眼薬：緑内障の治療に用いられるβ遮断薬など，競技種目によって使用が制限されているものがある．アスリートが点眼薬を常用しているときは，どのような理由で何の薬剤を使用しているかを把握しておく（第7章参照）．

現場で把握すべき点

スポーツ眼外傷が起こったときに現場で把握すべき重要な点は，①原因，②状況，③症状，の3つである．

原因

スポーツ眼外傷の原因として多いのはボールや身体による衝撃であるが，バットやラケットなど，用具によるものもある．また，屋外の競技では紫外線やラインマーカー用の消石灰，プールでは消毒用の塩素や水の汚れも原因になる．コンタクトレンズや眼鏡を使用している場合，受傷の衝撃でそれらが破損し，角膜や結膜を傷つけることもある．受傷原因によってその後の処置が異なるので，何が原因で起こったかを把握する．

状況

スポーツ眼外傷は，視力低下や視野欠損などの後遺症が残る可能性がある．そのため，眼を受傷したときは，ペンライトを使用して眼瞼，角膜，結膜，瞳孔の状態をできるだけ詳しく観察する．瞳孔の状態は，傷害眼と健眼とを比較する．コンタクトレンズや眼鏡を装用していたときは，角膜や結膜の表面に破損したレンズが残っていないかをチェックする．ペンライトを当てたとき，瞳孔の対光反射が悪ければ瞳孔や視神経に障害があると考えられる．アスリートが自身で眼球を動かすことが可能であれば，上下左右に動かし，眼球表面や眼球運動の状態を観察する．眼球運動に制限がある場合は，外眼筋の挫滅や眼窩壁の骨折，神経の麻痺が考えられる．眼外傷の状態を詳細に知るために，観察後，すみやかに医療機関を受診させる．

症状

「痛いのか」「自分で眼を開けられるか」「見えるか」「それ以外の症状」，特に，痛み，視力，

見え方に注意する。

　痛みを感じるときは，その部位と程度を確認する。眼の痛みは角膜・結膜・虹彩・毛様体など眼球前部の傷害では強く感じるが，硝子体・網膜など眼球後部の傷害ではあまり感じないなど，部位によって異なる。そのため，痛みの程度を根拠に傷害の重症度を判断してはならない。必ず眼科専門医の検査を受ける。

　視力は傷害の程度やその後の経過を判断する重要な指標となる。可能であれば，受傷直後に眼前で指の数を数えさせるような簡単な視力検査だけでも行うとよい。

　また，眼外傷による疾患の多くは受傷直後から発症するが，網膜剥離や続発性緑内障のように受傷後数日から数ヵ月経過してから発症する疾患もある。したがって，受傷後は長期間にわたって視力低下，飛蚊症，視野欠損などの症状に注意を払う必要がある。

現場での処置

　受傷後に現場で行う処置は，その後のアスリートの眼の経過を左右する。眼外傷後の処置は

■ *Column* …… ペンライトによる瞳孔検査

　正常な瞳孔は直径4〜6 mmの正円で，左右同じ大きさである。左右の瞳孔径が1 mm以上違いがあると異常であり，瞳孔不同と呼ぶ。瞳孔に光を当てると縮瞳し，光を消すと散瞳してもとの大きさにもどる。この反応を対光反射と呼び，この反射を検査する方法がライトスイングテストである。

　ペンライトによる瞳孔検査では，瞳孔の形，大きさなどに注意する。

　傷害眼で起こる瞳孔の変化には，次のようなものがある（図4-14，図4-15）。

①瞳孔の形が不正円のとき，瞳孔や隅角に傷害を受けている（図4-14a）。

②瞳孔が明るいところで縮瞳せず，暗いところで散瞳しない。また傷害眼の瞳孔の大きさが健眼と異なるとき，受傷眼の瞳孔の括約筋や散大筋が傷害を受けている（図4-14b，c）。

③光を健眼に当てると両眼ともに縮瞳するが，受傷眼に当てると両眼ともに縮瞳しないとき，受傷眼の視神経は傷害を受けている（図4-15）。

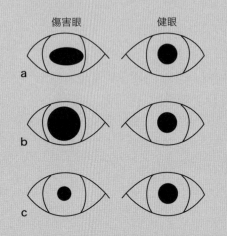

図4-14　傷害による瞳孔の変化
a：傷害眼の瞳孔の形が不正円，b：傷害眼の瞳孔が散瞳している，c：傷害眼の瞳孔が縮瞳している。

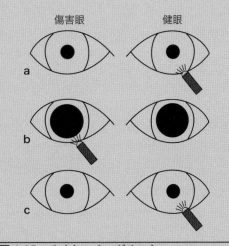

図4-15　ライトスイングテスト
a：健眼に光をあてると両眼とも縮瞳する，b：傷害眼に光をあてると両眼とも散瞳する，c：再度健眼に光をあてると両眼とも縮瞳する。

第4章　スポーツ眼外傷

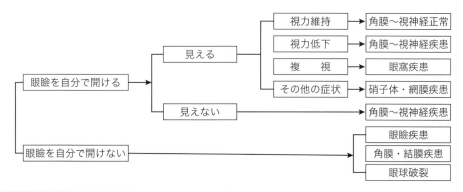

図4-16　症状から推測できる疾患
疾患を推測するためには，「眼瞼を自分で開くことができるか」，「見えるか」，「受傷前と比較して見え方に違いがあるか」の3つが重要なポイントになる。

保存的に行うことが原則であり，以下の点を守って処置をする。

眼を無理に開かせない，眼を強く押さえない：このことは眼を保存的に処置するために必要である。眼球内部の組織がさらなる損傷を受けたり，眼球の内容物が傷口から外に流れ出すことを防ぐことができる。

異物が入らないように眼を覆う，眼と眼の周辺を清潔に保つ：外傷後の感染を防ぐために必要である。

化学物質による眼外傷：スポーツ現場で用いられる化学物質には白線用の消石灰がある。消石灰はアルカリ性で，角膜への浸透力が強いために，眼に入るとひどい角膜損傷を起こす。消石灰が眼に入ったときは，すぐに十分に洗眼し，なるべく早く眼科専門医の診察を受ける。

プールでの競技：水による影響を考える。日本眼科医会の学校保健部では，プール活動時における注意点として「眼表面の保護のためにゴーグルの使用が望ましく，コンタクトレンズの使用は望ましくない」としている[6]。また，プール活動後の注意点として，「プール後の水道水による簡単な洗眼は水勢の弱いシャワーなどで数秒程度ならば行ってよい。また，児童生徒の体質によっては学校医の指導のもと，プール後に防腐剤無添加の人工涙液の点眼や，簡単に水道水で目のまわりを洗うなどの対応も必要なことがある」とされている[8]。

受傷時の症状から推測できる疾患

図4-16に受傷時の症状から推測できる眼疾患を示した。疾患を推測するためには，「眼瞼を自分で開けるか」，「見えるか」，見える場合「受傷前と比較して見え方に違いがあるか」の3つが重要なポイントになる。

1つ目の「眼瞼を自分で開けるか」によって，眼瞼と眼球の状態が判断できる。眼瞼を自分で開けない場合は，痛みが強いか，開瞼する力がないかである。眼の表面は損傷による痛みを強く感じるため，角膜・結膜が損傷している場合や異物が存在している場合は自分で眼瞼を開くことができない。また，眼球表面がきれいでも上眼瞼挙筋の損傷やその筋を支配する動眼神経麻痺があると上眼瞼を開くことができない。筋損傷が軽い場合は時間の経過とともにもとのように眼瞼を開くことができるが，損傷がひどい場合や神経麻痺のある場合は開瞼できないため手術が必要になることがある。

2つ目の「見えるか」によって，眼から脳までの視覚情報が伝わる経路（眼球・視神経・視

107

第4章　スポーツ眼外傷

路）の状態を判断できる。この経路が正常であれば，外の景色をしっかりと見ることができるが，見えないときはどこかに損傷があると判断できる。

　3つ目の「受傷前と比較して見え方に違いがあるか」によって，眼球と眼窩の状態を判断できる。視力低下がある場合は，眼から入った情報が脳に行く経路のどこかに異常がある。複視がある場合は，眼窩周辺骨の損傷や外眼筋の損傷がある。飛蚊症・光視症・歪んで見える・大きくが違って見えるなどの症状がある場合は，硝子体・網膜の損傷がある。

医療機関との連携

　スポーツ眼外傷では早急に眼科専門医の診察を受けることが必要な場合がある。そのような場合を考え，すみやかに診察を受けられる医療機関と連携をとっておく。医療機関は練習や試合をする場所に近いところがよく，眼科の診察日や診察時間をあらかじめ確認しておいたり，できれば事故が起きた場合の手順について，医師と相談しておく。近くの医療機関が休診の場合も考慮し，救急診療を受け付けている医療機関を探しておく。また，アスリートが受傷したとき，チームスタッフが可能なかぎり現場で処置できる体制をつくっておくことも必要である。受傷直後に簡単な視力や眼球運動の検査，ペンライトを用いて眼球の状態が確認できれば，眼科医療機関を受診した際，医師はその報告によって現場の状況が詳しく把握でき，受傷直後から受診までの間に眼の状態が変化したかどうかが判断できる。

競技復帰

　競技への復帰時期は，視機能の障害の程度によってさまざまである。眼球付属器の傷害や機能的な障害の場合は，視力への影響が少ないために早期復帰できる可能性は高い。眼球の傷害や器質的な障害がある場合は，視力への影響が大きいため，復帰時期が遅くなる可能性が高い。しかし，アスリートによって障害の程度は異なり，また視力がパフォーマンスに与える影響は競技によって異なるため，一律に判断することは難しい。チームスタッフはアスリートの復帰の時期やどのレベルで復帰させるかについては，必ず眼科専門医と相談して決定する。

　以上，スポーツ眼外傷の際に把握しておくべき点や現場での処置について述べた。スポーツ眼外傷の原因はボールが多いため，特に球技系の種目は注意する必要がある。また，受傷時には，視力・痛み・見え方などに注意する。痛みは損傷を受けた部位によって異なるため，痛みの程度を根拠に眼外傷の重症度を判定しない。受傷後の処置はアスリートのその後の経過に影響するために大切である。いくつかのポイントをきちんと守って保存的に処置を行う。日頃からアスリートの眼の状態を知っておくことや，事故が起きたときのために医療機関との連携も重要である。

■ スポーツ眼外傷の予防と眼の保護

　一般的なスポーツ外傷の予防としては，保護具の装用，グラウンドや用具の整備，ルールの遵守，競技能力のレベルを合わせる，競技への集中力の徹底などが提案されている。しかし，スポーツ眼外傷は，このような予防方法だけで完全に防ぐことは不可能である。最近は予防手段として，スポーツ用保護眼鏡の使用がすすめられている。

スポーツ用保護眼鏡の必要性

　スポーツ眼外傷が多い野球の事例をJSCのデ

第4章　スポーツ眼外傷

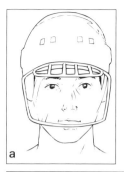  

図4-17　さまざまなスポーツ用保護眼鏡
スポーツ用保護眼鏡は種目や目的に応じてさまざまなタイプのものが開発されている。図3-17，図3-18も参照されたい。a：ヘルメットと一体型のタイプ，b：ゴーグルタイプ（写真提供：山本光学株式会社），c：水泳用カップタイプ（写真提供：山本光学株式会社）。

ータでみると，バッティングのときの自打球やイレギュラーバウンドによる捕球ミスなど，多くが選手の近距離から高速度でボールが飛んでくる状況で起こっている。産業技術総合研究所の野球ボールによる顔面部傷害に関する実験では，100球の打球のうち眼外傷を起こす可能性がある頭部へ向かうファールチップは10球であった[6]。また，打者の打ったファールチップが自身の眼に当たるまでの時間は0.05 ± 0.02秒とヒトの視覚刺激の反応速度0.18〜0.20秒よりも短く[6]，自打球を回避することはほぼ不可能であることがわかった。これらの結果から，野球における顔面部の傷害予防策として「アイガード」や「フェイスマスク」などを使用する必要があると結論された[6]。

わが国におけるスポーツ眼外傷は球技に多く，ボールを原因とするものが最も多い。しかし，その予防方法としてスポーツ用保護眼鏡はアメリカほど積極的に使用されていない。アメリカ眼科学会（American Academy of Ophthalmology）は，アメリカでスポーツやレクリエーションが原因で起こる眼外傷は1年間に約42,000件であり，その9割は適切なスポーツ用保護眼鏡で防ぐことができるとしている[1]。しかし，わが国では，学校におけるスポーツ眼外傷が年間約5万件も起こっているにもかかわらず[2]，有効な予防手段が示されていない。

学校現場の状況

2016年，JSCではスポーツ眼外傷の状況を知るために，子どもの体育活動に携わっている教師や指導者299名を対象にアンケート調査を行った[2]。その結果，約半数が子どものスポーツ眼外傷を見た経験があった。また，8割の人が運動中の眼外傷を予防するために特別の対策が必要と答えていたが，実際に予防策を立てていたのは5割で，その方法は防球ネットを張る・声掛け・照明や環境の整備などであった。スポーツ用保護眼鏡を知っている者のうち，体育活動中に子どもに装着させていたのは約3割に過ぎなかった[2]。このように，多くの教師や指導者がスポーツ眼外傷の予防が重要であると感じているにもかかわらず，現場では適切な予防が行われていないようである。

スポーツ用保護眼鏡

スポーツ用保護眼鏡は種目や目的に応じてさまざまなタイプのものが開発されている。眼鏡タイプ（図3-18参照）は主に眼球への衝撃を保護するもので，野球・バスケットボール・ス

表4-7 ASTM International の安全基準の規格番号と競技種目（文献1より引用）

ASTM 規格	競技種目
ASTM F803	ラケットスポーツ，女性ラクロス，フィールドホッケー，野球，バスケットボール
ASTM F513	ホッケー選手用の眼球および顔面保護具
ASTM F1776	ペイントボールスポーツで使用する眼の保護具
ASTM F1587	アイスホッケーのゴールテンダー（ゴールキーパー）の頭と顔の保護装置
ASTM F910	青少年野球のためのフェイスガード
ASTM F659	アルペンスキー用の耐衝撃性の高い眼の保護装置

カッシュなどで使用されている。ヘルメットと一体型のタイプ（図4-17a）は眼だけでなく顔や頭部への衝撃を保護するもので，アイスホッケーやアメリカンフットボールなどで使用されている。サングラスタイプ（図3-17参照）は主に紫外線や塵・埃・風から眼を保護するためのもので，自転車・ビーチバレー・マラソン・ヨットなどで使用される。軽量で紫外線を遮断するレンズが入っているものや海上や水上での競技では眩しさを減らすために偏光レンズが使用されることもある。ほかにスキーやスノーボードなどで使用される風や紫外線を遮るゴーグルタイプ（図4-17b）や，水・塩素から眼を保護するために水泳で使用されるカップタイプ（図4-17c）のものがある。

スポーツ用保護眼鏡に必要な安全性

スポーツ用保護眼鏡は眼を保護できる安全性の高いものでなければならない。そのためには，レンズとフレームは強い衝撃でも割れない強度が必要である。また，フレームは軽くて視野が広く，プレーのときに頭や顔にフィットしてずれにくいもので，視力矯正が必要な場合は，適切なレンズが入れられなければならない。

スポーツ用保護眼鏡の各国の製品規格

いくつかの国でスポーツ用保護眼鏡の製品規格が決められている。イギリスでは水泳やスカッシュ，カナダではラケットスポーツやアイスホッケー，オーストラリアとニュージーランドではクリケットやラケットスポーツでの規格がある。なかでもアメリカのASTM（American Society for Testing and Materials）International という団体が決めた Eye Protectors for Selected Sports というカテゴリーでは，さまざまな競技種目を対象にしたスポーツ用保護眼鏡の製品規格が細部まで決められている[1]。アメリカ眼科学会では，青少年アスリートのためにスポーツによる眼外傷の危険度を「高度」「中等度」「低度」「安全」に分け，それぞれの危険度に適応するASTM International 規格のスポーツ用保護眼鏡の使用を推奨している[1]。**表4-7**にASTM International の安全基準で決められているスポーツ眼鏡の規格番号とその対象となる競技を示した。また，雪上や水上でスキーをするときは，保護眼鏡やUV保護つきゴーグルを着用することなども決められている。

一方，わが国ではスポーツ眼鏡への対応は諸外国に比べて遅れている。スポーツにおける眼鏡の製品規格は日本工業規格（Japan Industrial Standards：JIS）がスキーや水泳のゴーグルについて決めているだけである。JISではこれに類似したものとして JIST8147（保護メガネ）と JIST8141（遮光保護具）の規格があるが，スポーツ用を目的とした眼鏡の規格はない。

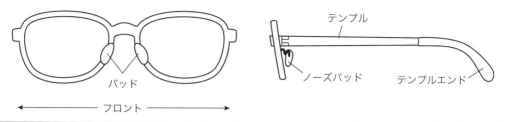

図4-18 一般的な眼鏡フレームの構造
耳にかける部分をテンプルとテンプルエンド，鼻の部分をノーズパットと呼ぶ。

わが国のスポーツ用保護眼鏡の現状

現在わが国で販売されているスポーツ眼鏡の多くはASTM Internationalの規格に合格した製品である。しかし，インターネットやスポーツ店では製品規格の表示のないものや，プラスチックレンズを使用しているものなど，安全性に問題のある製品も多く販売されている。このような状況は，わが国におけるスポーツ用保護眼鏡の認知度が低いためであると思われる。その理由として，①わが国におけるスポーツ用保護眼鏡の製品規格がない，②スポーツ用保護眼鏡が紫外線やまぶしさを軽減させるサングラスのように捉えられ，安全性や機能性については知られていない，③スポーツ用保護眼鏡の販売価格が高価である，などがあげられる。

表4-8 フレーム選択の際に注意すべき点

- **顔に対するレンズとフレームの位置は正しいか**
  フレームが顔面部（眉毛や睫毛や頬部）に当たっていないか
  フレームと顔の隙間は適切か
  ノーズパットやテンプル，テンプルエンドが鼻や側頭部にフィットしているか
- **フレームがずれないか**
  顔を振ったり，顔の表情を変えても，フレームがずれたり動いたりしないか
- **視野が確保されているか**
  眼を動かしても視野にフレームが入らないか
  フレームが視野を遮っていないか
- **視力が適切に矯正できているか**
  角膜からレンズの裏面までの角膜頂点距離が適切か
  レンズの中心位置と視線が合っているか

眼の保護装具の特徴と選び方

フレームの構造

フレームの前面をフロント，耳にかける部分をテンプルとテンプルエンド，鼻の部分をノーズパットと呼ぶ（図4-18）。

フレームの特徴

スポーツ眼鏡のフレームは軽量化と安全性のためにポリカーボネートが使われているものが多く，レンズを含めて約20g程度の軽いものもある。フロント部分は顔に沿った形で眼を覆うようになっており，広い視野が得られるとともに紫外線や埃が眼に入りにくくなっている。テンプルは頭部に沿うように内側に湾曲している。フロントとテンプルの形は，上から見ると通常の眼鏡ではコの字形だが，スポーツ眼鏡は楕円形である。テンプルエンドの形は通常の眼鏡のように耳介で眼鏡を固定するように曲がっている形とは異なり，まっすぐで内側に曲げることができるようになっている。また，汗や水分でずれないようにラバーが使用され，側頭部が固定できるようになっている。ノーズパットもテンプル部分と同様にラバーが使用されており，鼻高や鼻幅に合わせて調整できるものもある。

フレームの選び方

　フレームは安全で軽いことが必要であるが，選択するときのポイントを**表4-8**にまとめた。1つ目は，顔に対するレンズとフレームの位置である。フレームが顔面部（眉毛や睫毛や頬部）に当たらないものを選択する。また，フレームと顔の隙間があまり離れすぎているのもよくない。2つ目は，ノーズパットやテンプル，テンプルエンドが鼻や側頭部にフィットしていて，顔を振ったり顔の表情を変えても，ずれたり動いたりしないものを選ぶことである。顔や頭を動かしたときにフレームがずれると，眼鏡の安全性が低くなるだけでなく，度数が入っている場合は視力が安定しない。3つ目は，眼を動かしても視野にフレームが入らない十分な広さが確保できるものを選ぶことである。眼を動かしたときにフレームが視野を遮るようだと，周囲の状況が十分に確認できずプレーの邪魔になる。4つ目は，視力が適切に矯正できているものを選ぶことである。角膜からレンズの裏面までの角膜頂点距離が適切であること，レンズの中心位置と視線が合っていること，両眼のレンズの中心と瞳孔間距離が一致していることなどが重要である。これらが適切でないと，度数を入れたレンズでは正確な度数が反映されず，正しい視力矯正にならない。

レンズの選び方

　材　質：スポーツ用保護眼鏡のレンズにはプラスチックやポリカーボネートが使用されている。プラスチックは安価なために多く使用されているが，衝撃で割れやすい。ポリカーボネートはガラスの約200倍，プラスチックの約30倍の強度があり衝撃に強い。そのため，衝撃から眼を守るレンズにはポリカーボネート以上の強度がある材質の使用が推奨されている。しかし，ポリカーボネートのレンズは通常のレンズに比べて色がにじんで見えることや，値段が比較的高価なことが欠点である。また，スポーツ眼鏡のフレームは顔に沿った形をしているため，フロント部分やレンズのカーブが大きいものが使用されることもある。レンズの表面は，水滴が粒状になって広がりにくくなる処理がされており，水滴によって視界が妨げられないようになっている。レンズの色は染色剤が練り込まれている。紫外線吸収材も一体成型されているため，レンズの表面に傷がついても色落ちや紫外線吸収能力が低下しない。

　レンズの色や明るさの選択：色や明るさがアスリートの感覚に合わない場合，パフォーマンスに影響する可能性がある。

　一般的にはグレー系が用いられる。グレー系は見える明るさが裸眼とほとんど変わらず，まぶしさだけが軽減されるので使いやすい。しかし，周囲の明るさが低下すると，見ようとするものの明るさまで暗くなりコントラストが低下する。曇天のときや夜に行う競技では，コントラストをはっきりさせる必要があるので，色彩が強調できるブラウン系のレンズを選択する。

　レンズの明るさは，周囲の明るさに合ったものが必要である。比較的暗い環境でのプレーやサングラスをあまり使用したことのない場合は，明るいレンズを選択し，明るい環境でのプレーやサングラスに慣れている人は暗めのレンズを選択する。ただし，レンズの色や明るさの感じ方には個人差が大きく決まった選択基準はない。最終的にはアスリートの感覚に合った色や明るさのレンズを選択する。プレー環境の変化が大きい競技では，レンズの色を1種類に限定せず，何種類かを使い分けることも考える。

　度数の選択：視力は競技力に影響するため重要である。適切な矯正度数を選択するには，信頼できる眼科医療機関で視力測定をする必要がある。

スポーツ眼鏡の選択

　視力矯正の必要なアスリートがスポーツ用保護眼鏡を使用するときは，屈折異常を矯正する度数入りのスポーツ眼鏡を使用する場合と，コンタクトレンズや手術で視力を矯正し，眼の保護を眼鏡で行う場合がある。左右眼の屈折度数の差が著しい不同視や，ポリカーボネートレンズで加工できる範囲を超えた度数のアスリートは，眼鏡では視力矯正できないため，コンタクトレンズや手術を考える。

子どものスポーツ用保護眼鏡

　子どもの顔は成人より平らで，両眼の間隔が狭い。そのため，フロントのカーブが大きいフレームに矯正度数の入ったレンズを入れた場合，不適切な頂点間距離になったり視線が外側に向くことがあるので注意する。また，フレームの大きさにも注意する。医療用ナイロン樹脂かポリカーボネートなど，強度のある素材でつくられているフレームを選択する。

　レンズはポリカーボネートかそれ以上の強度の材質で，色はグレー系であまり濃くないものを選ぶ。

　現在，わが国における子どものスポーツ用保護眼鏡は，多くはコンタクトレンズで視力矯正が難しい場合に使用されている。販売されている子ども用のスポーツ眼鏡は高価なため，使用しているのはスポーツ眼外傷から眼を守るという意識が高い保護者の子どもにかぎられている。

おわりに

　アメリカ眼科学会は，保護眼鏡を使用することでスポーツ眼外傷の9割を予防できるとしている。しかし，わが国では諸外国に比べてスポーツ用保護眼鏡の普及は遅れている。その理由としてスポーツ用保護眼鏡の安全性を保障する公的な機関や団体がないことや保護眼鏡がスポーツ眼外傷の予防に有効であるということが一般の人にほとんど知られていないことがあげられる。

　今後はわが国でもスポーツ用保護眼鏡の製品規格をつくり，その規格に合う製品の製作や認定を行う必要がある。また，スポーツ用保護眼鏡はスポーツで起こる不慮の事故から眼を守るためにはとても有効な道具であることを指導者だけでなく一般の人々にも知ってもらう必要がある。将来，このような環境が整備され，スポーツ現場でスポーツ用保護眼鏡が積極的に使用されるようになれば，スポーツ眼外傷が減少すると考えられる。

文　献

1. American Academy of Ophthalmology: Joint Policy Statement-Protective eyewear for young athletes, the coalition to prevent sports eye injuries. *Opthalmology*, 111: 600-603, 2004.
2. 枝川　宏：学校における運動中の眼外傷の実態とアンケート調査について。第28回日本臨床スポーツ医学会学術集会抄録集，p. 189, 2017.
3. 深道義尚 編：日本眼科学会生涯教育通信講座，No. 17, 眼外傷。金原出版，東京，1993.
4. 初坂奈津子，佐々木洋：スポーツにおける紫外線の影響について。*OCULISTA*, 58: 32-36, 2018.
5. 環境省：紫外線環境保健マニュアル。pp. 20-25, 2015.
6. 楠本欣司，北村光司，西田佳史，他：スポーツ障害サーベランスとビデオサーベランスを用いた野球顔面障害の分析。第17回SICEシステムインテグレーション講演会，2016.
7. 真鍋禮三：日本眼科学会生涯教育通信講座，No. 3, 角膜(2)。金原出版，東京，1993.
8. 日本眼科医会学校保健部：プール後の洗眼とゴーグル使用についての見解。眼科学校保健資料集，pp. 19-21, 2016.
9. 日本スポーツ振興センター：平成28年度スポーツ庁委託スポーツ事故防止対策推進事業「学校でのスポーツ事故を防ぐために」成果報告書。pp. 253-261, 2017.
10. 佐渡一成：スポーツにおける視力矯正改。新しい眼科, 18: 893-897, 2001.
11. スポーツ安全協会，日本体育協会：スポーツ傷害統計データ集。pp. 116-227, 2017.
12. Zagelbaum BM, ed.: *Sports Ophthalmology*, Blackwell Science, 1996.

（枝川　宏）

第 5 章

視覚トレーニング

■**本章のポイント**■

　アスリートの競技力を向上させるためには，トレーニングが重要である。眼に関しても身体と同様にトレーニングをすることで競技力を向上させようとする取り組みがいくつか提案されている。しかし，現在のところ，視覚トレーニングに関する科学的エビデンスはなく，その効果も実証されていないものが多い。

　そのような状況を踏まえ，本章では「競技能力を向上させる効果的なトレーニング」と，「スポーツにおけるバーチャルリアリティ環境」について解説した。

　「競技能力を向上させる効果的なトレーニング」では，視覚トレーニングの効果に対する疑問を提示し，有効なトレーニングとはどのようなものか，そのためには視覚的に何が必要かについて解説した。

　また，「スポーツにおけるバーチャルリアリティ環境」では，現在注目されているバーチャルリアリティの技術的側面やアスリートの予測スキルとトレーニング，バーチャルリアリティ環境と実環境の問題について解説した。バーチャルリアリティ技術は，プレーのコツを掴むための有効なトレーニングツールになる可能性がある。

1 競技能力を向上させる効果的なトレーニング

はじめに

　スポーツと視覚の関係については，わかっていないことが多い．特に，視覚と競技力の関係については，はっきりとした結論は出ていないが，実際には競技力向上のためのさまざまな視覚トレーニング方法が紹介されている．本項では，視覚の観点からアスリートの競技力の向上に役立つトレーニングについて説明する．

■ 競技力と視覚の研究

　競技力と視覚の関係を分析した過去の研究をみると，大きく脳の機能の観点から分析している研究と，眼の機能の観点から分析している研究の2つに分けられる[1]（表5-1）．脳の機能の観点から研究を行っているのは認知心理学・脳科学・人間工学の研究者が多く，競技力は脳機能・身体能力・競技スキルが反映したものであり，競技力を向上させるためには，実際の競技に則したトレーニングを行うことが重要と考えている．眼の機能の観点から研究を行っている研究者は，競技力は視機能を反映したものと考えており，競技力向上のためには，視覚トレーニングが重要と考えている．このように競技力と視覚の関係の研究は大きく2つに分けられるが，現在は，アスリートの競技力は脳の機能を反映していると考えている研究者が多い．

■ 競技力を向上させるために重要な3要素

　アスリートの競技力を向上させるために重要な要素として以下の3つが考えられる．第一の要素は，全身の関節や筋の情報（体性感覚・視覚・聴覚・平衡覚）を十分に取得できることである．視覚情報では眼の能力が重要な要素になる．第二の要素は，全身から得られた情報を脳が適切に処理し，その結果から全身の筋や関節に最適な指令が出せることである．この要素では，運動学習が重要になる．第三の要素は，全身の関節や筋が脳の指令で協調して動くことができ，競技特有のスキルが発揮できることである．この3つの要素のいずれが欠けても競技力向上は難しく，逆にこれらの要素を高めることができれば競技力向上につながる可能性がある．

■ 視覚情報を増加させる手段

　視覚によって競技力を向上させるには，視覚情報をできるだけ多く，確実に得られるようにしなければならない．そのためには，眼球運動系や視覚情報系の機能を高める必要がある．

眼球運動系

　眼球運動が的確に行われると，目標物を広い範囲ですばやく捉えることができる．眼球には内眼筋と外眼筋が存在するが，眼球運動の機能を高めるためには，外眼筋の働きを向上させる必要がある．外眼筋は3つの運動神経で支配されている横紋筋である．運動神経によって支配される横紋筋はトレーニングが可能であるため，外眼筋もトレーニングができると考えられる．

　横紋筋のトレーニングには，有酸素機能，無酸素機能，柔軟性，神経機能などを高めるもの

表5-1 アスリートの競技能力と視覚の関係の研究

	脳の機能を中心に分析	眼の機能を中心に分析
分析対象	脳機能・身体能力・競技スキル	視機能
研究分野	認知心理学・脳科学・人間工学	スポーツにおける視機能
測定方法	実際の競技の場やスクリーンに映された競技場面に対する脳や身体の反応を測定	視機能のいくつかを機器を用いて測定
競技力	脳機能・身体能力・競技スキルが反映	視機能が反映
競技力の向上方法	実際の競技トレーニングを推奨	視覚訓練を推奨

競技能力と視覚の関係の研究は，脳の機能を中心に分析するものと眼の機能を中心に分析するものに分けられる。

がある。有酸素機能のトレーニングは筋持久力を，無酸素機能のトレーニングは筋パワーを，柔軟性のトレーニングは関節の可動域や動かしやすさを高めることを目的としており，神経機能のトレーニングは筋の動きを神経的に制御して筋の動きをコントロールする能力を高めることを目的にしている[12]（**表5-2**）。外眼筋は他の全身の筋よりも筋力が少なく筋線維も細いことから，筋持久力や筋パワーを高めるトレーニングの効果は低いと考えられる。また，柔軟性のトレーニングは眼球運動が関節を介して行われないことから効果はない。しかし，視覚情報は身体と神経的な連携が密接なことから，外眼筋の動きをコントロールする能力を高めるトレーニングの効果は高いと考えられる。

眼球運動の制御

広い範囲ですばやく物を捉えるためには，外眼筋や眼と頭部の協調運動の巧緻性を高めて眼球運動を巧みにコントロールすることを考えなければならない。巧緻性とは，周囲の状況や身体の状態を適切に把握し，身体のさまざまな機能を目的に合わせて働かせられるように調節する能力のことで，神経機能が重要な役割を果たしている。巧緻性を高めるには，視覚，聴覚，体性感覚（触・圧・温・冷・痛の皮膚感覚），運動感覚（視覚・平衡覚・体性感覚によらない動きの感覚）などの入力情報を的確に把握し，動

表5-2 内眼筋と外眼筋

	筋名	筋の種	支配神経
内眼筋	瞳孔括約筋	平滑筋	副交感神経
	瞳孔散大筋	平滑筋	交感神経
	毛様体筋	平滑筋	交感神経・副交感神経
外眼筋	上直筋	横紋筋	動眼神経
	下直筋	横紋筋	動眼神経
	内直筋	横紋筋	動眼神経
	外直筋	横紋筋	滑車神経
	上斜筋	横紋筋	動眼神経
	下斜筋	横紋筋	外転神経

眼の筋には内眼筋と外眼筋がある。内眼筋は平滑筋で自律神経支配，外眼筋は横紋筋で運動神経支配である。横紋筋はトレーニング可能だが，平滑筋では不可能である。

作を正確にすばやく，持続的に行う必要がある。動作の巧緻性は修正しながら上達する。巧緻性は動作を反復することで同じ神経回路を繰り返し使い，シナプス伝達効率が向上するとともに，特定の運動ニューロンの組み合わせが選択的に強化されることで向上する。また，巧緻性の修正は，運動時の感覚情報と予測される感覚情報を比較して行われている[13]。

したがって，運動時の感覚情報と予測される感覚情報のずれが小さい状況で繰り返し練習しているアスリートは，競技に即した効率的な外眼筋や眼と頭部の協調運動ができるため，眼球運動の巧緻性が高いと考えられる。それに対して，運動時の感覚情報と予測される感覚情報の

ずれが大きいと，競技に即した効率的な外眼筋や眼と頭部の協調運動ができないので，眼球運動の巧緻性は低いと考えられる。したがって，眼球運動の巧緻性を高めるためには，運動時の感覚情報と予測される感覚情報のずれが小さくなるような状況で，トレーニングを繰り返し行う必要がある。

眼球運動の巧緻性と競技能力の関係を示唆する報告がある[14]。この研究では，一般学生とスポーツ系クラブに所属する大学生を対象に，高速移動する視標を追従させる眼球運動を行わせた。その結果，視標を追従する眼球運動能力は，一般学生よりもスポーツ系クラブに所属する大学生のほうが優れており，特に卓球やテニスのような球技のアスリートの結果が優れていた[14]。この結果から，スポーツ系クラブに所属する学生は日頃の練習で高速に動くボールを追う経験が多いことから，眼球運動の巧緻性が高まったのではないかと考えられている。

頭部と眼球の協調

眼球運動の制御で重要な役割を果たすのは，網膜上の像の位置や速度に関する視覚情報と，頭部の運動を検出する前庭迷路からの情報だといわれている[15]。したがって，アスリートが眼球運動をうまく制御するためには，精度の高い視覚情報とそれが得られるような頭部と眼球の運動系の協調が重要である。頭部と眼球の協調は，前庭動眼反射，視運動性眼振，滑動性追従眼球運動，衝動性眼球運動などのメカニズムによって行われている。これらの眼球運動は頭部が動き続けても，視野の中心に目標物を保持し続けられるように，頭部の動きと眼球運動を補正する働きがある[6]。スポーツのほとんどの場面で，頭部と眼球運動は複雑に連動していることから，これらの協調性が高いアスリートは，スポーツのときに有利である。

視覚情報系

視覚情報系は，目標物を確実に認識するために重要である。視覚情報系の機能を向上させるためには，屈折異常を矯正したり，瞳孔や毛様体などの内眼筋の働きを向上させることで，静止視力を良好に保つ必要がある。つまり視覚情報系の機能を向上させる手段としては，視力矯正と視覚訓練が考えられる（**表 5-3**）。

視力矯正

屈折異常（近視・乱視・遠視）があると良好な視力が得られないので，視覚情報は不十分になる。視力矯正とは，正確な視覚情報を得るために，さまざまな手段で屈折度数の異常を矯正する方法である。屈折度数の矯正手段として多いのは，眼鏡，コンタクトレンズ，オルソケラトロジーなどである。視力矯正をしたアスリートは，矯正前よりも安定した視力が得られるので，視覚能力と競技力が向上する。

視覚訓練

視覚訓練は，眼球運動や調節力を訓練することで視覚能力を高め，競技力を向上させる方法である。眼球運動を行う外眼筋は運動神経によって支配されている横紋筋なのでトレーニングが可能だが，瞳孔運動を行う虹彩筋とピント調節運動を行う毛様体筋などの内眼筋は自律神経によって支配されている平滑筋なのでトレーニングはできず，運動は反射的に起こる。

現在のところ，スポーツにおける視覚訓練の評価は，視覚訓練を受けたアスリートの感想，視覚訓練前後の視覚能力，パフォーマンスや競技成績の比較などをもとに行われている。そのため，客観的なデータの裏づけがないだけでなく，視覚訓練前後の測定値やパフォーマンスの改善効果が競技練習による効果なのか，測定機器への順応効果によるものなのかを判断するこ

第5章 視覚トレーニング

表5-3 視覚情報系能力を向上させるための視力矯正と視能訓練

	視力矯正	視覚訓練
目的	視力の向上	視機能の向上
方法	視力の矯正	器械を使用　単純な眼球運動
問題点	①適切な視力矯正が必要 ②矯正方法に長所・短所がある 競技によって矯正方法を選択する必要がある	①視覚情報と身体運動の協調ができず，競技に対応した眼の使い方ができない ②眼の生理学的・解剖学的限界がある ③効果の客観的評価ができない 　a）訓練方法や判定基準に統一性がない 　b）他のトレーニング効果と分離して評価できない
効果	確実・安定	不明

視覚情報系の能力を向上させる手段として，視力を矯正して視力の向上をめざす視力矯正と，眼球や調節の運動をして視機能の向上をめざす視覚訓練があるが，確実で安定しているのは視力矯正である。

とができない[4]。さらに，スポーツにおける視覚訓練の方法や判断基準がさまざまであることや，競技力には視覚以外の多くの要素が関連することなども問題である。Granetら[4]は，スポーツにおいて視覚訓練がパフォーマンスの向上に有効な方法として認められるためには，視覚訓練が視覚系を改善させて視覚機能を向上させること，視覚系の改善によって競技パフォーマンスが向上し競技成績が向上することを証明しなければならないとしている（**表5-4**）。

表5-4 視覚訓練がパフォーマンス向上に有効と認められるための前提

1. 視覚系について
　1）視覚系だけを分離して検査できる
　2）一流のアスリートの視覚系と一般人の視覚系に違いがある
　3）視覚系が訓練で改善できる
2. 競技パフォーマンスと視覚系の関係
　1）競技パフォーマンスの差が視覚系の違いによるものである
　2）競技パフォーマンスの向上に，視覚系の訓練の効果が直接反映している

このように，視覚訓練には筋の特性，訓練の方法やその結果の評価に問題があるため，現時点では，アスリートの視覚情報系の機能を向上させる最適な方法は視力矯正だといえる。

■ 運動学習

運動学習とは

競技力を向上のためには，全身から得た情報をもとに運動を効率的に行えなければならない。その際に重要となるのが運動学習である。

運動学習とは，経験を通して運動スキルを覚えていく方法である。知覚，感覚処理，運動制御，運動スキルの獲得と実行という経験を通して試行錯誤をしながら運動経験に修正を加える学習部分と，獲得したスキルを記憶したり保持したりする記憶する部分（手続き記憶）で成立していると考えられている[7,9]。

運動学習の方法には，目標の運動と実際の運動誤差を少なくするように学習が進む「教師あり学習」と，よりよい結果が得られるように運動形式を向上させる「強化学習」がある[11]。アスリートはこの2つの方法によって運動学習が行われることから，運動学習の効果をより確実に得るためには，実践に近いかたちでの競技練習が有効であると考えられている。

手続き記憶の重要性

人間の記憶システムについて，二重貯蔵モデルが提唱されている[10]。このモデルでは，人間

は3つの独立した貯蔵庫（感覚登録器・感覚貯蔵庫，短期貯蔵庫，長期貯蔵庫）をもっていて，それぞれで感覚記憶，短期記憶，長期記憶が貯蔵されるとされている。感覚記憶は，感覚登録器・感覚貯蔵庫（眼や耳）で貯えられる最も短い記憶であり，視覚情報記憶（アイコニックメモリー）と呼ばれる視覚から得られる情報の記憶保持時間は500 msec以内である。感覚記憶のなかで選択的注意が向けられた情報が短期記憶となり，さらに短期記憶のなかで練習され強化された情報が半永久的な長期記憶になる[10]。

アスリートにとって長期記憶は重要であり，陳述記憶と手続き的記憶がある。陳述記憶は言語的に記述できる記憶で，手続き的記憶は運動や手続きのような非言語的な記憶である。アスリートが競技練習を行うことによって，競技特有の動きや技術・スキルの手続き記憶が脳で増加していることになるため，手続き記憶は重要な記憶である。

初心者と熟練者の違い

初心者と熟練者では，運動の質に違いがみられる。初心者の運動は遅くてぎこちないが，熟練者では運動は徐々にスムーズになって競技力が向上する。この運動の質の違いは，初心者の運動は外部環境あるいは内部身体による感覚フィードバックを頼りに行われているのに対し，熟練者の運動は運動学習によって予測を働かせるフィードフォワード制御で行われているからであるとされている[8]。

初心者と熟練者では，運動の質が違うだけでなく注意の量も変化する。初心者が熟練者になる過程で，注意は認知，連合，自動の3段階を経ると考えられている。認知はその運動を行うために何が必要なのかを明らかにする段階で，運動に対して大きな注意を払っている段階である。連合は運動をより細かく調節をする段階で，運動に対して払う注意は認知のときよりも減っている。自動は運動が流れるように行われ努力を必要としないようにみえる段階で，注意は連合のときよりもさらに減っている。このように，アスリートは経験を積むことで，運動自体に向ける注意の量が減少すると考えられている[3]。

また，初心者と熟練者は刺激を受けて身体が反応するまでの反応時間にも違いがみられる。反応時間には，陸上競技のように合図とともにスタートする場合のような単純反応時間（simple reaction time）と，野球の打撃のように打つか打たないかの判断が必要な選択反応時間（choice reaction time）がある。単純反応時間については初心者と熟練者であまり差はないが，選択反応時間は反応動作の選択肢が多くなるに従って遅くなる[2]。

クリケット・野球・空手・ラグビーなどの熟練者と一般人の間で反応時間を比較した研究がある[8]。単純反応時間は両者の間に差はなかったが，スポーツを模した状況で判断を必要とする場合における選択反応時間は，熟練者のほうが短かった[8]。この報告では，熟練者の選択反応時間が短かったのは，日頃の練習経験を通して視覚情報を効率的に判断できるようになっていたためではないかと考えられている。

運動学習の特殊性

樋口[5]は，さまざまな運動学習の結果を分析すると，実際と異なる状況で練習をしても，実際の状況で行うほど学習効果が得られないことを示す研究が数多くあることから，アスリートの能力も競技する状況での練習では発揮されるものの，その他の状況では十分に発揮できるとはかぎらないと報告している。つまり，運動学習の効果は限定的で特殊性があるということであり，運動学習をしっかりと行うには，いわゆる本番の状況を想定して練習をすることが必要

だと指摘した[5]。

知覚情報処理の点からも，運動学習には特殊性があると考えられている。森[8]は，特定の課題の練習や経験を通して獲得された課題を効率的に実行するものを専門的知覚と呼んだ。熟練者では，長期間の練習で視覚情報と行動の連携を学習し専門的知覚ができていることから，専門とする競技では反応時間が短くなったりプレーの信頼度が高くなるような効率的な情報処理ができているが，専門でない競技では専門的知覚が働かないことから，反応時間やプレーの信頼度は一般人と変わらない。したがって，アスリートの専門的知覚は自身が専門とする競技だけに限定してみられるもので，それを得るために最も有効な方法は，実際にプレーをする状況で練習することであると指摘した。

おわりに

アスリートの競技力を向上させるには，まず眼の状態を整え，外部の情報をしっかりと得られるようにすることである。眼の最も大切な役割は，脳へ鮮明な視覚情報を安定して送ることである。眼科医療機関でメディカルチェックを行い，眼が正常に機能していることを確認する必要がある。もし，視機能が低下するような原因があれば，矯正や治療によって視機能を十分に発揮できるようにしなければならない。視覚情報を増やす手段として，眼球運動系の機能を高めて視覚情報を増加させるために外眼筋を鍛えるのではなく，眼球運動の巧緻性を高めることを考える。また，視覚情報系の機能を向上させる方法としては，屈折矯正を行って静止視力を良好にすることである。

次に，アスリートの競技力を向上させるには，効率的な運動学習が必要である。視覚情報で上肢を動かす視覚誘導型の運動制御では，目標が視覚空間内のどこにあるかを認知する視覚座標系と，その目標に手をどのように動かすかを算出する運動座標系が，1つのシステムとして働く必要がある[9]。ほとんどの競技では視覚情報から身体の運動が起こることから，視覚の訓練だけ行っても視覚座標系と運動座標系の連携したシステムはできあがらず，視覚と身体が協調した運動はできない。視覚と身体が協調するためには，実践に近い競技練習を繰り返し行うことで視覚情報と全身の運動系との連携を高め，身体が視覚情報から競技特有のスキルを発揮できるようなシステムを構築する必要がある。

文 献

1. 枝川 宏：スポーツと眼科学．日本視能訓練士協会誌, 44: 183-190, 2015.
2. 藤井祥夫：敏捷性・スピード．北川 薫 編，トレーニング科学, pp. 98-112, 東京, 文光堂, 2011.
3. 福永哲夫 監訳 (Wulf G)：注意と運動学習 −動きを変える意識の使い方−, pp. 2-3, 市村出版, 東京, 2007.
4. Granet DB, Hertle RW: Visual Training. In: Zagelbaum BM ed., *Sports Opthelmology*, pp. 240-260, Black well Science, England, 1996.
5. 樋口貴広：学習の特殊性．運動支援の心理学 −知覚・認知を活かす. pp. 215-221, 三輪書店, 東京, 2013.
6. 金澤一郎, 宮下保司 監修 (Eric R.Kandel 他編)：前庭系, カンデル神経科学, pp. 901-916, メディカル・サイエンス・インターナショナル, 東京, 2016.
7. 松村道一, 森谷敏夫, 小田伸午 監訳 (Leonard CT)：ヒトの動きの神経科学, pp. 201-235, 市村出版, 東京 2002.
8. 森 周司：スポーツにおける視覚．臨床スポーツ医学, 32: 1134-1138, 2015.
9. 森岡 周：運動学習．樋口貴広, 森岡 周 編, 身体運動学 知覚・認知からのメッセージ, pp. 162-192, pp. 194-197, 三輪書店, 東京, 2008.
10. 大場 渉：運動と記憶．麓 信義 編, 運動行動の学習と制御 −動作制御へのインターディシプリナリー・アプローチ−, pp. 87-104, 杏林書院, 東京, 2006.
11. 武井智彦：名人への道のり(運動学習). 松木植一, 小田伸午, 石原昭彦 編, 脳百話〜動きの仕組みを解き明す〜, pp. 94-95, 市村出版, 東京, 2003.
12. 田中宏暁 他：体力とトレーニング．北川 薫 編, トレーニング科学, pp. 38-134, 文光堂, 東京, 2011.
13. 谷口有子：巧緻性．北川 薫 編, トレーニング科学, pp. 88-97, 文光堂, 東京, 2011.
14. 山田光穂：眼球運動と人の行動解析．臨床スポーツ医学, 32: 1152-1155, 2015.
15. 吉田 薫：眼球運動の制御．入来正躬, 外山敬介 編, 生理学, pp. 536-543, 文光堂, 東京, 1992.

(枝川 宏)

2 スポーツにおける バーチャルリアリティ環境について

はじめに

近年, バーチャルリアリティ (virtual reality：VR) は, エンターテイメントの世界だけでなく, 産業やヘルスケアなどのさまざまな業種に導入されるようになってきた。2016年はVR元年とも呼ばれ, ある企業予測によれば, ヘルスケア部門は約51億ドルの市場に膨らむと期待されている。その対象は, 外科手術のシミュレーションや脳損傷患者のリハビリテーションなどさまざまである。他にも, アスリートの身体能力の評価やトレーニングツールとしても活用されはじめており, 日本のプロ野球やアメリカのメジャーリーグ, そして欧州サッカーなどでの利用実績がある。

本項では, スポーツ競技の現場に携わるアスリートやコーチがVRを活用するための「考え方」を提供することを意図している。VRは最先端テクノロジーとしての側面が表に出がちだが, その考え方や発想を転換することによって有効なトレーニングツールになると思われる。本項では, コンピュータ・グラフィックス (CG) によるVR環境を対象として, アスリートの素早く的確な運動パフォーマンスを支える「見る・予測する」という視覚運動制御に着目する。なお視覚運動制御の詳細については, 他項(「視覚による運動制御」,「アスリートのの動くものの見方」,「スポーツにおける視覚的センス」) も参照してほしい。VRの基礎用語や技術的側面の理解を促すとともに, VRを活用したアスリートの視覚運動制御を支える予測スキルの解明やトレーニングについて概説する。またVR環境と実環境との比較問題から, 将来の方向性についても述べる。

■ VRの基礎用語とその技術的側面

日本ではVRを「仮想現実」と訳されることがあるが, これは正式ではないとされる。バーチャルリアリティ学会によるVRの定義は,「みかけや形は原物そのものではないが, 本質的あるいは効果としては現実であり原物であること」としている[9]。つまり, VRは現実には何もないとする「仮想」を指すのではなく, 実態がなくとも目の前に実在する「現実」なのである。

一般にVRと聞くと, 映像提示デバイスとしてのヘッドマウントディスプレイ (HMD) が想像されやすいが, 実際にはこれにとどまらない。さまざまなVRデバイスの大きな違いは, 映像の中に入りこむ感覚としての「没入感 (immersive)」である (図5-1)。例えば, モニターディスプレイは没入感が低いが, 箱型の4方面にある大型スクリーンに立体映像を投影するCAVE (cave automatic virtual environment) は没入感が高い[8]。没入感は「現実とは異なる世界の中にいる」という意味を示すのに対し, 実在感 (sense of presence) は「現実とは"変わらない"世界の中にいる」といった臨場感に等しい意味をもつ。実在感は「プレゼンス」として広く知られているが, これは自己を指すだけでなく, 他者もその世界にいるという広い意味をもつとされている (詳細は文献9を参照)。

高いプレゼンスを支える技術的アプローチは, 映像の立体提示 (3D呈示) と双方向性 (インタラクション) である (図5-2)。立体呈示は,

第5章　視覚トレーニング

モニター
ディスプレイ　　3Dモニター
ディスプレイ　　ヘッドマウント
ディスプレイ　　1面スクリーン投影型　　CAVE

没入感低い　　　　　　　　　　　　　　　　　　　　　　　　　　　　没入感高い

図5-1　VRの映像呈示デバイスによる没入感の違い（文献1より引用）（Gaetano Tieri氏作図）
映像呈示デバイスによってVR環境の中に入り込む感覚である「没入感」が変わる。

左右の網膜像のずれ（両眼視差）を利用し，実際は二次元であるものを距離感があるように錯覚させることで，奥行感や飛出感を参加者に知覚させる。双方向性は，自己の動きがVR環境の中で反映されるものである。トラッキング技術は，頭部の移動に合わせて視野映像が連動するヘッドトラッキング，手足や道具にセンサーをつけて身体やモノを操作するポジショントラッキングなどがある。こうしたVR技術が統合されることで，参加者はプレゼンスの高い環境として認識できる。

アスリートの身体能力の評価やトレーニングでは，VRデバイスの特性を考慮して利用することが重要である。近年，HMDは過去に比べて安価で購入できるものが増え，広い範囲で自由に歩行移動できることが魅力的である。しかしHMDの場合，参加者が自身の身体（手や足）を直接視認できないことや，頭部装着にかかる重量が身体的負荷となる。したがって，身体の視覚情報を参照することが重要な場面では，HMDの使用は慎重に考慮する必要がある。一方，スクリーン投影型VRは，光学式モーションキャプチャや位置センサを合わせて使うために比較的高額なものが多く，参加者が移動できる広さも限定される。しかし，自己の身体を視覚的に参照できることや，軽量な3Dメガネを

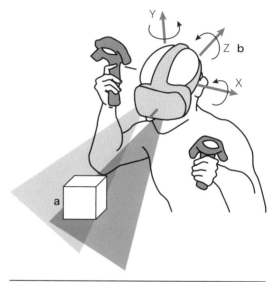

図5-2　VR環境における映像の立体呈示（3D呈示）と双方向性（インタラクション）の概略図
a：両眼視差によって3Dの物体として知覚することができる。b：頭部の三次元情報（位置と角度）を拾って，参加者の視野情報が変化する（ヘッドトラッキング）。また把持するセンサーによって，VR環境内の物体に触れることができる。

装着することで身体的負荷が低い。したがって，HMDで問題となる状況を回避するうえで有効なツールとなる。ここまで説明してきたように，VRデバイスは一長一短の特徴があり，現時点ではその用途の基準は精査されていない。今後こうしたデバイスの問題は，新たな議論の対象となると予想される。

■ アスリートの視覚運動制御を支える予測スキルとそのトレーニング

　対戦相手と競う球技スポーツでは，頭でわかっていても，次の一歩が出せずに高速で飛来するボールや対戦相手の素早い動きに対する反応が遅れることがある。1秒にも満たない反応の遅れは，運動パフォーマンスの成否や試合の勝敗を左右する重要な問題である。熟練したアスリートは，わずかな反応の遅れをカバーするため，対戦相手の意図を瞬時に読み取り，重要な局面（ボールとラケットの接触など）の直前で次に起こる状況を正確に予測することができる。他章でも紹介されてきたように，熟練したアスリートと初心者の違いは，単なる身体能力だけでなく，予測スキルの差として明確に現れる。最近の研究では，新規な計測手法としてVRを採用する傾向にあり，これは従来の方法論で難しいとされていた実環境の制約なしに，課題を検討できる[1,3]。

　VR環境をスポーツ科学研究に採用する利点は，主に2つある。1つは没入感，もう1つは呈示刺激としての視覚情報の操作である。従来の研究では，アスリートのプレー中の視点で撮影した実写映像や実環境（フィールド）にて検討されてきたが，そこには技術的な弊害があった。実写映像は，奥行きのない二次元の映像であり，動きのなかで得られるアスリートのリアルな反応を評価できなかった。一方，実環境はこうしたリアルな反応を得られるものの，同じ対戦相手の同じ動きを再現することや，ある動きを厳密に統制することが難しい（例えば，肘の位置や角度を固定する）。これらの問題に対し，VRは没入感によって広いフィールドで対戦相手とプレーすることを実現し，また研究の仮説に合わせて対戦相手の動きや形態（外観としての形）をも自由に操作できるようになった。

VRを活用したアスリートの予測スキルの解明

　没入感を活用したVR研究を紹介する。ラグビー選手の1対1の場面で相手選手を抜きさる状況をVR環境で忠実に再現し，ラグビーの熟練者と初心者との行動の違いを調査した[2]。実験の結果，熟練したラグビー選手は，対戦相手の進行方向を予測しながらプレーすることが明らかにされた。

　参加者はHMDを頭部に装着し，身体全体に反射マーカーをつけて三次元での動き（水平方向における質量中心の移動）を計測した。実験課題は，バーチャルアバター（ヒトの形に近づけたCGモデル）のラグビー選手がフェイントなしで抜きさる条件と，フェイントを入れて抜きさる条件の2条件であり，参加者は対戦相手に抜かれないように相手を捕まえることが求められた。実験の結果，ラグビーの熟練者は対戦相手のフェイント動作の影響を受けずに相手を捕まえようとするが，初心者はフェイント動作にひっかかることで反応が遅れ，その途中で軌道修正するも相手に追いつくことができなかった（図5-3）。このような行動の違いは，ラグビー経験の熟練度に起因しており，相手の動きの先を見る予測スキルを示したものである。このような実験をフィールドで実施する場合には，参加者が接触によりけがをする可能性があり，研究を進めるうえで倫理的問題がある。しかし，VR環境では対戦相手がいくら自分に接触したとしてもけがをすることはない。VRは危険を最大限に回避できるとともに，繰り返し同じ状況をプレゼンスの高い状況下で体験できる。

　視覚情報操作を活用した研究がある。テニスにおいて対戦相手の打球コース（左・右）の予測手がかりについて，テニスアバターの形態の

第5章　視覚トレーニング

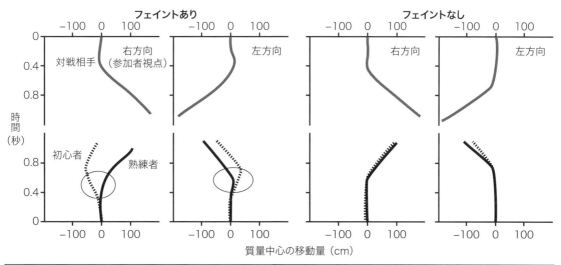

図5-3　ラグビーの進行方向予測実験における参加者と対戦相手の質量中心の移動軌跡の一例（文献2より作図）
初心者は熟練者に比べて対戦相手のフェイント動作に騙されて反応が遅れた（円で囲った時間帯）。

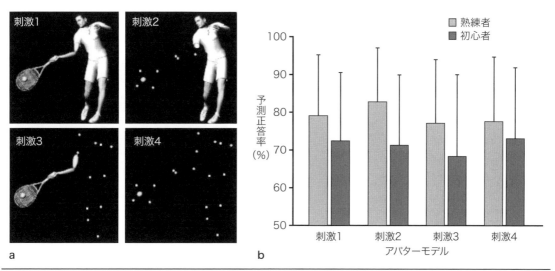

図5-4　テニスのコース予測実験における呈示刺激（a）と予測正答率（b）（文献4より作図）
a：ポイントライトディスプレイで形態の情報量を減らした。b：刺激2における熟練者の予測正答率は，刺激3，刺激4よりも高いが，初心者は予測正答率に大きな違いはなかった。

情報量の操作から検討した[4]。参加者はフォアハンドストローク動作を観察し，ボールがラケットにインパクトする前で打球方向（左・右）を予測することが求められた。実験の結果，熟練したテニス選手は，対戦相手の体幹の動きを起点とし，その全体を「俯瞰的に捉えて見ている」ことが示唆された。

実験は，テニスアバターのラケット（＋右腕）の情報量を減らし，参加者の注意を体幹に向けさせる試みであった（図5-4）。視線行動を扱ったテニス研究では，熟練したテニス選手は対戦相手の体幹に視線を添えるのに対し，初心者はラケットの動きを眼で追ってしまうことが報告された[10]。ただし視線を向けた箇所は，そこか

第5章 視覚トレーニング

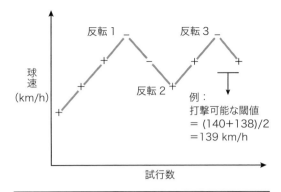

図5-5 階段法を利用した野球の打撃トレーニングの例（文献5より引用）
刺激強度である球速（または高さ）を段階ごとに変え、打撃パフォーマンスの閾値を評価する。例えば、打撃が成功（＋：ヒット）している間は球速を速めていき、打撃に失敗（－：ストライク）したら球速を遅くして次の試行に移る。系列を3度反転させて、参加者がボールを打撃できるか否かの閾値を計算する。

ら直接情報を得るわけでなく、周辺にある情報をも捉えようとする特徴があった。実験は、こうした注意の機能を考慮したデザインであった。実験の結果、熟練選手は対戦相手のラケットの動きが多少見えにくくなっても、他の条件よりコース予測を正確に行っていた。一方、初心者は形態情報が操作されても、その成績が大きく変わることはなかった。これらの結果から、テニスの熟練者は体幹の動きを見ることで、その後に続くラケットの動きを予測的に見ている可能性が示唆された。

大切な情報源を明らかにする際、ターゲットとなる情報を完全に隠してしまうことや、異なる情報を混在させて重要な情報を見出させようとするアプローチが、有効な方法とされる。この研究のオリジナリティは、アバターを利用して完全に情報を隠すことなく、必要な情報のみをハイライトさせたことにある。こうした実験的操作は、VR技術の恩恵を受けたものであり、アスリートの潜在的な予測スキルを知るうえで有効になると考えられる。

VRを活用した知覚運動トレーニング

アスリートを対象とした視覚運動制御研究では、VR環境が実環境のトレーニングツールとして有効であるという結論を出した報告はきわめて少ない。これには2つの理由がある。1つは昨今の技術の急速な進歩に追いつけず、どのような技術が評価やトレーニングに最適であるのかを精査しきれていないことにある。もう1つは、VR環境でのトレーニングが実環境でのプレーに反映されるのか（転移）、またどの程度VRトレーニングの学習が持続されるのか（保持）を検証した研究が少ないことによる。

VR環境にて野球の打撃トレーニングを行った研究によると、野球選手を対象とした6週間のVRトレーニングによって、実環境の打撃パフォーマンスが改善した[5]。この研究では、対象者をVR環境で投手が投げるボールを打撃する群（VR学習群）、実環境で学習をする群（実環境群）、ボール速度やその配球（高低）をVR環境で学習する群（VR適応学習群）の3群に分けた。トレーニング効果の指標は、実環境での打撃パフォーマンスと投球タイプの認識（球種やコース）の成績、その後の追跡調査による競技成績であった。特筆すべきはVR適応学習群であり、心理物理学的手法である階段法を用いて野球選手の苦手なボール速度や高低の閾値を調べ、それを徹底的に練習した（**図5-5**）。実験の結果、この群のトレーニングの改善効果が最も大きく、追跡調査によるとプロ野球選手になった者もいた。

追跡調査の結果に注目されがちだが、この研究で重要なポイントは、①個人の特性に合わせたトレーニングが、バッティング動作としての視覚運動制御の改善に効果があったこと、②単純なVR環境での打撃トレーニングのみでは成績改善の効果は大きくないこと、を示した点にある。これらの研究は、VRトレーニングがフ

第 5 章　視覚トレーニング

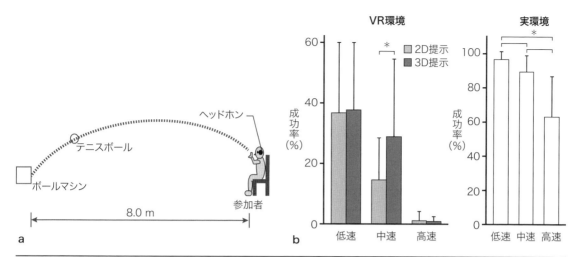

図 5-6　実験課題（a）と VR 環境と実環境の捕球パフォーマンス（b）（文献 7 より作図）
a：参加者はボールマシンから投射されたボールを捕球する。b：VR 環境における捕球パフォーマンスの成功率と実環境における捕球パフォーマンスの成功率。＊：p＜0.05。

ィールドに転移・保持することを示したとともに，VR トレーニングの学習法に配慮することではじめて効果が発揮されることを明らかにした。

■ VR 環境と実環境の問題

VR で常に話題となるのは，「VR がどこまで実環境（フィールド）を忠実に再現しているのか」といったことである。ここで扱う VR 環境と実環境との問題は，「どこまで実環境に近いリアリティのある映像を使っているのか」を指すわけではなく，「実環境で起こる行動が VR 環境でも見られるか」にある。アスリートは一般化できない特殊な能力，つまりスポーツ競技の文脈が残る場面でなければ実力が発揮されない「学習の特殊性」を有する[6]（詳細については第 1 章を参照）。したがって，VR 環境におけるアスリートの視覚運動制御が，どの程度，実環境で発揮できるのかが主要な問題となる。

こうした問題に対し，井田ら[7]は参加者に向かってくるボールを捕球する課題を採用し，VR 環境と実環境との運動パフォーマンスについて比較検討した。実験の結果，VR 環境での成績は実環境に比べて低いものの，特定のボール速度条件で VR 環境と実環境との運動パフォーマンスに相関関係があることを示した。実験課題は，実環境にてボールマシンから投射されたボールを片手で捕球する課題（実環境条件），ならびに VR 環境にて実環境のボール軌道を忠実に再現した状況で捕球する課題（VR 環境条件）の 2 つであった（図 5-6）。投射されるボール速度は，低速，中速，高速の 3 条件とした。実験の結果，VR 環境における捕球の成功率は実環境に比べると低く，高速条件では実環境で 6 割程度の成功率だったのに対し，VR 環境ではほとんどゼロに近かった。また，VR 環境における中速条件においては，2D と 3D 提示ともに実環境の成績とに有意な相関がみられたものの，3D 提示は 2D 提示よりも成績が高かった。これらの結果から，VR 環境で実環境のボールの軌道情報を忠実に再現したとしても，参加者の視覚運動制御は実環境のすべてに反映しないことが明らかになった。しかし，映像を 3D 呈示することや，ボール速度を特定の速さにするとい

った技術的工夫を取り入れることで，実環境で起こりうる視覚運動制御を再現できる可能性が示された。このような考え方は，VR環境をアスリートの視覚運動制御の評価やトレーニングに応用する観点から重要であるといえる。

われわれが忘れてならないのは，VR環境と実環境は異なる視覚情報で構成されているということである。現時点では，映像としての質をいくら実環境に近づけたとしても，そのすべてを完璧に再現するには限界がある。また井田らの研究[7]では，実環境のボール軌道という限定した視覚情報を再現したが，他の感覚系（聴覚，触覚，体性感覚など）については十分に再現されていない。ヒトは多感覚統合により身体運動を成立させていることを考慮すれば，こうした感覚系を引き立てるVRシステムの構築も今後必要となる。またこの研究が示すように，スポーツ現場に取り入れるうえでVR技術の工夫やその条件など，環境や課題の制約を取り入れてアスリートの視覚運動制御を引き立たせるアプローチを考慮すべきである。

おわりに

アスリートの卓越した視覚運動制御は，ただ闇雲に毎日練習するだけで獲得されるほど単純ではない。ある日突然にわかるように「コツ」を掴むことが重要となる。アスリートやコーチはこれを掴むために，厳しいトレーニングに励んでいると思われる。それは「コツ」を掴むことが，アスリートのプレーを別次元に変えるほどの破壊力をもっていることを知っているからである。

スポーツ競技におけるVR技術の活用は，こうした「コツ」を掴むための補足的な役割があると考える。一流アスリートが「ボールが止まって見える」や「全体をぼやっと見ている」と語ることがあるように，アスリートの見る世界はわれわれが普段スポーツをしているときとは大きく異なる。「動く」ことができなければ「見る」ことさえできない。したがって，熟練したアスリートの視覚運動制御の解明や，それに合わせたVR研究の進歩が進めば，われわれが一流アスリートの見ている世界を一時的に体験できるかもしれない。VRはまだはじまったばかりの技術である。今後，多くの研究や現場での利用に基づく発想の積み重ねが，VR研究の新たな方向性を導いてくれるだろう。

文 献

1. Bideau B, Kulpa R, Vignais N, et al.: Using virtual reality to analyze sports performance. *IEEE Comput Graph Appl*, 30 (2): 14-21, 2010.
2. Brault S, Bideau B, Kulpa R, et al.: Detecting deception in movement: the case of the side-step in rugby. *PloS One*, 7 (6): e37494, 2012.
3. Craig C: Understanding perception and action in sport: how can virtual reality technology help? *Sports Technology*, 6 (4): 2013, DOI: 10.1080/19346182.2013.855224.
4. Fukuhara K, Ida H, Ogata T, et al.: The role of proximal body information on anticipatory judgment in tennis using graphical information richness. *PloS One*, 12 (7): e0180985, 2017.
5. Gray R: Transfer of training from virtual to real baseball batting. *Front Psychol*, 13; 8: 2183, 2018.
6. 樋口貴広：運動支援の心理学 −知覚・認知を活かす．三輪書店, 東京, 2013.
7. 井田博史, 高橋まどか, 緒方貴浩, 他：ヴァーチャル環境での片手捕球パフォーマンスに対する立体呈示の効果．スポーツ心理学研究, 41: 5-18, 2013.
8. Jelić A, Tieri G, De Matteis F, et al.: The enactive approach to architectural experience: a neurophysiological perspective on embodiment, motivation, and affordances. *Front Psychol*, 31; 7: 481, 2016.
9. 舘 日章, 佐藤 誠, 廣瀬通孝：バーチャルリアリティ学, 工業調査会, 2010.
10. Williams AM, Ward P, Knowles JM, et al.: Anticipation skill in a real-world task: measurement, training, and transfer in tennis. *J Exp Psychol Appl*, 8: 259-270, 2002.

〈福原　和伸〉

第6章

アスリートの眼の状態を整える

■**本章のポイント**■

　眼が正常であれば周囲の状況を正確に判断して，パフォーマンスを適切に発揮することができる。しかし，眼に異常があると周囲の状況を正確に判断することができないため，脳は周囲の状況がわかるまで，正確な情報を送るように眼に指令を出し続ける。このような状態が続くと眼や脳が疲れ，パフォーマンスも悪化するため，アスリートは常に眼の状態を整え，眼が正常に働くようにしておくことが大切である。

　眼の状態を整えるためには，メディカルチェックによって眼の状態を把握し，その情報をもとに個々に適した対処方法を考える必要がある。

　本章では，「アスリートの眼の状態を整える」ためのメディカルチェックと，「よくみられる眼疾患とその対処法」について解説した。

　本章を読むことで，アスリートが最高のパフォーマンスを発揮するために知っておくべき眼の状態とその対処法について理解できるようになる。

1 眼をよい状態に保つための眼科メディカルチェック

はじめに

スポーツをしているとき，アスリートは刻々と変化する周囲の状況をさまざまな感覚器官から取り込み，脳がその情報を瞬時に判断して状況に合った動きができるように身体へ指令を出している。外界からの情報を脳へ取り入れる感覚器官で最も大切なのが眼である[2]。視覚が正常であれば周囲の状況が正しく脳へ伝わり，適切なパフォーマンスが発揮できる。しかし，視覚に異常があると周囲の状況が脳に正しく伝わらない。そのため，脳は周囲の状況が正確に判断できるまで情報を送るように，眼に命令する。この状態が続くと眼と脳が疲労し，パフォーマンスが悪化する。

このように，眼は身体のパフォーマンスと直結する重要な感覚器官であり，常に正常に働くように状態を整えておくことが必要である。しかし，アスリートの眼の状態を整えることの重要性について理解している人は少なく，眼のケアもあまり行われていない。眼の状態を整えるためには，メディカルチェックで眼の状態を正しく把握し，その情報をもとに個々のアスリートに応じた対処方法を考える必要がある。

■ 眼科メディカルチェック

メディカルチェックの必要性

アスリートの眼のメディカルチェックが必要な理由としては，以下の3つがあげられる。第一は，アスリートの眼の現状を知ることである。アスリートを診察していると，すべての者がベストな眼の状態でプレーをしているわけではないことがわかる。眼に異常があっても気づいていない者や，症状があっても我慢している者もいる。このようなアスリートは，プレーのときに周囲の情報をしっかりと捉えることができない。

第二に，眼外傷の既往のあるアスリートの後遺症の有無や程度を知ることができる。眼に重度の傷害を受け，視機能に異常が残ると，競技だけでなく日常生活でも大きなハンディとなることがある。眼外傷の後遺症の状態を知ることは，その後のアスリートの競技力を推測したり日常生活の経過を追うためにも重要である。

第三に，眼疾患を早期に発見でき，治療に役立てることができる。アスリートが定期的にメディカルチェックを受けることができれば，眼の状態の変化を早期に発見し治療ができる。

このように，眼科メディカルチェックは眼の健康状態が把握できるだけでなく，眼の状態を適切に保つ手助けになる。

スポーツ現場と眼科医療機関の関係

アスリートの眼を最適な状態に保つためには，スポーツ現場と眼科医療機関が協力して対処する必要がある。

眼科医療機関では，眼科医によるメディカルチェックによってアスリートの眼を総合的に評価するとともに，異常がみられた場合は治療を行う。そして，アスリートの承諾を得たうえで，その情報をチームスタッフと共有する。スポーツ現場では，チームスタッフがメディカルチェックで得られた情報をもとにアスリートが快適にプレーができるように，眼の状態を整えるこ

とや眼外傷予防の手段を考える．また，プレーの状況から眼に異常が疑われる場合やプレー中に眼にけがをした場合は，なるべく早く眼科医療機関を受診させる．

現在，眼科医療機関とスポーツ現場の連携は，内科や整形外科のように密接ではない．今後，スポーツ現場と眼科医療機関が密接に連携し，アスリートの競技力を支える体制をつくる必要がある（**図6-1**）．

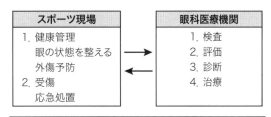

図6-1　スポーツ現場と眼科医療機関の関係（文献1より引用）
スポーツ現場と眼科医療機関がアスリートの情報を共有し，連携してアスリートの競技力を支える体制をつくる必要がある．

眼科メディカルチェックの実際
眼科メディカルチェックの検査項目

表6-1に眼科メディカルチェックに必要な検査項目を示した．競技種目，競技レベルによってこれらの検査から必要なものを選択して実施する．検査には，大きく分けて眼の状態を調べる器質検査と眼の能力を調べる視機能検査がある．器質検査は対象者の反応を必要としない他覚検査で，屈折検査・細隙灯検査・眼底検査・眼圧検査・瞳孔検査・涙液検査がある．一方，視機能検査は対象者の反応が必要な自覚検査で，視力検査・コントラスト感度検査・眼位検査・調節力検査・両眼視検査・眼球運動検査・視野検査・CFF（フリッカー融合頻度）検査がある．

器質検査は測定する環境や条件による結果の変動が小さいが，視機能検査は大きい．そのため，視機能検査は対象者の眼が安定した状態で行うことが重要である．

眼科メディカルチェックの注意点

わが国では子どもから高齢者まで幅広い年齢層でスポーツが行われている．そのため，年齢による身体能力の差が大きく，視機能の変化も大きい．したがって，眼科メディカルチェックの結果の分析や判定の際には，対象者の年齢における視機能の生理的特徴を考慮に入れなければならない．特に子どもと中高年齢者の視機能

表6-1　眼のメディカルチェックの検査項目（文献1より引用）

1. 問診
2. 検査
    1) 器質検査
        (1) 屈折検査
        (2) 細隙灯検査
        (3) 眼底検査
        (4) 眼圧検査
        (5) 瞳孔検査
        (6) 涙液検査
    2) 視機能検査
        (1) 静止視力検査
        (2) コントラスト感度検査
        (3) 眼位検査
        (4) 調節力検査
        (5) 両眼視検査
        (6) 眼球運動検査
        (7) 視野検査
        (8) CFF（フリッカー融合頻度）検査

の検査や分析には注意が必要である（第2章Culumn「子どもや中高齢者の視機能の特徴」参照）．

メディカルチェックの手順

眼科メディカルチェックの手順を**図6-2**に示した．問診，検査，診察をもとに評価・診断を行う．問診は現在のアスリートの眼や身体の状況を把握するために重要である（**表6-2**）．

まず眼や身体の疾病や外傷の既往，現在の状

第6章 アスリートの眼の状態を整える

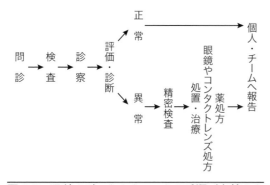

図6-2　眼科メディカルチェックの手順（文献1より引用）
問診，検査，診察をもとに評価・診断を行う。問診は現在のアスリートの眼や身体の状況を把握するために重要である。

表6-2　眼科メディカルチェック時の問診の内容（文献1より引用）

1. 眼や身体の疾病や外傷の既往，現在の状況について
2. 視力と視力矯正用具（眼鏡・コンタクトレンズ）について：種類・メーカー・使用開始時期・使用期間・使用方法・管理方法など
3. 常用薬品について：種類・量など
4. 生活環境について：環境（職場・学校・家庭），睡眠時間など
5. スポーツ歴について：過去に経験したスポーツと経験期間など

況について質問する。眼については疾患だけでなく，手術歴についても質問する。眼に症状がある場合は，症状がはじまったきっかけや時期，具体的な症状，現在までの症状の変化なども質問する。また，処置や治療を行っている場合は，その内容も質問する。

次に，現在の視力と使用している視力矯正用具，常用薬（種類と量）について質問する。コンタクトレンズを使用している場合は，種類やメーカー，使用開始時期や使用期間，管理が指示通り行われているかなどについても質問する。

最後に，アスリートが家庭，職場，学校などで眼が悪くなるような生活をしていないか，睡眠時間など，生活環境について問診する。また，過去に経験した競技や経験期間を尋ねておくことも，眼や身体の状態を把握するために参考になる。

問診の後に検査（第2章参照）と診察を実施し，それらの結果から眼の総合的な評価を行う。評価の結果から治療が必要と思われる場合は，治療のために必要な精密検査を行う。その結果，チームスタッフと相談のうえ，必要に応じて眼鏡やコンタクトレンズ，薬の処方，疾患の治療を行う。

眼科メディカルチェックの実施スケジュール

眼科メディカルチェックの検査項目やスケジュールは，対象者の競技種目や競技レベルによって異なる（**表6-3**）。スポーツ愛好家レベルでは，年に1回程度，スクリーニングレベルの検査〔**表6-1**の器質検査の（1）〜（4），視機能検査の（1）〜（6）〕が必要である。

球技や射撃競技のような視機能の重要性が高い競技や，高いレベルで競技を行っているアスリートでは，1年に3回程度詳しい検査（**表6-1**のすべての器質検査と視機能検査）を実施する。1回目はシーズンに入る直前に行う。この時期は競技シーズンに入るにあたって眼の状態を整えておく時期である。また，新人がチームに入ってくる時期でもあるので，それらのアスリートの視機能もチェックする。2回目は競技シーズン中である。シーズン中は眼と身体が最も酷使されている時期なので，視機能が変化する可能性がある。もし，視機能に変化があればその原因を追究し，処置や治療を行う。また，競技で眼に傷害を受けた場合，なるべく早い時期に診察を受けさせるようにする。3回目はシーズン終了後である。身体と眼のアフターケア

第6章 アスリートの眼の状態を整える

表6-3 眼科メディカルチェックの実施スケジュール

スポーツ愛好家		年に1回程度のチェック
眼が勝敗に影響するスポーツ	プレシーズン（競技シーズン前）	新人選手の検査，眼の状態を整える
	オンシーズン	視機能の変化の推移，受傷時の治療
	オフシーズン（競技シーズン終了後）	視機能の変化の推移，日常生活での眼の管理
眼や頭部が反復する強い衝撃を受けるスポーツ		試合ごとのチェック

を行う。この時期の眼のチェックは，競技シーズンでの眼の疲れ具合のチェックやオフシーズンにおける眼のケアを考えるうえで重要である。

眼や頭部に反復する強い衝撃を受けるボクシングやレスリングなどの格闘競技やコンタクトスポーツでは，眼に障害が起こる可能性が高いので，さらに頻度の高いチェックが必要である。これら障害の危険が高い競技種目の場合，定期的な眼科メディカルチェックによって，眼疾患を早期に発見し治療できる可能性が高くなり，結果的にアスリートの競技寿命を延ばすことにもつながる。

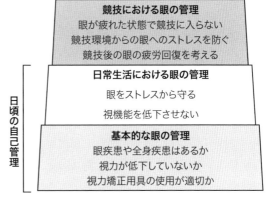

図6-3 3段階の眼の管理
眼をよい状態に保つためには3段階で眼の管理をする必要がある。

■ 眼をよい状態に保つ

コンディションとは

リオデジャネイロオリンピックのときに日本オリンピック委員会からアスリートに配布された「JOC Conditioning Guide for Rio 2016」では，「コンディションとは，目的とする試合に向けて期間を限定された中での調整と日常的なトレーニングをいかによりよい状態で効果的に継続してゆくかということへの対応」と書かれている[4]。また，厚生労働省生活習慣予防のための健康情報サイト（e-ヘルスネット）によると，「コンディショニングとは，運動競技において最高の能力を発揮できるように精神面・肉体面・健康面などから状態を整えること」で，「体力・精神・技術・医療・栄養・環境といった要因から総合的にアプローチし，競技の際に能力を最大限発揮できるようにコントロールしていくことである」と書かれている[3]。このように，コンディショニングとはアスリートが競技力を最大限発揮できるように，身体的・精神的・環境的などさまざまな因子をよい状態に保つことであると考えられている。

しかし，これらの定義では「感覚器官」については触れられていない。特に眼は周囲の情報を収集する重要な器官であり，身体や精神と同様によい状態に保つことが必要である。眼をよい状態に保つことができないと視機能は安定せず，競技力を十分に発揮することができない。競技パフォーマンスを十分に発揮するためには，眼をよい状態に保ち，安定した視力が得られるようにする必要がある。そのためには，①基本的な眼の管理，②生活における眼の管理，③競技における眼の管理の3段階で管理することが

必要である（**図6-3**）。

基本的な管理

　眼の状態を整えるには、まず、視機能に影響を及ぼすような眼疾患や身体疾患がないかをチェックする。次に視力が低下していないかをチェックする。視力は他の視機能の基本となる重要な機能である。アスリートのなかには視力が低下していてもそれを長年の経験で補い、視力低下を放置したままにしている者や、適正でない視力でプレーしている者もいるため注意する。最後に、視力矯正用具が適正であるかをチェックする。視力矯正用具の矯正度数が適切でない場合、使用方法が不適切な場合、視力矯正用具が競技に不適切な場合などは、競技力を十分に発揮できないだけでなく、眼が疲労する原因になるので注意が必要である。また、視力矯正用具を使用しても視力が悪い場合は、眼科専門医で度数が適切かを再度チェックしてもらうとよい。不適切な視力矯正用具を使用しているアスリートに対しては、適切な視力がないとパフォーマンスが低下する可能性があることを理解させ、必ず適切なものを使用するように指導する。
　「ぼやけて見える」「にじんで見える」「暗くなると見にくい」「眼が疲れやすい」「眼の奥が痛い」「まぶしく感じる」「視力が安定しない」「速い動きの物が見えない」などの症状がある場合、視力が低下しているか、安定していない可能性がある。これらの症状の原因としては、屈折異常や調節障害が考えられるが、他の疾患の可能性もあるため眼科で詳しい検査を受ける。視力が向上し安定するようになるとこれらの症状がなくなる。またコンタクトレンズは、管理が不十分だと角膜に重大な障害を引き起こして失明につながることもある。そのため、アスリート自身がコンタクトレンズのケアについて注意を払わなければならない。

日常生活における眼の管理

　日常生活における眼の管理では、眼を疲れさせないことと、眼をストレスから守ることが重要である。眼へのストレスでは、職場や日常生活における視環境や作業内容によるものが大きい。コンピュータ・スマートフォン・携帯型ゲーム機器・テレビなどの画面の明るさや機器までの距離などの視環境を整える。特に、スマートフォンや携帯型ゲーム機器を使用するときは近くにピントを合わせなければならないため、使用時間が長くなると眼は多くの調節力が必要となり疲れやすくなる。このような眼にストレスを与える要因を家庭、職場、学校などでできるだけ少なくする。
　また視機能を低下させないために、眼を疲労させないようにする。職場や生活環境からのストレスだけでなく、屈折異常・不同視・老視・斜視などによっても、眼が疲労して視力が低下する。

競技における眼の管理

　競技中、アスリートの眼は質の高い視覚情報が得られる状態になければならないため、競技前・競技中・競技後の眼の状態に注意する。
　まず、基本的な眼の管理と日常生活における眼の管理を確実に行い、眼が疲れた状態で競技に入らないようにする。眼が疲れた状態で競技に入ると、眼は安定した機能を発揮できず、パフォーマンスが低下する。プレー中の眼へのストレスを予防することも重要である。スポーツをする環境はグラウンドや体育館、海や山など多岐にわたり、眼はさまざまな有害なストレスを受ける。そのためそれらの有害な環境から眼を保護するために、保護用の眼鏡を装用する。
　競技後は眼の疲労をなるべく早く回復させることが重要である。眼の疲労回復方法としては、眼のマッサージ・目薬・サプリメント・眼周囲

のホットパックなどが利用されている。これらの方法の効果については個人差もあるため，さまざまな方法を試し，自分に合った方法を用いるとよい。競技後はスマートフォン・携帯型ゲーム・パソコンなどの使用は控える。

3段階の眼の管理で眼の状態を整える

アスリートの視機能をよい状態に保つためには，3つの段階（**図6-3**）すべてにおいてチームスタッフの理解や協力が必要であるが，基本的な眼の管理ではメディカルチェックが，日常生活における眼の管理ではアスリートの自己管理が重要である。

これらのいずれの段階でも眼の管理がおろそかにされていると視機能が低下し，競技力を十分に発揮できないだけでなく，日常生活にも悪い影響が及ぶ。チームスタッフはこれら3段階でアスリートの眼をチェックし，十分に視機能が発揮できるようにしなければならない。

おわりに

眼の状態が悪い人は，原因を精査し適切に対処することで症状の訴えが少なくなり，競技パフォーマンスが改善する。にもかかわらず，症状があっても医療機関を受診しないアスリートが多い。アスリートが試合でよいパフォーマンスを発揮するためには，眼をよい状態に保ち機能を安定させなければならない。しかし，現在のところ「眼の状態を整える」ことの重要性については，ほとんど理解されていない。今後，アスリートの身体や精神の状態だけでなく，感覚器官である眼の状態も整えることにも注意しなければならない。

文　献

1. 枝川　宏：眼科的メディカルチェック．臨床スポーツ医学, 18: 871-879, 2001.
2. Gavrisky VS: The clours and colour vision in sports. *J Sports Med*, 9: 49-53, 1969.
3. 厚生労働省：生活習慣病予防のための健康情報サイト e-ヘルスネット．
https://www.e-healthnet.mhlw.go.jp
4. 日本オリンピック委員会：JOC Conditioning Guite for RIo 2016.https://www.joc.or.jp/games/olympic/riodejaneiro/pdf/conditioning_guide_rio2016.pdf

（枝川　宏）

2 よくみられる眼疾患とその対処法

はじめに

アスリートにも，さまざまな眼疾患が起こる。ここでは，スポーツ眼外傷以外のよくみられる眼疾患とその対処方法について説明する。

■ 眼精疲労

眼精疲労を訴えるアスリートは多い。眼精疲労は練習や試合が原因で起こる場合もあれば，スマートフォンやコンピュータを長時間使用したことで起こる場合もある。

眼の疲れと眼精疲労の違い

「眼の疲れ」は，見るという活動が過度だった場合に起こる状態である。症状は眼だけに現われ，軽く一時的なものが多く眼を休ませると自然に回復する[5]。一方「眼精疲労」は，見るという活動が過度でなくても起こる。症状は眼だけでなく，頭重感，悪心，嘔吐など全身に現われ，重く持続的で「眼の疲れ」よりも治りにくい[1]。

このように「眼の疲れ」は生理的な疲労，「眼精疲労」は何らかの原因で起こる病的な疲労である。眼精疲労が起こると，競技力が低下する可能性がある。

原因と対処法

眼精疲労の原因と対処法を**表6-4**に示した[12]。

屈折・調節性の眼精疲労

屈折異常（近視・遠視・乱視）による視力低下や調節異常（老視・調節麻痺・調節衰弱・調節痙攣）によるピント合わせの悪化で起こる。速い速度で移動する競技，広いフィールドで行う競技，早く動くボールを見る競技などでは，屈折異常があると対象物が見にくいため，パフォーマンスが低下する。特に，遠視の場合はどの距離を見るときもピント調節をしなければならないために眼は疲れやすく，ピント調節による過剰な輻湊で内斜視になって，遠くの物が2つに見えこともある。

対処法としては，適切な視力矯正をする，日頃から眼への負担が多くならない生活を心がける，点眼薬を使用する，ことで調節機能を整える。

筋性の眼精疲労

眼位の異常（斜視・斜位），輻輳の異常（輻輳不全・輻輳衰弱），両眼視異常，眼球運動異常で起こる。眼位の異常があると両眼を1つの眼として使うことができないため，視覚情報の処理に要する時間が長くなる。また，物が誤った方向に見える（定位誤認）こともある。輻湊の異常では近くの物が二重に見え，眼球運動異常では眼球運動に制限がある方向で物が2つに見える（複視）。

対処法としては，両眼を1つの眼として使え，奥行き感がしっかりと捉えられるように，プリズム入りの眼鏡や手術で眼位の矯正を行う。

症候性の眼精疲労

眼疾患（ドライアイ，結膜炎，白内障）で起こる。

対処法は，原因の眼疾患を治療し，よりよい

第6章 アスリートの眼の状態を整える

表6-4 眼精疲労の原因と対処法（文献12より作成）

	原因	対処法
屈折・調節性	屈折異常，調節異常	屈折矯正，点眼治療
筋性	眼位異常，輻輳異常，両眼視異常，眼球運動異常	プリズム，手術
症候性	眼疾患（ドライアイ，結膜炎，白内障）	原因疾患の治療
不等像性	不同視	屈折治療
神経性	不安神経症，神経衰弱，ヒステリー，うつ病，頭頸部外傷	原因疾患の治療

視覚情報が得られるようにする。

不等像性の眼精疲労

左右眼の著しい屈折異常の差（不同視）で起こる。不同視の場合，左右の眼で見える像の大きさが異なる（不等像視）ため立体視が悪くなり，プレーで違和感を感じるようになる。

対処法としては，左右眼の視力が均一になるように屈折矯正を行う。しかし，左右の眼の視力の差が大きいために眼鏡では矯正できない場合もある。そのような場合，コンタクトレンズか手術で矯正する。

神経性の眼精疲労

不安神経症，神経衰弱，ヒステリー，うつ病，頭頸部外傷が原因で起こる。

対処法は，原因となる疾患の治療を行う。特に，スポーツでよくみられる頭頸部外傷によって，眼の調節機能や瞳孔反応が影響を受け眼精疲労を起こすことがある。眼だけでなく身体の状態もチェックする必要がある。

■ ドライアイ

ドライアイとは

ドライアイは「さまざまな要因によって涙液層の安定性が低下する疾患で，眼の不快感や視機能異常を生じ，眼表面の障害を伴うことがある」と定義されている[2]。症状は異物感，羞明，

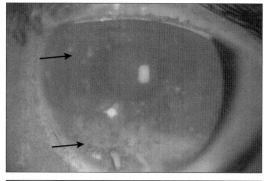

図6-4 ドライアイ（文献13より引用）
涙液の異常によって角膜が乾き，角膜表面に傷がみられる。

疼痛，眼精疲労，眼乾燥感，掻痒感，視力障害，眼脂などがある。ドライアイは，角膜や結膜を覆う涙が少ないため乾燥感が生じ，瞬き回数の増加や眼瞼の緊張による集中力の低下が起こり，良好な視覚情報が得られない。診断は，自覚症状，涙液の質および量の異常，角膜上皮障害の3つの要素で行われる（図6-4）。

ドライアイには，涙液分泌量の低下，涙液交換の低下，涙液質の悪化などで起こる涙液分泌減少型と，涙液分泌は正常だが涙液の蒸発が亢進して起こる涙液蒸発亢進型がある（表6-5）。涙液分泌減少型は，涙液機能不全，涙腺導管障害，神経麻痺，シェーグレン症候群などで起こる。涙液蒸発亢進型は，マイボーム腺機能不全，眼瞼異常，瞬目異常，薬剤起因性などの眼の異常（内因性）やビタミンA欠乏，点眼薬防腐剤，コンタクトレンズ，アレルギーなどの外部

第6章 アスリートの眼の状態を整える

表 6-5 ドライアイの原因と対処法

原　因		疾患名	対処法
涙液減少症	涙液分泌量低下 涙液交換の低下 涙液の質の悪化	涙液機能不全 涙腺導管障害 神経麻痺 シェーグレン症候群	涙液量を増加
涙液蒸発型	涙液の蒸発の亢進	内因性（マイボーム腺機能不全，眼瞼異常，瞬目異常，薬剤起因性） 外因性（ビタミンA欠乏，点眼薬防腐剤，コンタクトレンズ，アレルギー）	涙液質の変更 ムチン産生

の要因（外因性）で起こる（表6-5）。陸上競技（長距離）やスピードスケートなど風が眼に当たる競技や，射撃やアーチェリーなど瞬きの回数が少なくなる競技では，ドライアイでなくても角膜や結膜が乾燥するため，良好な視覚情報が得られなくなることがある。

ドライアイの対処法

涙液の量的異常や質的異常を治療し，角結膜上皮障害や自覚症状を改善させる。涙液減少型と涙液蒸発型で対処法は異なるが，主に点眼による治療が行われる[6]。

涙液減少型では，涙液量を増加させるために人工涙液，角膜上皮の創傷治癒促進作用，涙液膜の安定維持のためにヒアルロン酸の点眼薬を使用する。涙液蒸発型では，角膜と涙液をなじませる作用のあるムチンの産生を促進する点眼薬（ジクアホソルナトリウムやレバミピド）を使用する。涙液の減少がある場合は，人工涙液・ヒアルロン酸の点眼を追加する。マイボーム腺機能不全では，眼瞼を暖めたり，軟膏を使用する。また，風で角膜や結膜が乾いた状態になりやすい競技では，点眼薬だけでなくゴーグルや眼鏡などで眼を乾燥から守る。

■ 角膜疾患

角膜疾患は視力に影響が出やすい。スポーツで注意すべき角膜疾患としては，感染症，翼状片，電気性眼炎（雪眼）がある。

角膜は外部に露出しているため，ほこりや異物の影響を受けやすく感染しやすい。細菌，ウイルス，アカントアメーバなどの感染がある。翼状片，電気性眼炎（雪眼）は紫外線が原因で起こる[3]ため，屋外で行う競技のアスリートでよくみられる。

感染症
細菌性角膜炎

細菌の感染で起こる。重篤になると潰瘍を起こし，角膜が穿孔することもある。これは角膜が損傷を受け，抵抗力が低下したときに起こる。急激な眼痛，眼脂，視力低下などの症状がみられる（図6-5）。抗生物質で治療する。

ウイルス性角膜炎

ヘルペス性角膜炎（図6-6）：ヘルペスウイルスで起こる。眼痛，異物感，視力低下などの症状がある。多くの人がヘルペスウイルスに感染しており，ストレスが多いときや，体調が悪いときに発症するため，体調管理が重要である。IDU（idoxuridine）点眼薬やアシクロビル眼軟膏など抗ヘルペス剤で治療する。

アデノウイルス角膜炎（図6-7）：アデノウイルスに感染して起こる。流行性角結膜炎では角膜に点状混濁（点状角膜炎）が生じることがあ

第6章 アスリートの眼の状態を整える

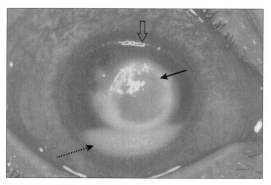

図6-5 細菌性角膜潰瘍（文献9より引用）
角膜の潰瘍（矢印）と前房蓄膿（点線矢印），結膜の充血（↓）がみられる。

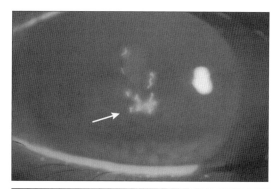

図6-6 ヘルペス性樹枝状角膜炎（文献10より引用）
角膜の中央部分に染色されたヘルペス特有の樹枝状角膜炎がみられる。

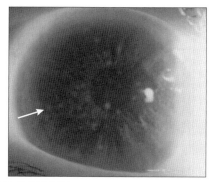

図6-7 流行性角結膜炎（点状角膜炎）（文献11より引用）
角膜に点状の白濁がみられる。

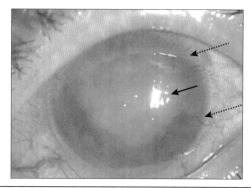

図6-8 アカントアメーバー角膜炎（文献4より引用）
角膜の混濁（矢印）と血管侵入（点線矢印）がみられる。

る。点状混濁が起こると視力が低下する。ステロイド性点眼薬で治療する。

アカントアメーバ性角膜炎

アカントアメーバは井戸水や水道水にいる原生動物である。感染者の約9割はコンタクトレンズ使用者である。角膜に傷がある人が，井戸水や水道水でコンタクトレンズの洗浄や保存を行って感染する。感染すると数日から数週間で角膜が混濁してもとの状態にもどらなくなり，生涯にわたって視力が低下する。重篤な場合は失明することもある。症状は激しい眼痛，流涙，羞明，眼脂，視力低下などである。治療は抗真

菌薬の点眼や内服によって治療する（図6-8）。

翼状片

原因は明らかにされていないが，紫外線が原因に関与するといわれている。角膜中央部まで伸びたときは視力に影響するため手術で切除する。

電気性眼炎（雪眼）

強い紫外線によって角膜に表層性角膜炎が起こるものである。スキー場など積雪のあるところで起こることが多いことから，雪眼ともいわれる。強い紫外線を浴びる海水浴場や雪山，高

139

第6章 アスリートの眼の状態を整える

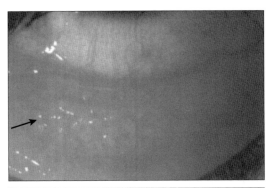

図6-9 アデノウイルス結膜炎（文献4より引用）
アデノウイルス結膜炎による結膜濾胞がみられる。

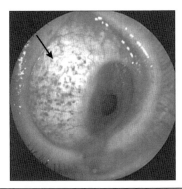

図6-10 急性出血性結膜炎（文献4より引用）
エントロウイルスやコクサッキーウイルスで起こる。結膜下出血が特徴である。

地などで眼を紫外線から保護しないと，数時間から1日後に強い羞明，流涙，眼痛が起こる。2〜3日で自然治癒する。海水浴場や雪山，高地で行う競技ではサングラスの装用が必要である。

■ 結膜疾患

結膜疾患で多くみられるのは，結膜感染症である。主な原因は細菌，ウイルスである。結膜感染症になると，結膜は腫脹，充血し，異物感，眼脂，痛みなどの症状が出る。

ウイルス性結膜炎

ウイルスで起こる結膜炎で，流行性角結膜炎，急性出血性結膜炎，咽頭結膜熱などがある。流行性角結膜炎と咽頭結膜熱はアデノウイルスで起こるためアデノウイルス結膜炎といわれる（図6-9）。これらは症状がひどく感染力も強い。そのため感染した場合は症状がおさまるまで自宅で安静にし，他の人との接触を避ける。これらのウイルス性結膜炎に特効薬はなく，免疫力で治癒する。感染している間は他の細菌やウイルスの感染を防ぐために，抗生物質や消炎剤の点眼薬を使用する。消毒が必要な場合，器具は加熱消毒（95℃で5秒間），手指は流水で洗っ

た後ペーパータオルで清拭，70％アルコール綿による清拭などを行う。

流行性角結膜炎

「はやり目」とも呼ばれる。感染して約1週間の潜伏期間を過ぎてから発症する。発熱やのどの腫れ，下痢など，風邪に似たような全身症状を起こす人もいる。また，角膜が濁って視力が低下することもある。2〜3週間で治癒する。感染力が強いので集団発生することもあり，共同生活をしている合宿所や柔道，レスリングなど身体の接触の多い競技では，多くのアスリートが一度に感染する可能性が高い。

咽頭結膜熱

多くの人が集まるプールなどで感染することから，「プール熱」「プール性結膜炎」ともいわれる。結膜とともに咽頭部分にも炎症が発生し，発熱や下痢が起こる。潜伏期間は4日間で，約1週間で治癒する。

急性出血性結膜炎

エンテロウイルスやコクサッキーウイルスで発生する（図6-10）。潜伏期間は1〜2日で，約1週間で治癒する。結膜下出血が特徴である。

第6章　アスリートの眼の状態を整える

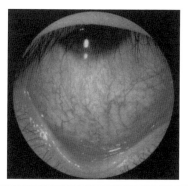

図6-11　アレルギー性結膜炎（文献14より引用）
原因は花粉が最も多く，次いでハウスダスト，イヌやネコの毛などがある。

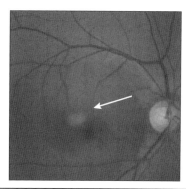

図6-12　中心性漿液性脈絡網膜症（文献8より引用）
ストレスで脈絡膜からの漏出液が黄斑部の網膜下に溜まっている。

細菌性結膜炎

　細菌が原因で起こる結膜炎で，症状は結膜充血，腫脹，眼脂などである。抗生物質で治療する。ウイルスのように人から人へは感染しない。

アレルギー性結膜炎

　アレルギーが原因で起こる結膜炎で，原因は花粉が最も多く，次いでハウスダスト，イヌやネコの毛などがある（図6-11）。また，コンタクトレンズの汚れや刺激でも起こる。抗アレルギー剤や消炎剤で治療する。アトピー性皮膚炎を伴うアレルギー性結膜炎の場合，白内障，網膜剥離，円錐角膜が起こる可能性が高いので，詳細な眼科検査が必要である。

■ 網膜疾患

　スポーツで起こる網膜剥離，黄斑円孔などの疾患は第4章を参照してほしい。ここではストレスによって起こる中心性漿液性脈絡網膜症について述べる。

中心性漿液性脈絡網膜症

　中心性漿液性脈絡網膜症は，肉体的・精神的ストレスが原因で起こる（図6-12）。脈絡膜か

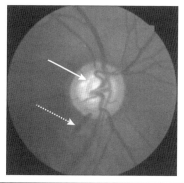

図6-13　緑内障（文献4より引用）
緑内障性視神経乳頭陥凹（矢印）と乳頭出血（点線矢印）がみられる。

らの漏出液が黄斑部の網膜下に溜まり，そこに局所的に網膜剥離が起こる。視力低下，歪みを感じる。30歳代以降の神経質な性格の人にみられる。数ヵ月で自然に回復するが，その間は心身の安静を心がけ，疲労を避ける。光凝固を行うこともある。

■ 緑内障

　緑内障は眼圧が高く，視神経乳頭の機能が維持できずに視神経に障害を起こす疾患である。放置すると不可逆性の視野欠損を起こし，進行すると失明にいたる。早期発見・早期治療が重

■ *Column* …… アスリートの眼の状態を整えた症例

　眼の状態を把握し，正しく治療などの処置をすることで症状が改善し，競技力が向上したアスリートは多い。ここでは，そのような例をいくつかあげる。また，いわゆる眼のトレーニングによって眼の状態が悪化した例も紹介する。

1. 基本的な管理で眼の状態がよくなった例

　①社会人野球選手（スイッチーヒッター）：左右のバッターボックスでボールの見え方が違うとの訴えで来院。メディカルチェックにより左眼の外眼筋（上斜筋）に異常があることが判明し，外眼筋の手術を行った。手術後はボールの見え方に違いがなくなり，バッティング成績が向上した。これは眼位や眼球運動に異常があったにもかかわらず放置したままプレーをしていた例である。

　②プロ野球選手：右のバッターボックスに立つと内角のボールが見えないとの訴えで来院。視力は右眼が裸眼で1.2，左眼はコンタクトレンズ矯正で0.7だった。左眼のコンタクトレンズを適切なものに変えたところ視力が向上し，内角のボールもよく見えるようになり，後にリーグの首位打者になった。これは両眼の視力を正しく把握しないでプレーをしていた例である。

　③プロ野球選手：特にプレー中の見にくさを自覚していなかったが，コーチのすすめで来院。視力は両眼とも1.5だったが，屈折異常が認められた。コンタクトレンズで矯正すると両眼ともに視力はさらに向上し，次の年のオープン戦で打率が一時6割を超え，レギュラーに定着した。この選手は屈折異常のあった眼を放置してプレーをしていたが，適切な屈折矯正をしたことで，競技力を十分に発揮できるようになったと考えられる例である。

　④バレーボール選手：試合中にボールがぼやけて見えるとの訴えで来院。屈折異常による調節障害が起きていたため，日常生活で眼鏡と点眼薬を使用してもらった。その結果，調節障害が改善され，裸眼でも試合中ぼやけて見えることがなくなり，競技に集中できるようになった。これは屈折異常があったにもかかわらず放置して，プレーをしていた例である。

2. 競技からの影響を管理することで眼の状態がよくなった例

　①サッカーの審判：ゲーム前半ではボールの動きがよく見えるが，後半になるとぼやけて見えるとの訴えで来院。眼の疲労から症状が起こっていたため，ハーフタイムのときに眼の休憩を入れるようにした。その結果，ゲーム後半でもボールがぼやけなくなった。これはゲーム中に起こる眼の疲れが見え方に影響した例である。

　②ゴルフのプロキャディー：ラウンドをしていると，眼のかすみ，眼や首の痛みがひどくなるとの訴えで来院。頸部の筋の左右のバランスがくずれており，眼の調節力も左右で異なっていた。肩に掛けるキャディーバッグによる筋のバランスのくずれが影響して症状が起こったと考えられたため，両肩にかけるキャディーバックに変更するとともに，首や頸部のマッサージを定期的に受けるよう指示し，点眼薬を処方した。その結果，両眼の調節力に差がなくなり症状は改善した。これはゲーム中の身体の状態が眼に影響した例である。

　③射撃選手：競技中に標的がぼやけて見えるとの訴えで来院。両眼ともに視力は良好だったが，ピント合わせをする力に問題があった。射撃のスタイルを変更することと点眼薬の使用で，標的がよく見えるようになった。これはゲーム中に起こる眼の疲れが見え方に影響した例である。

　④サッカー（ゴールキーパー）：ボールがよく見えないとの訴えで来院。両眼ともに視力は良好だったが，外傷による頭頸部のむち打ち症状によって，眼の調節力が低下していた。頭頸部や首のマッサージ，

点眼薬の使用で，ボールがよく見えるようになった。これはゲーム中に受けた身体のダメージが眼に影響した例である。

3. 眼のトレーニングで状態が悪くなった例

プロ野球選手：眼のトレーナーにすすめられた調節力強化のトレーニングを続けていたところ，ぼやけ，頭痛，眼痛がひどくなって来院。調節機能に異常があったにもかかわらず，調節力強化のトレーニングをしていたために症状が悪化した。ただちに眼のトレーニングを止め，眼の安静と点眼薬を使用した。その結果，眼の症状が改善して試合に復帰できた。医師ではない人から誤った診断や指導を受けて，症状が悪化した例である。眼のトレーニングは安易に行わず，必ず眼科医の指導を受ける必要がある。

要である。眼圧を十分に低下させると進行を抑制できる。緑内障は開放隅角緑内障（open-angle glaucoma）と閉塞隅角緑内障（closed angle glaucoma）に大別でき，症状，経過，治療方法が異なる。スポーツ眼外傷で起こることもある。

症状は眼痛，頭痛，霧視，視野欠損，結膜充血である。開放隅角緑内障の症状は軽く慢性の経過をたどるが，閉塞隅角緑内障は急性発作を起こすことがあり，発作時には視力低下，悪心，嘔吐，頭痛も伴う。

緑内障では視神経乳頭が陥凹する緑内障性視神経乳頭がみられ，視神経障害に応じた視野欠損がみられる。眼圧は開放隅角緑内障では正常範囲（10〜21 mmHg）から軽度上昇する程度であるが，閉塞隅角緑内障の急性発作では顕著な上昇がみられる[7]。眼圧は運動で一時的に低下するが，力むような動作は眼圧が上昇するので注意が必要である。

治療は開放隅角緑内障では薬物治療が中心であるが，効果が十分でないときはレーザー治療や手術治療を考える。閉塞隅角緑内障の発作ではレーザー治療，手術治療が中心になる。また，緑内障の治療には，一部の競技でドーピングの禁止薬物とされているβ遮断薬が用いられることがある（第7章参照）。β遮断薬には静穏作用があり，不安解消や「あがり」の防止効果，心拍数と血圧の低下作用による心身の動揺を少なくする効果がある[6]。

文献

1. 渥美一成：VDT 作業と眼精疲労. 現代医学, 39: 465-474, 1992.
2. ドライアイ研究会, ドライアイの定義および診断基準委員会：日本のドライアイの定義と診断基準の改訂 (2016 年度版), http://dryeye.ne.jp/teigi/index.html.
3. 初坂奈津子：スポーツにおける紫外線の影響について. *MB OCULI*, 58: 32-36, 2018.
4. 真鍋禮三 監修：眼科学 疾患とその基礎 (改訂版), メディカル葵出版, 東京, pp. 65-66, p. 100, p. 395, 2005.
5. 中村芳子：眼の疲れ総論. あたらしい眼科, 27: 281-286, 2010.
6. 日本臨床スポーツ医学会学術委員会 編：スポーツにおける薬物治療 処方と服薬指導. オーム社, 東京, 2014. h も同じ
7. 日本緑内障学会緑内障ガイドライン作成委員会：緑内障ガイドライン (第 4 版). 日眼会誌, 122 : 5-53, 2018.
8. 西村哲哉：中心性漿液性脈絡網膜症. 宇山昌延 編：日本眼科学会生涯教育通信講座, No. 2, 眼底−黄斑疾患, 金原出版, 東京, 1994.
9. 大橋 裕：細菌性角膜潰瘍. 真鍋禮三 編, 日本眼科学会生涯教育通信講座, No. 1, 角膜 (1), 金原出版, 東京, 1985.
10. 大橋 裕：ヘルペス性樹枝状角膜炎. 真鍋禮三 編, 日本眼科学会生涯教育通信講座, No. 1, 角膜 (1), 金原出版, 東京, 1985.
11. 大橋 裕：点状角膜炎 (流行性角結膜炎). 真鍋禮三 編, 日本眼科学会生涯教育通信講座, No. 1, 角膜 (1), 金原出版, 東京, 1985.
12. 所 敬, 金井 淳 編：現代の眼科学, 改訂第 7 版, 金原出版, 東京, pp. 70-71, 1999.
13. 坪田一男：ドライアイ (乾性結膜炎). 内田幸男 編, 日本眼科学会生涯教育通信講座, No. 16, 結膜, 金原出版, 東京, 1993.
14. 湯浅武之助：結膜花粉症. 内田幸男 編, 日本眼科学会生涯教育通信講座, No. 16, 結膜, 金原出版, 東京, 1993.

（枝川　宏）

第7章

眼科薬とアンチ・ドーピング

■本章のポイント■

　アスリートは，アンチ・ドーピングの観点からも薬に関する知識をある程度もっている必要がある。しかし，眼科薬剤は内科系の薬剤と比べてあまり知られておらず，ドーピングに関する情報も少ない。

　本章では，眼科でよく使用される薬剤と眼科薬剤のうちドーピングに関係するものについて解説した。

　点眼薬と眼軟膏を中心に取り上げたが，特によく使用される点眼薬については種類や効能，添加物，体内動態，保管方法，コンタクトレンズ装用時の注意点についても説明した。

　ドーピングに関しては，アンチ・ドーピングについて解説したた後，眼科で用いられる禁止薬剤と使用特例について解説した。

　本章を読むことで，眼科薬剤とドーピングに関して興味を深めていただきたい。

■ 眼科の薬

眼科で使用される薬剤には，内服薬，点眼薬，眼軟膏，静脈内注射，眼内への注射などがあるが，処方される多くは点眼薬または眼軟膏である。

点眼薬，眼軟膏とは

点眼薬（目薬）は，「結膜嚢などの眼組織に適用する，液状，または用時溶解もしくは用時懸濁して用いる固形の無菌製剤である」と，また眼軟膏は，「結膜嚢などの眼組織に適用する半固形の無菌製剤である」と，医薬品の品質を適正に確保するために必要な規格・基準などを示す公的な規範書である「日本薬局方」に定義されている[3]。簡単にいうと，どちらも無菌の状態が確保されている眼組織に用いる薬剤である。眼の病態に影響するため両薬剤とも無菌でなくてはならない。

点眼薬，眼軟膏の種類

点眼薬には，溶液の状態で製品となっているもののほかに，有効成分が錠剤など固形となっていて，使用前に点眼液に溶かして使用する用時溶解剤，使用前によく振って撹拌してから使用する用時懸濁剤の3種類がある。

用時溶解剤は，溶解すると有効成分が不安定となり時間の経過とともに薬効が消失してしまうため，使用する直前に点眼容器に入っている溶液に溶かしてから使用する。溶解後の点眼薬の使用期間は7日～5週間と薬剤により異なり，最も多いのが4週間である。また，溶解後は冷蔵庫での保管が必要な場合があるので，保管方法，期間をよく確認しなければならない。

用時懸濁剤は，有効成分が水に溶けない，または溶けにくいなどの理由により，個体を微粒子化して液体に分散させた剤形である。長時間放置すると微粒子が沈降するため，使用する前によく振ってから使用しなければならない。また，横置きやキャップを下にして保管すると，粒子が容器内の表面に付着して固まったり，ノズルの穴に詰まる場合があるため，キャップを上にして立てた状態で保管する必要がある。懸濁剤のイメージは，泥水を思い浮かべてもらうとよい。泥水を振ると泥色になり，長時間放置すると泥が底に沈み水と分離する原理と同じである。このように有効成分の物質性（溶解性，安定性）によって剤形が使い分けられている（**表7-1**）。

点眼薬の多くは水溶性点眼薬である。また，1本の使用回数によって，ディスポーザブルといわれる1回使い捨てタイプと多数回使用可能なタイプに分けられる。眼軟膏は，水溶性点眼薬として使用可能な成分であってもその使用目的により軟膏として用いられている場合もある。

薬には，医師からの処方が必要な医療用医薬品と自らドラッグストアなどで購入可能な市販薬（OTC）がある。点眼薬はどちらもあるが，その種類は大きく異なる。**表7-2**に医療用医薬品の薬効分類と使用目的を示した。

市販薬（OTC）の点眼剤は，眼科用薬製造販売承認基準などによって有効成分の種類や効能および効果が限定されている（**表7-3**）。アレルギー用点眼薬のケトチフェン，クロモグリク酸，アシタザノラスト，ペミロラスト，トラニラストなどの成分のように，医療用医薬品として使

表7-1　有効成分の物性による分類

種類	水への溶解性	溶解後の成分の安定性
水溶性点眼薬	溶けやすい	安定
用時溶解点眼薬	溶けやすい	不安定
懸濁性点眼薬	溶けにくい	安定
油性点眼薬・眼軟膏	溶けにくい	不安定

表 7-2 医療用点眼薬の分類

薬効分類	使用目的	点眼薬 溶液	点眼薬 懸濁液	点眼薬 用時溶解	点眼薬 ディスポ	眼軟膏
抗菌薬	感染症対策	○		○	○	○
抗ウイルス薬						○
抗真菌薬		○	○			○
抗アレルギー薬	アレルギー症状の緩和	○	○		○	
免疫抑制薬		○	○		○	
副腎皮質ステロイド	炎症を抑える	○	○			○
非ステロイド性抗炎症薬	手術後の炎症改善	○				
角膜治療薬	角膜上皮の保護	○			○	
ドライアイ改善薬	涙液層の安定化	○	○		○	
調節機能改善薬	眼精疲労の改善	○				
緑内障治療薬	緑内障治療	○	○	○	○	
白内障治療薬	白内障治療	○	○	○		
血管収縮薬	充血の改善	○				

表 7-3 市販（OTC）点眼薬の分類名と効能および効果（文献 5 より引用）

分類名	効能および効果
一般点眼薬	目の疲れ，結膜充血，目のかゆみ，眼病予防（水泳の後，ほこりや汗が目に入ったときなど），紫外線その他の光線による眼炎（雪目など），目のかすみ（目やにの多いときなど），眼瞼炎（まぶたのただれ），ハードコンタクトレンズを装着しているときの不快感
抗菌性点眼薬	ものもらい，結膜炎（はやり目），眼瞼炎（まぶたのただれ），目のかゆみ
人工涙液	ソフトコンタクトレンズまたはハードコンタクトレンズを装着しているときの不快感，涙液の補助（目のかわき），目の疲れ，目のかすみ（目やにの多いときなど）
コンタクトレンズ装着液	ハードコンタクトレンズの装着を容易にする
洗眼薬	目の洗浄，眼病予防（水泳のあと，ほこりや汗が目に入ったときなど）
アレルギー用点眼薬	花粉，ハウスダスト（室内塵）などによる次のような目のアレルギー症状の緩和：目の充血，目のかゆみ，目のかすみ（目やにの多いときなど），涙目，異物感（コロコロする感じ）

われている成分が有効性や安全性などに問題がないと判断され，一般用医薬品（市販薬）となったスイッチ OTC といわれる点眼薬もある。

点眼薬の添加剤

点眼薬は，眼という敏感な組織に直接投与されるため，刺激が少なくかつ快適である製剤であることが必要である。その刺激には pH と浸透圧が関与しており，pH 7.45，浸透圧比が 1.0 に近いほど刺激が少なく，pH 6〜8，浸透圧比が 0.6〜2.0 の範囲をはずれると刺激性が強くなるとされている[2]。

また，有効成分を点眼薬として製剤化（医薬品として利用するために，目的成分を有効性，安全性，安定性，使用性などの点で最も適した形にすること）したり，使用中に薬液が微生物によって汚染されることを防止するために，必要に応じて**表 7-4** のような添加剤を加えること

表7-4 点眼薬に使用される添加剤（文献4より引用）

種類	目的	役割	主な添加剤
等張化剤	刺激性,不快感の低減	浸透圧を涙に近い状態に合わせる	塩化カリウム，塩化ナトリウム，濃グリセリン，ブドウ糖，D-マンニトールなど
pH調節剤		pHを調節する	希塩酸，水酸化ナトリウムなど
緩衝剤		有効成分や添加物が経時的に分解することにより生じるpH変動を防止する	クエン酸ナトリウム，酢酸ナトリウム，炭酸水素ナトリウム，トロメタモール，ホウ酸，ホウ砂，リン酸水素ナトリウム水和物，リン酸二水素ナトリウムなど
	製剤化	薬物の安定化，有効性を向上させる	
可溶化剤（溶解補助剤）		有効成分が水に溶けにくい場合に用いる	ポリオキシエチレン硬化ヒマシ油，ステアリン酸ポリオキシル40，ポビドン，ポリソルベート80など
安定化剤		有効成分が水溶液中で不安定な場合に用いる	エデト酸ナトリウム水和物，ポビドン，ポリソルベート80など
粘稠化剤		薬液に粘性をもたせて眼内の滞留時間を延長し，薬効の持続性を高める	カルボキシビニルポリマー，ポリビニルアルコール，ヒドロキシエチルセルロース，メチルセルロース，グリセリンなど
防腐剤	保存	使用中における薬液の微生物汚染を防止する	ベンザルコニウム塩化物，パラオキシ安息香酸メチル，パラオキシ安息香酸プロピル，クロロブタノール，ソルビン酸など
清涼化剤	その他	点眼時の清涼感または冷感を与える	l-メントール，dl-カンフル

ができる。ただし，着色だけを目的とする物質の添加は許されていない。点眼薬が赤や黄色に着色されているものがあると心配している人がいるかもしれないが，これらは有効成分そのものが赤や黄色に発色する性質をもっているためで問題はない。

点眼薬の体内動態

健康な眼内では絶えず涙腺から涙が放出され，眼表面の保湿，角膜の保護，混入した異物の排泄などの役割を果たしている。また，まばたきにより涙が拡散すると同時に目頭のほうへと集められ，涙点，涙囊，鼻涙管を通って鼻腔へと流れていく（図7-1）。

点眼された薬液はまず結膜囊で涙と混ざり合い，その後眼内へと移行する（図7-2）。結膜囊の最大容量が約0.03 mlであるのに対し，点眼薬は1滴0.03〜0.05 mlとなるようにつくられていることから，1滴だけで十分であることが

わかる。点眼液の1滴が0.05 mlだとすると1本5 mlの点眼薬は100回使用できることになる。

結膜囊に保持できなかった薬剤と涙の混和液は，眼外へあふれ出るか涙液と同様に鼻涙管へ流れ排出される。鼻涙管から流れ出た薬剤は，鼻腔を通り，口から消化管へ移動して内服薬と同様に吸収される。点眼後に苦味や甘味などを感じるのは，点眼薬が口へ移動したためである。点眼薬に含まれる有効成分の量は，内服薬と比較して少ないため，吸収された薬物の血中濃度は低値であり，全身性の副作用は少ないといわれている。しかし，緑内障治療薬で使用されるβ遮断薬は，点眼で使用した場合でも，全身に吸収されて全身性の副作用が生じることが知られている。点眼直後は，目頭を押さえて涙液が鼻涙管へ流れ出ないようにすることが効果持続，副作用の防止の両面から大切である。

点眼薬を2本以上同時に使用しなければなら

第7章　眼科薬とアンチ・ドーピング

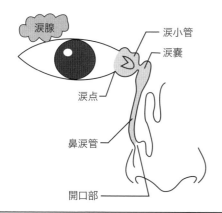

図7-1　涙の放出
眼内では絶えず涙腺から涙が放出され，眼表面の保湿，角膜の保護，混入した異物の排泄などが行われる．涙が拡散すると目頭のほうへと集められ，涙点，涙嚢，鼻涙管を通って鼻腔へと流れていく．

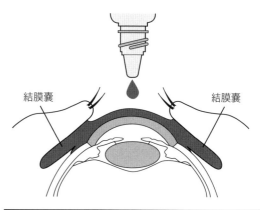

図7-2　点眼液の動態
点眼液はまず結膜嚢で涙と混ざり合い，その後眼内へと移行する．結膜嚢の最大容量は約0.03 mlであり，通常点眼液は1滴で十分である．

ないときは，前述したように結膜嚢の容量は1滴が限界であるため，先に点眼した薬液が，後に点眼した薬液によって洗い流され効果が得られないことのないよう，十分な時間をあけてから使用する必要がある．実際，どのくらいの時間をあければ後から点眼した薬剤の影響を受けないかという研究では，5分以上時間をあける必要があった[1]（**図7-3**）．

　剤形によって眼内への吸収や効果発現が異なるため，使用する順番は重要である．一般的には，水性点眼剤 → 懸濁性点眼剤 → 油性点眼剤 → 眼軟膏といわれている．眼軟膏や油性点眼剤は水をはじきやすく，それらの後に水性点眼剤を使用した場合，その効果が発現しない恐れがある．懸濁性点眼剤は水に溶けにくく吸収されにくいため，水溶性点眼薬と同時に処方された場合は，最後に点眼する．

　近年，薬液をゲル化したり，粘性を高めて眼内への滞留性を向上させた薬剤が開発されている．これらは，前述の順番どおりの使用にならない場合や10分以上間隔を開けなければならない点眼薬もあるので，医師の指示に従って使用することが重要である．

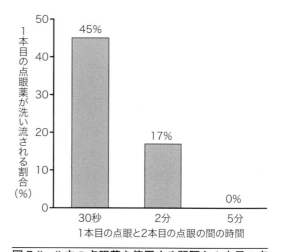

図7-3　2本の点眼薬を使用する間隔と1本目の点眼薬が洗い流される割合（文献1より引用）
2本以上の点眼薬を同時に使用する場合は，先に点眼した薬液が，後に点眼した薬液によって洗い流されてしまうため，十分な時間をあける．

点眼薬の保管
温　度

　点眼薬の多くは，室温（1〜30℃）保存である．一般的に有効成分や添加剤は温度が高いほど分解しやすいため，夏の車中や冬の暖房器具の近くなどに放置しないように気をつけなければならない．点眼薬が凍結した場合，溶解して

いた含有成分の析出（個体として現われる）などが起こり，解凍してももとの品質にもどらないため，冷蔵庫では冷気の吹き出し口を避け凍結に注意して保管する。高温中に放置したり，凍結した点眼薬は使用せずに廃棄する。

低温で保管が必要な点眼薬の場合，通勤，通学，外出や旅行の移動程度であれば，一時的に指示された保管温度を超えても問題となるケースは少ないと考えられる。添付文書に記載されている貯法（貯蔵方法）は，年単位で有効成分を保持するのに必要な温度設定であり，帰宅後や目的地到着後に速やかに冷蔵庫で保管する。

光

光も有効成分を分解する原因となるため，すべての点眼薬は直射日光を避けて保管しなければならない。特に光に対して不安定な成分の点眼薬には「遮光袋」と記載された点眼袋が添付されるので，それに入れて保管する。

使用期限

開封前で高温，凍結，直射日光を避け，指示された（遮光や低温保存）通りに保管したのであれば，点眼薬に記載されている期限まで使用可能である。ただし，治癒後は未開封で使用期限内であっても，医師の指示がある場合を除いては再利用できないので廃棄する。

防腐剤が添加され，1本で多数回使用可能な点眼薬の場合，開封後適切に使用，保管すれば，医療用の5 ml容器で1ヵ月以内，OTCの15 ml容器で3ヵ月以内が目安とされている。

防腐剤の添加がない1回使い切りタイプは，開封後菌による汚染のリスクが高いので薬液が残っていても廃棄する。

点眼薬の適切な取り扱い

点眼薬は1本を繰り返し使用するため，使用中に異物混入や菌による汚染がないように適切に使用しなければならない。

手に付着しているほこりや菌が容器内へ混入することを防ぐため，使用する前によく手を洗い，容器の先端（薬液の出口部分）に手が触れないように気をつける。また，点眼時，容器の先端がまつ毛やまぶたに接触すると，目やにや涙が点眼容器へ混入し汚染の原因となるため容器の先端が目や目のまわりに触れないように点眼する。

点眼容器の先端やねじの部分が点眼液で濡れた場合は，その部分にほこりなどが付着して不衛生となるため，清潔なガーゼなどで濡れている部分をキャップも含めてふき取る。キャップをはずした後は速やかに点眼し，すぐにキャップをしっかり占める。使用中，点眼薬に変色，異物，濁りや異臭などの異常がみられた場合は，ただちに使用を中止し廃棄する。

点眼容器の多くはプラスチック製であるが，プラスチックはメントールやカンフル，油性ペンなどで使用されている有機溶剤などの揮発成分を透過する性質がある。そのため，点眼薬を揮発成分を含む製品と一緒に保管したり，近くに放置するとその成分が薬液中に溶け込み，点眼時に刺激を生じる原因となる場合がある。開封した湿布や防虫剤，芳香剤は避けて保管する必要がある。また油性ペンで点眼容器に記載することも避けるべきである。

コンタクトレンズ装用時の点眼

コンタクトレンズを装用したままでの点眼は，主成分や保存剤がコンタクトレンズに吸着し，長時間にわたって角膜や結膜に接触するため眼障害を生じる恐れがある。そのためハード，ソフトどちらであっても原則的にははずしてから点眼することがすすめられている。

OTCの点眼薬の場合，添付文書や説明書にコ

表7-5 アンチ・ドーピング規則違反行為（世界アンチ・ドーピング規定 第2条）

① 生体からの検体に禁止物質が存在すること
② 禁止物質・禁止方法を使用する，使用を企てること
③ 検体採取を拒否，回避すること
④ 競技会外検査に関する義務に違反すること
⑤ ドーピングコントロールの一部を改ざんすること
⑥ 禁止物質および禁止方法を所持すること
⑦ 禁止物質・禁止方法の不法取引を実行すること
⑧ 競技者に対して禁止物質または禁止方法を投与・使用すること
⑨ 規則違反を援助，支援，隠し，企てること
⑩ 規則違反者をサポートスタッフとして雇うなどで，関係をもつこと

ンタクトレンズを装用したままでの使用の可否が記載されているので，その指示に従う。医療用の点眼薬の場合，眼の病気の要因や状況，使用する薬剤により異なるので医師の指示に従う。

■ ドーピングに関係する眼科薬剤

アンチ・ドーピングについて
世界アンチ・ドーピング規定

スポーツに参加するすべての人は，公平，公正そして平等にスポーツに参加する権利をもっている。人々がクリーンなスポーツに参加する権利を護るための全世界，全スポーツ共通のルールが，世界アンチ・ドーピング規程（以下，規程）である。

規定には，どのような行為がアンチ・ドーピング規則違反（以下，ドーピング違反）になるのか，どんな薬を使ってはいけないのか，ドーピング検査におけるルール，さらにはアスリート，スタッフ，競技団体それぞれに対してアンチ・ドーピング活動における責任と果たすべき役割などについて記載されている[6]。

規程は5〜6年に1回改定され，2003年に採択された後，2009年，2015年の2回の変更が行われた。2021年には3回目の改定が行われた規定が発効する予定となっている。

アンチ・ドーピング規則違反

規定の第2条にドーピング違反について記されている。表7-5の10の項目のうち，1つでも該当すればドーピング違反となる。

①については，ドーピング検査で禁止物質が検出されれば違反になるということであるが，ここで注意が必要なことは，検査結果が陽性になれば，禁止物質が体内へ入った経緯は問わず，どのような理由があったとしてもドーピング違反に問われるということである。

⑥以降については，アスリートだけなく，監督・コーチをはじめサポートスタッフ，医療従事者などアスリートと関連するすべての人が対象となる。

ドーピング違反を犯した場合，個人に対して大会成績の失効，記録の抹消，褒賞金の没収などに加え，原則2年または4年間の資格停止の制裁が課される。資格停止期間中は，競技会への出場はもちろんのこと，所属チームの施設利用や練習への参加など，チーム関係者との接触も一切できなくなる。さらに，コーチとしてアスリートを指導したり，競技会のオフィシャルを務めたり，所属団体の仕事を手伝ったり，それがボランティアであっても許されず，所属する競技にかかわるすべての活動が禁止される。

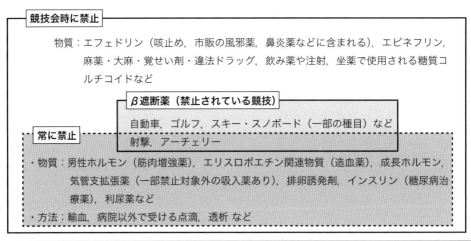

図7-4　禁止表国際基準に掲載されている禁止物質
ドーピングとして禁止されている「物質」と「方法」には「常に禁止」と「競技会時に禁止」がある。β遮断薬は，禁止表に記されている競技のみ禁止になる。

禁止表と治療使用特例
禁止表国際基準

　ドーピングとして禁止されているものには「物質」と「方法」があり，「禁止表国際基準」（以下，禁止表）にそれぞれの代表例が掲載されている。「常に（競技会，競技会外どちらも）禁止」と「競技会時に禁止」に分けられる。ただしβ遮断薬については，禁止表に記されている競技のみ禁止になる。図7-4に禁止となる物質や方法をあげた。

　「競技会時に禁止」は，図7-4内のすべての物質，方法が禁止となる。「常に禁止」は，点線内の物質と方法および射撃，アーチェリーにおけるβ遮断薬が含まれる。禁止表はドーピング検査の観点からみることもできる。ドーピング検査には，試合終了後実施される「競技会検査」と突然ドーピング検査員がアスリートのもとを訪れて検査を実施する「競技外検査」（一般的に抜き打ち検査といわれている）の2種類があるが，「競技会時に禁止」は競技会検査のときに，「常に禁止」は競技会外検査のときに禁止となるものである。

　禁止表は，毎年少なくとも1回は改定され，1月1日〜12月31日までが禁止表の有効期間である。今年禁止物質でなくても翌年禁止物質になっている場合や逆の場合もあるので，毎年，確認が必要である。

　規定には，監視物質と呼ばれるものも含まれる。スポーツにおける濫用のパターンを把握するために監視が必要な物質である。濫用が認められた場合は，禁止物質へ移行する可能性が高い。2019年では，カフェイン，ニコチン，フェニレフリンなどが対象となっている。監視物質は，禁止物質ではないので使用可能である。

　アスリートやスタッフが自分でその年の禁止物質を確認する方法として，The Global Drug Reference Online（Global DRO）がある。これは，禁止物質か否か（ステイタス）を検索するサイトであり，アメリカ，カナダ，イギリス，スイス，オーストラリア，日本のアンチ・ドーピング機関が協力して開設している。残念なことにすべての物質が検索できるわけではないが，信頼性が高く，いつでもどこでもネット環境さえあれば検索できるので，ぜひ有効活用してほしい。なお，禁止表は日本アンチ・ドーピング機構（JADA）のホームページからダウンロード

できる。

治療使用特例
(therapeutic use exemption：TUE)

禁止物質，禁止方法には，治療上使用しなければならないものも多く含まれている。アスリートにも平等に治療を受ける権利があり，

①使用しないと健康に重大な影響が生じる。
②健康を取りもどす以上に，競技力を向上させない。
③他に代えられる治療方法がない。
④ドーピングの副作用に対する治療ではない。

の条件をすべて満たす場合にかぎって禁止物質，方法の使用が許可される。

基本的には，使用する前にTUE申請書をJADAなどしかるべき機関へ提出し，許可が得られてからの使用となるが，救急治療または急性症状の治療が必要な場合は，使用後のTUE申請（遡及的TUE申請という）も可能である。ただし，上記①〜④のすべての条件が満たされない場合は，却下されることもある。また，すべてのアスリートが事前に提出しなければならないわけではなく，国際大会へ出場予定があるまたは抜き打ち検査の対象となっているアスリート，国体および国内の事前申請対象大会へ出場予定のあるアスリートが対象となる。TUE申請はアスリートのレベルによって，申請書の提出先が異なり，事前申請が必要ない場合もあるなど，複雑なので詳しくはJADAのホームページを参照するとよい。TUE申請書およびその記入例もこのホームページからダウンロードできる。

眼科で気をつけるべき薬剤

禁止表は，物質（薬物を含む）の体内での作用の仕方（作用機序）ごとにS1〜S9とP1にセクションが分けられている。ここでは，眼科で使用される可能性のある薬剤で，2019年における禁止物質をセクションごとにあげた。医師など専門家にも詳細がわかるように，専門的内容も加えてあるので参照していただきたい。

S5．利尿薬および隠ぺい薬

利尿薬，高浸透圧利尿薬が該当する。急性緑内障発作で急激に上昇した眼圧を下げるために使用される薬剤（マンニトールの静脈内投与，アセタゾラミド）が該当する。

緑内障の点眼薬に用いられている利尿薬（ドルゾラミド，ブリンゾラミド）は禁止対象外となっているので，使用可能である。使用頻度は低いが，手術などで使用される代用血漿剤（メチルヒドロキシデンプンなど）もこのセクションに該当する禁止物質である。

S6．興奮薬

交感神経興奮薬が該当し，覚せい剤，コカインの他，アドレナリン（エピネフリン），エフェドリン，メチルエフェドリンなどがあげられる。フェニレフリンは興奮薬であるが，監視物質なので使用可能である。このセクションの該当薬剤で，以下のような場合は禁止対象外となる。

- 局所麻酔薬（リドカインなど）とアドレナリンを同時に使用する場合（例：キシロカインE，歯科で使用される局所麻酔薬など）
- アドレナリンを鼻や眼など局所に使用する場合（例：ボスミン外用液®）
- 血管を収縮させるイミダゾール誘導体（ナファゾリン，トラマゾリン，オキシメタゾリンなど）を局所または眼科用に使用する場合（点眼薬や点鼻薬などに含まれている場合）

S7. 麻薬

ここでの麻薬は，日本の国内法（麻薬及び向精神薬取締法）で「麻薬」とされているものと分類が異なる。モルヒネ，ペチジン，フェンタニルのほか，国内法では向精神薬に分類されるペンタゾシン，ブプレノルフィンも禁止物質である。一方，コデインは禁止物質ではないので使用可能である。

S9. 糖質コルチコイド

糖質コルチコイドは，「副腎皮質ホルモン」「副腎皮質ステロイド」「ステロイド」と呼ばれている。男性ホルモンやタンパク同化ホルモンも「ステロイド」と呼ばれるが，一般的に治療で使用する薬の「ステロイド」は，糖質コルチコイドのことを意味する。

ここは，使用経路によって禁止物質かどうかのステイタスが決められており，糖質コルチコイドを内服，静脈内注射，筋肉内注射，経直腸投与（坐薬，注腸，軟膏の肛門内注入）で使用する場合が禁止となる。一方，関節内，関節周囲，腱周囲，硬膜外，皮内などへの局所注射，吸入，皮膚への塗布や貼付，目，耳，鼻，口腔内，歯肉への局所使用は禁止対象外である。したがって，糖質コルチコイドの点眼薬，結膜下注射，テノン嚢下注射，硝子体注射は禁止ではないが，眼瞼挙筋への注射は，局所使用ではあるが筋肉内注射なので，TUE申請がすすめられる。アレルギーが関与する病気が悪化した時や眼の神経の炎症などで，基本的な治療として糖質コルチコイドの内服や注射の早急な使用が望まれる場合，使用後のTUE申請（遡及的TUE申請）が可能である。

P1. β遮断薬

前述した通り，このセクションは一部の競技のアスリートだけが禁止の対象となる。使用経路の例外はないので，どのような使用方法で用いる場合であっても禁止である。β遮断薬は，緑内障治療に用いられる点眼薬の多くがこの成分であり，禁止物質に該当するので注意が必要である。

文献

1. Chrai SS, Makoid MC, Eriksen SP, et al.: Drop size and initial dosing frequency problems of topically applied ophthalmic drugs. *J Pharm Sci*. 63: 333-338, 1974.
2. 藤島 浩：点眼剤による眼刺激感のメカニズムと対策. 薬局, 65: 1831-1833, 2014.
3. 厚生労働省：第十七改正日本薬局方, 製剤総則. https://www.mhlw.go.jp/stf/seisakunitsuite/bunya/0000066530.html.
4. 中村忠博, 佐々木均：点眼剤の基本設計. 薬局, 65: 1717-1722, 2014.
5. 東京医薬品工業協会点眼剤研究会：点眼剤の承認許可に関する留意事項 〜薬機法, 日局及び関連通知等〜. 2017. www.pmat.or.jp/syoseki/documents/20170315_005.pdf
6. World Anti-Doping Code 2015 (The Code): https://www.playtruejapan.org/wp/wp-content/uploads/2018/04/wada_code_2015_jp_20180401.pdf

〔上東　悦子〕

第8章

眼と栄養

■**本章のポイント**■

　アスリートにとって栄養は重要である。アスリートが栄養についての理解を深められると，身体的・精神的によりよいコンデションをつくることができるようになる。

　本章では，「栄養素の基礎知識」，「アスリートに必要な栄養」，「眼とビタミンＡの関係」，「睡眠に関する栄養」に分けて解説した。

　「栄養素の基礎知識」では，エネルギー源となる糖質・脂質・たんぱく質が身体にどのように重要であるかについて，「アスリートに必要な栄養」では，アスリートが偏りなく栄養素が摂取できるメニューを具体的に示した。

　また，眼にとって重要な栄養素であるビタミンＡについて，身体のコンディションに直接関係する睡眠と栄養について，その関連性や質の高い睡眠をとるためには何が重要であるかについて解説した。

■ 栄養素の基礎知識

エネルギー源になる栄養素は，糖質（炭水化物），脂質，たんぱく質である。

糖 質

糖質はグルコース（ブドウ糖）やフルクトース（果糖）など，これ以上分解できない最小単位である「単糖類」，単糖が2つ結合した「二糖類」，単糖が複数結合した「多糖類」に分類できる。糖質はエネルギー源として最も使われやすい。体内で1gあたり4kcalのエネルギー源となる。食事から得られる糖質は，成人で約300gであり，総エネルギー摂取量の約60％を占める。体内では糖質はグリコーゲンとして肝臓と筋に貯蔵されている。貯蔵されるグリコーゲンの量は，肝臓で約100g，筋で約250gと限界がある。グリコーゲンとして貯蔵されなかった過剰に摂取した糖質は，脂肪組織においてトリグリセリド（中性脂肪）に変換されて貯蔵される。トリグリセリドに変換されるとグルコースに再変換されることはない。筋中に蓄えられたグリコーゲンは筋グリコーゲンと呼ばれ，筋が収縮する際のエネルギー源となり，パフォーマンスに影響を及ぼす。筋グリコーゲンを回復させるためには，適切な糖質補給が重要である。糖質の摂取は，筋や肝臓のグリコーゲンの貯蔵に関係し，運動前にグリコーゲン貯蔵量を高めておくことで，運動中の体たんぱく質の分解を低減させることができる。

脂 質

脂質は，1gあたり9kcalのエネルギーを産生し，糖質やたんぱく質に比べ，2倍以上のエネルギー源となる。中性脂肪は，皮下脂肪，腹腔，筋間結合組織などに蓄積し，貯蔵エネルギーとなる。中性脂肪を分解するとグリセロールと脂肪酸になる。脂肪酸には，体内で合成できないα-リノレン酸，リノール酸という必須脂肪酸があり，これらの脂肪酸は必ず食事から摂取しなくてはならない。

試合前に低脂肪食とすることは，試合でのパフォーマンス発揮のためと解釈できるが，日常の食事を極端な低脂肪食にすることには問題がある[1]。

たんぱく質

たんぱく質は多数のアミノ酸がペプチド結合して構成されている高分子化合物である。筋や臓器などを構成する重要な栄養素であり，生体機能を担うさまざまな物質の材料となる。またたんぱく質は糖質と同様に1gあたり4kcalのエネルギー源としても利用される。

20種類のアミノ酸のうち，体内で合成されないか，合成されてもそれが必要量に達しないために必ず食物から摂取しなくてはならない9種類のアミノ酸を「必須アミノ酸」，それ以外の11種類のアミノ酸を「非必須アミノ酸」という。1つの食品にはさまざまな必須アミノ酸が含まれているが，1種類でも一定量に満たない必須アミノ酸があると，その食品から得られる栄養価が少なくなり，アミノ酸スコアの評価が低くなる（図8-1）。しかし，アミノ酸スコアが低い食品でも，不足しているアミノ酸を多く含む食品と組み合わせることで，食事としてアミノ酸スコアを高めることができる。

グリコーゲンの回復においては，糖質をたんぱく質とともに摂取することにより，筋グリコーゲンの増加量が，糖質だけを摂取した時よりも多くなるため，運動後にはすみやかな糖質とたんぱく質を摂取することが重要である[11]。

脂溶性ビタミン

脂溶性ビタミンは，水溶性ビタミンと比較し，

熱に対して安定しており，調理による損失が少ない。必要以上に摂取すると，肝臓に貯蔵されるため，欠乏症にはなりにくいが，サプリメントなどで多量に摂取すると副作用や過剰症が起こりやすい。

ビタミンA

ビタミンAは，動物性食品に含まれるレチノールとしての摂取と，緑黄色野菜に含まれる色素のカロテノイドからの生成によって供給される。光の明暗や色の識別に関係しているため，欠乏すると暗順応の反応性が低下する（夜盲症）。日本人の食事摂取基準（厚生労働省策定）においては，18〜29歳の1日の推奨量は男性850μgRAE，女性650μgRAEとされ，耐用上限量は男女ともに1日2,700μgRAEとされている[3]。ビタミンAを過剰に摂取すると，頭痛，脱毛，筋痛，胎児の発育異常などがみられる。

β-カロテン

生体内でビタミンAに転換できるため，プロビタミンAとも呼ばれる。β-カロテンの過剰症は知られていない。

ビタミンD

ビタミンDは，小腸上皮細胞からのカルシウムやリンの吸収を促進するほか，骨に対してはカルシウムの放出を促し，腎臓に対してはカルシウムの再吸収を促進する。ビタミンDが欠乏すると，小児ではくる病，成人では骨軟化症の発症リスクが高まる[3]。日照量なども影響するが，アスリートは少なくとも日本人の食事摂取基準で示されている18〜29歳の男女の目安量である1日5.5μgは摂取するようにしたい[3]。

ビタミンE

抗酸化作用があり，細胞膜を構成しているリ

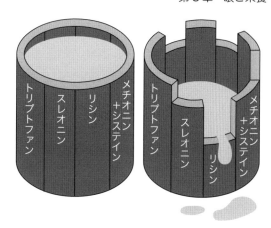

図8-1　必須アミノ酸の摂取に関する考え方
体たんぱく質の合成には，必要となるアミノ酸がすべてそろっていることが重要である。桶の板が1枚でも短い（不足するアミノ酸がある）と，汲み取れる水の量（栄養価）が低くなってしまう。

ン脂質中の多価不飽和脂肪酸や膜たんぱく質の酸化を防止するのに役立つ。植物性食品に多く含まれ，不足することは少ない。

ビタミンK

ビタミンKはプロトロンビンやその他の血液凝固因子を活性化し，血液の凝固を促進する。骨に存在するたんぱく質であるオステオカルシンを活性化し，骨形成を促す。健康な人の場合は，通常の食事をしていれば，腸内細菌の助けもあるため，欠乏症はほとんどみられない。

水溶性ビタミン

水溶性ビタミンは水に溶けやすく，過剰に摂取しても尿中に排泄されやすい。3回の食事でしっかりと補うことが重要である。

ビタミンB$_1$

運動により，エネルギー消費量が増加しているとき，もしくは糖質代謝が亢進しているときにはビタミンB$_1$の補給が重要になる。ビタミンB$_1$は水溶性であり，貯蔵量に限界があるため，

エネルギー消費量が増加しているときには特に不足しやすいと考えられている。日本人の食事摂取基準においては、18～29歳の1日の推奨量として、男性1.4 mg、女性1.1 mgが示されている[3]。

ビタミンB2

ミトコンドリア内での、糖質、たんぱく質、脂質のエネルギー生成にかかわっている。したがって、ビタミンB2の必要量は、運動量、代謝量によって決定される。食事摂取基準で示されている推奨量を基準に食事をしていても、不足があれば、唇や舌、目の粘膜の炎症（口内炎や口角炎、目の充血）などがみられる。日本人の食事摂取基準においては、18～29歳の1日の推奨量として、男性1.6 mg、女性1.2 mgが示されている[3]。

ナイアシン

ナイアシンは糖質代謝と脂肪酸のβ酸化、脂質とたんぱく質の生合成などに関与している。ナイアシンはアスリートの持久性能力に重要な役割を果たしていると考えられる。ナイアシンは魚や肉類などの動物性たんぱく質食品に多く含まれているが、これらの食品に含まれている必須アミノ酸のトリプトファンからも生合成される。たんぱく質を十分に摂取していれば、欠乏症はまずみられない。

ビタミンB6

ビタミンB6は、体内でのたんぱく質、アミノ酸代謝に関与している。したがって、たんぱく質の摂取量に応じて必要量が増加する。ハイパワー系スポーツでたんぱく質の摂取量が多いアスリートや運動をはじめたばかりのアスリートは、体内での筋合成が活発なため、ビタミンB6の要求量が増大している可能性が考えられる。欠乏症としては成長の抑制、体重の減少、口角炎などが知られている。

ビタミンB12

ビタミンB12は葉酸とともに造血に関与しており、不足するとDNA合成障害や細胞分裂を活発に行っている細胞に障害が起こり、悪性貧血となる。ビタミンB12は他の水溶性ビタミンと比較すると尿中への排泄率が低く、体内の貯蔵量は約5 gと多いため、よほどの偏食がないかぎり欠乏症は起こらない。野菜にはほとんど含まれていないため、菜食主義者は不足しやすい。

葉　酸

葉酸はビタミンB12とともに造血に関与する水溶性のビタミンである。たんぱく質や核酸の合成に働き、細胞分裂や発育に関係している。腸管粘膜や口腔細胞は細胞の入れ替わりが早いため、葉酸不足の影響を受けやすく、腸管の場合は潰瘍、口腔では口内炎となって症状が現われる。葉酸は新鮮な野菜や果物に多く含まれ、体内の貯蔵量も多い。また腸内細菌からも合成されているため、普通では欠乏することはない。妊娠の計画や可能性がある女性は、葉酸の摂取により神経管閉鎖障害の発症リスクを減らすことができる。

パントテン酸

パントテン酸は、糖質、たんぱく質、脂質代謝の中間物質であるアセチルCoAやアシルCoAのCoA成分となり、補酵素として作用する。パントテン酸はたんぱく質食品を中心に広く食品中に含まれているので、ヒトにおける欠乏症はまれであるといわれている[3]。

ビオチン

ビオチンは糖質、脂質、たんぱく質の代謝に

第8章　眼と栄養

図8-2　アスリートの基本的な食事構成（文献2より作図）
基本的な食事構成を毎食整えることにより，アスリートにとって必要な栄養素を摂取することができる。

関与している。肉類や魚類，卵，種実類などあらゆる食品に含まれ，腸内細菌によっても合成されているため，欠乏症はほとんどみられないといわれている[6]。パントテン酸やビオチンは，腸内細菌によっても合成されているが，抗生物質などを服用している場合には，腸内細菌からの供給が期待できないため，食べ物から十分量を補う必要がある。

ビタミンB群に属しているビタミンは，他のビタミンと共同して働いているため，単一のビタミンを過剰に摂取すると，ビタミンの相互バランスが崩れてしまうことがある。

ビタミンC

ビタミンCは水溶性の抗酸化物質として知られているが，身体づくりでも重要な役割を果たしている。また細胞同士をつなぐたんぱく質であるコラーゲンの生成に関与している。ビタミンC不足で組織の結合力が弱まると出血傾向が現われ，骨，筋の脆弱化などの症状をきたす壊血病となる。さらにビタミンCには鉄の吸収を増加させる働きがある。また，白血球作用の増加に関与し，免疫力を高める。

■ アスリートに必要な栄養

アスリートの基本的な食事

図8-2に，アスリートの基本的な食事構成を示した。多くの種類の食品を食べることで，偏りなく栄養素を摂取することができる。

主　食

ごはん，パン，麺類，パスタなどを主材料とする料理で，身体のエネルギー源となる糖質（炭水化物）が豊富であり，たんぱく質も含まれている。主食量が少ないと生きていくうえで重要なエネルギー源がなくなるため，身体は本能的に不足分を甘いもので補おうとする。食べすぎると脂肪となって蓄えられる。

主　菜

肉類，魚類，卵類，大豆製品が使われているメインのおかずで，身体をつくるもととなる良質のたんぱく質が含まれている。主菜を食べることにより，たんぱく質だけでなく，さまざまなビタミンやミネラルを摂取することができる。多く摂取したからといって，筋が多くつくわけではない。

159

第8章 眼と栄養

朝
主　食：ご飯（200 g）
主　菜：鮭の塩焼き
副　菜：小松菜の煮浸し，サラダ
汁　物：味噌汁
果　物：バナナ
乳製品：牛乳

昼
主　食：梅おにぎり（ご飯75 g）
主　菜：豚汁うどん
副　菜：ひじきと牛肉の炒め煮，サラダ
汁　物：（豚汁うどん）
果　物：オレンジ，りんご
乳製品：ヨーグルト

夜
主　食：ご飯（200 g）
主　菜：豚肉のキムチ炒め
副　菜：ほうれん草のなめ茸かけ，サラダ
汁　物：かき玉スープ
果　物：グレープフルーツ，キウイ
乳製品：ヨーグルト

	エネルギー（kcal）	たんぱく質（g）	脂質（g）	炭水化物（g）
朝食	702	25.5	16.7	11.2
昼食	866	32.3	20.6	136.6
夕食	942	39.0	32.0	123.4
1日	2,510	96.7	69.3	371.2

図 8-3　1日 2,500 kcal の料理例（文献2より作図）

朝
主　食：ご飯（300 g）
主　菜：鮭の塩焼き
副　菜：小松菜の煮浸し，サラダ
汁　物：味噌汁
果　物：バナナ
乳製品：牛乳

昼
主　食：梅おにぎり（ご飯75 g）
主　菜：豚汁うどん　牛肉のソテー　きのこソース
副　菜：サラダ
汁　物：（豚汁うどん）
果　物：オレンジ，りんご
乳製品：ヨーグルト

夜
主　食：ご飯（350 g）
主　菜：豚肉のキムチ炒め
副　菜：ほうれん草のなめ茸かけ，サラダ
汁　物：かき玉スープ
果　物：グレープフルーツ，キウイ
乳製品：ヨーグルト
その他：納豆

	エネルギー（kcal）	たんぱく質（g）	脂質（g）	炭水化物（g）
朝食	945	34.1	22.2	148.4
昼食	1,079	45.6	37.4	136.1
夕食	1,284	50.2	37.0	184.5
補食	264	9.2	8.4	35.7
1日	3,572	139.2	105.0	504.7

図 8-4　1日 3,500 kcal の料理例（文献2より作図）
補食：おにぎり1個（ごはん100 g），プロセスチーズ1個（20 g）。

第 8 章　眼と栄養

朝		昼		夜	
主　食	：ご飯（350 g）	主　食	：ご飯（200 g）	主　食	：ご飯（500 g）
主　菜	：鮭の塩焼き，厚切りハムとアスパラベーコンのソテー	主　菜	：豚汁うどん　牛肉のソテーきのこソース	主　菜	：豚肉のキムチ炒め，揚げさばの野菜あんかけ
副　菜	：小松菜の煮浸し，サラダ	副　菜	：サラダ	副　菜	：ほうれん草のなめ茸かけ，サラダ
汁　物	：味噌汁	汁　物	：（豚汁うどん）	汁　物	：かき玉スープ
果　物	：バナナ	果　物	：オレンジ，りんご	果　物	：グレープフルーツ，キウイ
乳製品	：牛乳	乳製品	：ヨーグルト	乳製品	：ヨーグルト
その他	：納豆				

	エネルギー (kcal)	たんぱく質 (g)	脂質 (g)	炭水化物 (g)
朝食	1,224	45.0	36.3	176.3
昼食	1,288	48.5	37.7	182.0
夕食	1,748	66.9	50.1	248.9
補食	341	10.2	8.6	55.9
1日	4,601	170.7	132.7	663.1

図 8-5　1 日 4,500 kcal の料理例（文献 2 より作図）
補食：おにぎり 1 個（ごはん 100 g），プロセスチーズ 1 個（20 g），バナナ 1 本。

副　菜

　野菜類，きのこ類，海藻類などを主材料とする料理で，身体の調子を整えるビタミン，ミネラル，食物繊維が豊富に含まれている。色の薄い淡色野菜と，色の濃い緑黄色野菜があるが，毎食どちらも食べるように心がけたい。特に緑黄色野菜は β-カロテンが豊富に含まれており，栄養価が高い。

牛乳・乳製品

　カルシウム，たんぱく質が豊富に含まれている。毎食，摂るように心がけたい。

果　物

　糖質，ビタミン，ミネラルが含まれている。ただしエネルギー量が多いため，食べる量には注意が必要である。

　図 8-3〜図 8-5 に 1 日の摂取エネルギー量ごとの料理例を示した。主食の量や品数などを参考にしてほしい。

■ 眼とビタミン A の関係

　眼に入った光は網膜の全層を通過し，深部に位置する視細胞によって感受される。視細胞は長さ 50〜60 μm の細長い細胞で，特殊な樹状突起を外側に向けて並んでいる。突起の先端は外節と呼ばれ，光受容器である。円柱状の外節をもつ杆体細胞と，円錐状の外節をもつ錐体細胞の 2 種類がある。視細胞は外節と内節に分かれ，その間は細い線毛でつながっている。外節は多数の膜が積み重なった構造であり，その膜に光をとらえる視物質が大量に組み込まれている。杆体細胞の視物質はロドプシンと呼ばれる。

第8章 眼と栄養

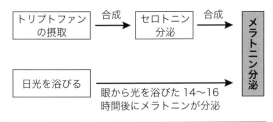

図8-6 メラトニンの合成（文献8より作図）
その日の夜の眠りは朝食で決まる。質のよい睡眠をもたらすメラトニンを分泌するために、バランスのよい朝食が重要である。

表8-1 睡眠障害対処12の指針（文献10より引用）

① 睡眠時間は人それぞれ、日中の眠気で困らなければ十分。
② 刺激物を避け、眠る前には自分なりのリラックス法を。
③ 眠たくなってから床につく、就寝時刻にこだわりすぎない。
④ 同じ時刻に毎日起床。
⑤ 光の利用で、よい睡眠。
⑥ 規則正しい3度の食事、規則的な運動習慣。
⑦ 昼寝をするなら15時前の20～30分。
⑧ 眠りが浅いときは、むしろ積極的に遅寝・早起きに。
⑨ 睡眠中の激しいイビキ・呼吸停止や足のピクつき・むずむず感は要注意。
⑩ 十分眠っても日中の眠気が強いときは専門医に。
⑪ 睡眠薬代わりの寝酒は不眠のもと。
⑫ 睡眠薬は医師の指示で正しく使えば安全。

トレーニング、栄養、休養のバランスがとれてこそ、コンディションを良好に保ち、競技生活を長く続けることができる。

ロドプシンはビタミンAのアルデヒド型であるレチナールとオプシンと呼ばれるたんぱく質部分から構成されている。レチナールの合成にはビタミンAが必要であるため、ビタミンA欠乏で視覚異常が起きる[5]。

明るい場所から急に暗い場所に入ると、すぐには何も見えないが、しばらくすると眼は暗所に順応してあたりが見えるようになる。このように暗所に順応することを暗順応という[9]。ビタミンA欠乏ではじめに起こるのは暗順応の反応性が低下する夜盲症である。またビタミンA欠乏は眼球の乾燥を引き起こすことにより、角膜や網膜の障害を引き起こす。ビタミンA欠乏ははじめに杆体細胞の機能を障害するが、ビタミンA欠乏の進行に伴い、錐体細胞にも障害が起こる。長期的な欠乏によって杆体細胞と錐体細胞に形態的な変化が起こり、続いて網膜の各神経層も障害される。視細胞が破壊される以前であれば、ビタミンAの投与によって網膜機能は回復する[5]。

ビタミンA欠乏は開発途上国では現在でも公衆衛生上の重要な問題であり、全世界では毎年約80,000人が重度のビタミンA欠乏により視力を失っている[5]。先進国では摂取量の不足よりも、胃切除、アルコール中毒など脂肪の吸収障害によるものがほとんどである[9]。

ビタミンAはレバー、うなぎ、卵、乳製品などの動物性食品由来のレチノールと、にんじん、ほうれん草、春菊、ブロッコリーなどの緑黄色野菜に多く含まれる前駆物質であるβ-カロテンなどがある。特に動物性食品由来のビタミンAの過剰摂取は肝臓への蓄積による肝障害が起こるため、十分に注意する必要がある。

ビタミンAは欠乏による催奇形性は古くから知られているが、過剰になった場合も、胎児に奇形が発生する。通常の摂取量と、発達遅延（骨や神経系の発達障害）が発生する摂取量との差が小さいため、妊婦や妊娠可能な女性においては最も注意を要するビタミンの1つである。しかし、ビタミンAの前駆物質であるβ-カロテンは、過剰に摂取しても胎児の発達に影響はみられていない[6]。

■ 睡眠に関係する栄養

アスリートがコンディションを良好に保つうえで、質のよい睡眠は重要であり、睡眠と栄養

には強い関連がある。睡眠に関連するホルモンであるメラトニンは，朝の光を浴びてから14〜16時間後に血中濃度が増大しはじめ，眠りの準備をもたらす[8]。メラトニンを分泌するためには，メラトニンの材料となるトリプトファンを摂取する必要がある。トリプトファンは，感情や精神の安定にかかわるホルモンであるセロトニンを経由し，メラトニンに生合成される（図8-6）。

主菜となる食材には必須アミノ酸であるトリプトファンが含まれている。朝食で主菜をしっかり摂取し，睡眠の質を確保することが，アスリートのコンディショニングにおいて大切である。そのため，欠食はもちろんだが，朝食をごはんのみ，パンのみといった主食だけですますことも避けるべきであり，前述した「アスリートの基本的な食事の形」を整えることが必要である。

メラトニンの分泌は夜に照明を浴びてしまうと抑制される。ブルーライトを含む明るい光を昼と判断し，体内時計に作用して睡眠を促すメラトニンの分泌を抑制してしまうためである[4]。そのため，質のよい睡眠を確保するには，就寝前に光を浴びることを避ける必要がある。

以上のことから，起床時に光を浴び，朝食に主菜でトリプトファンを摂取することで，日中の活動時に必要なセロトニンとなり，夜のメラトニンが生合成される。また夜にメラトニンを分泌するために，就寝前はテレビやスマートフォン，タブレットの光を避けることが重要であるといえる。**表8-1**に，質のよい睡眠のために実践すべき項目をまとめた[10]。アスリートの睡眠の質を考える際の参考にしていただきたい。食事以外の指導項目についても実践し，質のよい睡眠を確保してほしい。

文　献

1. 樋口　満 編著：新版コンディショニングのスポーツ栄養学，市村出版，東京，2008.
2. 国立スポーツ科学センター：WINNERS RECIPE powered by JISS, 2007.
3. 厚生労働省：日本人の食事摂取基準（2015年版），2015.
4. 宮崎総一郎，林　光緒：改訂版 睡眠と健康，一般財団法人放送大学教育振興会，2017.
5. 岡田泰伸 監修：ギャノング生理学 原書25版．丸善出版，東京，2017.
6. 奥　恒行，柴田克己：基礎栄養学，改訂第5版，南江堂，東京，2015.
7. 坂井建雄，河原克雅 編：人体の正常構造と機能，第3版．日本医事新報社，東京，2017.
8. 田原　優，柴田重信：Q&Aですらすらわかる体内時計健康法 −時間栄養学・時間運動学・時間睡眠学から解く健康−．杏林書院，東京，2017.
9. 所　敬 監修：現代の眼科学，改訂第13版．金原出版，東京，2018.
10. 内山　真 編：睡眠障害の対応と治療ガイドライン，第2版，じほう，東京，2012.
11. Zawadzki KM, Yaspelkis BB, Ivy JL: Carbohydrate-protein complex increases the rate of muscle glycogen storage after exercise. *J Appl Physiol*, 72: 1854-1859, 1992.

（片岡　沙織，亀井　明子）

索引

【あ行】

アイプロテクター　87
明るさと視力の関係　38
アカントアメーバ性角膜炎　139
アスリートに必要な栄養　159
アデノウイルス角膜炎　138
アムスラーチャート　45
アルペンスキー選手の視線行動　13
アレルギー性結膜炎　90, 104, 141
アンチ・ドーピング　145, 151
　──規則違反　151

一次運動野　6
一次視覚野　17, 27
移動物体　19, 20
移動物体の動きを見る　18
移動物体の将来位置の予測　18
医療機関との連携　108, 130
医療用点眼薬の分類　147
インタラクション　122
インタラクティブスポーツ　26
咽頭結膜熱　140

ウイルス性角膜炎　138
ウイルス性結膜炎　140
動きの視覚情報　26
動きを見る　17, 22
運動学習　119, 120
運動視差　42
運動野　6

栄養　159
栄養素の基礎知識　156
遠方注視　64

遠山の目付　73
遠視　79
円錐角膜　91
円柱レンズ　83

黄斑円孔　101
黄斑変性症　93
凹レンズ　81
オートレフラクトメーター　36
オルソケラトロジー　83, 89
オンラインの視覚情報　13

【か行】

外眼筋　8, 117
開散眼球運動　40, 60, 66
外傷性散瞳　100
外傷性視神経障害　98
外傷性白内障　100
回旋運動　54
階段法　126
化学物質　107
学習の特殊性　14
角膜　4
角膜外傷　98
角膜疾患　91, 138
角膜上皮剥離　99
角膜内皮障害　99
角膜反射光　55
角膜反射方式　54
角膜びらん　98
角膜裂傷　99
仮性近視　81
滑動性追従眼球運動　18, 51, 60
眼圧検査　39
眼位検査　39
眼外傷　96, 98, 99

　──予防　108
眼科医療機関との関係　108, 130
感覚運動の統合　63
感覚運動変換　24
感覚野　6
眼科で気をつけるべき薬剤　153
眼窩内壁骨折　101
眼窩吹き抜け骨折　101
眼科メディカルチェック　130
眼科薬　145
眼球運動　31, 53
眼球運動系　116
眼球運動検査　40
眼球運動障害　102
眼球運動測定法　54
眼球の構造　3
眼鏡　86
環境の時間的制約　17
眼瞼　2
眼瞼の外傷　98
眼瞼の筋の働きと神経支配　3
眼疾患　136
監視物質　152
眼精疲労　136, 137
感染症　138
感染性炎症　90
眼底検査　36
眼底出血　101, 103
眼軟膏　146
眼輪筋　2

記憶　46
キネマティクス情報　22
機能的な動きの見方　17
基本的な食事　159
キャッチャーの頭部運動量と視線

索　引

58
急性出血性結膜炎　140
牛乳　161
共役運動　51
競技外検査　152
競技中の視線の動き　55
競技復帰　108
競技力と視覚　116, 117
矯正方法　86
共同性眼球運動　51, 60
強膜　4
強膜露出　101
近見反応　40, 49
近視　80
禁止表　152
禁止物質と禁止方法　153
筋性の眼精疲労　136

隅角後退　99
隅角離断　99
空間視　69
空間的遮蔽法　22
果物　161
屈折異常　78
屈折矯正　78
屈折検査　36
屈折力　78

結膜炎　99, 140
結膜疾患　91, 140
結膜充血　99
結膜の外傷　99
結膜の構造　4
瞼板筋　2, 98

公益財団法人スポーツ安全協会
　　96
交感神経　48
虹彩　8
虹彩離断　100
高次運動野　6
光点表示　72
興奮薬　153
コーチの視線の動き　56

ゴールドマン視野計　45
固視微動　41, 51, 52
子どもの視機能　49
子どものスポーツ用保護眼鏡
　　113
コンタクトレンズ　83, 87, 89,
　　150
コンディショニング　163
コンディション　133, 162
コントラスト　42
コントラスト感度検査　42

【さ行】

細菌性角膜炎　138
細菌性結膜炎　141
細隙灯顕微鏡検査　36
錯視　27
錯視図形　10
サッカード　19, 51, 52, 60
サッカード抑制　31
錯覚　27
左右眼比較　62
三杆深視力計　42
散瞳　100
三半規管　41

視運動性眼振　41, 56, 60
ジオプトリー　78
紫外線　98
視角　29
視覚運動　28
視覚運動機能　26
視覚運動情報処理　26, 28
視覚運動制御　11, 69, 122
視覚訓練　118
視覚システム　69
視覚情報　2, 14
視覚情報系　118
視覚情報の処理　3
視覚情報の増加　116
視角速度　29
視覚探索　18
視覚と競技力　116, 117
自覚的屈折検査　36

視覚的センス　68
視覚トレーニング　115
視覚による運動制御　10
時間遮蔽　72
時間的映像遮蔽　22
時間的遮蔽法　24
時間的制約　22
色覚　49
色覚異常　49
色覚検査　49
視機能　49
視機能評価　32
思考発話　73
脂質　156
視支点　73
事象遮蔽　72
視神経　5
視神経障害　98
視線行動　13
視線の動き　55, 56
視線の動きの算出法　53
視束管骨折　101
実環境　127
実在感　122
膝状体視覚経路　2
視能訓練　119
自発的瞬目　3
市販点眼薬　147
市販薬　146
視野　43, 69
斜位　39
視野異常　102
弱視　80, 83
視野欠損　103
視野検査　43
斜視　39
視野の島　44
遮閉検査　39
シュート位置とフリースロー成功
　　率　15
シュート距離とフリースロー成功
　　率　15
シュートパフォーマンス　66
周辺視　69

165

索　引

周辺視野　13
周辺視野反応時間　64
縮瞳　8
熟練者　120
主菜　159
受傷の際の対処法　104
主食　159
上眼瞼挙筋　2
症候性の眼精疲労　136
小細胞　27
小細胞層　2
硝子体　5
硝子体出血　101
脂溶性ビタミン　156
消石灰　99
衝動性眼球運動　40, 51, 60, 62
小脳　7
情報処理　28
情報の取捨選択　26
常用点眼薬　105
食事　159
初心者　120
自律神経　48
視力　78, 84, 104
視力管理　84
視力矯正　118
視力矯正方法　84, 104
　　　——利点と欠点　105
視力検査　36
視力低下　102
深径覚　42
神経処理時間　17
神経性の眼精疲労　137
神経節細胞　27
深視力検査　42
身体の時間的制約　17
審判の視線の動き　56

随意性瞬目　3
水液層　4
随従眼球運動　51
水晶体　4, 79
水晶体亜脱臼　100
水晶体疾患　92

水平輻輳　41
睡眠　162
睡眠障害　162
水溶性ビタミン　157
ステレオフライテスト　42
ステロイド　154
スポーツ安全協会　96
スポーツ眼外傷　96
スポーツ中の視線の動き　55
スポーツに関する視機能評価　32
スポーツ場面における視覚運動情報処理　28
スポーツ用保護眼鏡　108

正位　39
正視　79
静止視力　37, 84
静的視野検査　44
静的立体視　42
世界アンチ・ドーピング規定　151
セロトニン　163
先行手がかり　72
潜時　52
センス　68
前庭動眼反射　41, 53, 60
前房　4

相対運動視差　42
双方向性　122
側頭葉経路　5
ソフトコンタクトレンズ　83, 87

【た行】
ダーツの予測課題　24
対光反応　49
大細胞　27
大細胞層　2
対象運動視差　42
帯状角膜変性　99
大脳　6
大脳基底核　7

大脳皮質　6
大脳辺縁系　7
他覚的屈折検査　36
タキストスコープ　48
他者の動きに対する機能的な動きの見方　23
他者の動きを見る　22
単眼視野　44
短期記憶　46
単純近視　80
たんぱく質　156

知覚運動トレーニング　126
知覚−運動の連関　74
知覚スキル　71
知覚トレーニング　22
知覚内容　27
知覚表象　69
注意　26
中高齢者の視機能　49
注視　71, 73
注視距離　64
注視行動　18
注視野検査　46
中心視　69
中心視野検査　45
中心性漿液性脈絡網膜症　103, 141
中脳　7
長期記憶　46
調光レンズ　86
調節　78
調節近点計　46
調節検査　46
調節障害　46
超短期記憶　46
跳躍運動　51
直後回顧　73
治療使用特例　152, 153
チン小帯　4, 79

追従眼球運動　52, 55
追従速度比較　55

166

索　引

低眼圧　101
低眼圧黄斑症　101
ティトマスステレオテスト　42
手続き記憶　119
テニスでの視線の動き　56
点眼薬　146
　──体内動態　148
　──適切な取り扱い　150
　──添加剤　147
　──保管　149
電気性眼炎　139
点状表層性角膜症　98

ドーピング　145, 151, 153
瞳孔異常　49, 103
瞳孔括約筋　8
統合系　2, 5
瞳孔検査　106
瞳孔散大筋　8
瞳孔反応検査　48
瞳孔の変形　100
動作時の空間マージン　13
同時視　41
糖質　156
糖質コルチコイド　154
動体視力　37, 85
頭頂葉経路　5
動的視野検査　45
動的立体視　42
頭部運動　31, 53, 57
頭部運動と眼球運動　31, 53
　──座標系　54
頭部運動量と視線　58
頭部と眼球の協調　118
特殊コンタクトレンズ　89
独立行政法人日本スポーツ振興センター　96
凸レンズ　80
ドライアイ　91, 137
ドリフト　51
トリプトファン　163
トレモア　51
鈍的外傷　98

【な行】

ナイアシン　158
内眼筋　8, 117
涙の放出　149

日本アンチ・ドーピング機構　152
日本スポーツ振興センター　96
乳製品　161
乳頭浮腫　101
入力系　2
認知スキル　71

抜き打ち検査　152

脳の構造　6
脳の情報処理モデル　11
脳の役割　2

【は行】

パーシュート　60
バーチャルリアリティ　122
ハードコンタクトレンズ　83, 88
背側経路　5, 11, 27
白内障　92, 100
走り幅跳びにおける視覚情報　14
バスケットボールのジャンプショットにおける視覚情報　14
バスケットボールのジャンプショットにおける視覚制限の影響　15
はやり目　90
反射性瞬目　3
パントテン酸　158
ハンフリー視野検査計　45

ビオチン　158
非感染性炎症　90
非共同性眼球運動　51, 61, 62
非膝状体視覚経路　2
ピストル射撃　14
ビタミンA　157

ビタミンB　157
ビタミンB_2　158
ビタミンB_6　158
ビタミンB_{12}　158
ビタミンC　159
ビタミンD　157
ビタミンE　157
ビタミンK　157
必須アミノ酸　157
飛蚊症　101
表象的慣性　20
病的近視　80

プール　107
不応期　52
副交感神経　48
副菜　161
複視　102
副腎皮質ホルモン　154
複数物体追跡　65
輻輳開散運動　51
輻輳眼球運動　40, 60
腹側経路　5, 11, 27
不正乱視　83
物体視　69
不同視　83
不等像性の眼精疲労　137
ぶどう膜　5
フリッカー値　50
フリッカー融合頻度　50
フリック　51
フレームの選び方　112
プロトコル分析　73

平均台での視線の動き　56
β-カロテン　157
β遮断薬　154
ヘッドマウントディスプレイ　122
ヘルペス性角膜炎　138
偏光レンズ　86
ペンライトによる瞳孔検査　106

房水　4

索　引

保護眼鏡　108
捕捉運動　18
没入感　122

【ま行】

マイクロサッカード　51
瞬き　3
麻薬　154
マルファン症候群　92, 104

脈絡膜破裂　101, 101
ミューラー・リアー図形　10
ミューラー筋　98
ミラーニューロンシステム　23

無調節状態　78
ムチン層　4

眼鏡　86
目薬　146
メディカルチェック　130
眼と手の協調性　48
眼と手の運動システムの協調　62
眼とビタミンA　161
眼の既往症　104
眼の構造　78
眼の手術歴　104
眼の疲れ　136
眼の役割　2
メラトニン　163

網膜　5, 78
網膜位置と視力の関係　38
網膜挫傷　101
網膜色素変性症　93
網膜疾患　92, 141
網膜出血　101
網膜振盪症　101
網膜像　27
網膜剥離　40, 92, 101
毛様小帯　4, 79
毛様体　5, 8
毛様体解離　101
モーター制御系　2, 7

【や行】

薬物の血中濃度　148

有効視野　53, 70
有水晶体眼内レンズ　90
融像　41
雪眼　139
油層　4

葉酸　158
予期的な視線移動　68
翼状片　91, 99, 139
予測　12, 18, 26
予測課題　24
予測スキル　125
予測手がかり　22
予測的サッカード　31
予測的視線行動　12
予測能力　21, 22

【ら行】

ライトスイングテスト　106
乱視　82
ランドルト環　37

立体視　41
立体視検査　42
立体提示　122
利尿薬　153
流行性角結膜炎　140
両眼眼球運動　60, 62
両眼視機能検査　41
両眼視差　42, 123
両眼視野　44
緑内障　40, 93, 141
輪状筋　79

涙液　3
涙液の放出　149
涙道　3

連合野　6
レンズの選び方　112

【欧文】

action observation network　23
advance cue　72
attention　26
automatic pilot　28

CAVE (cave automatic virtual environment)　122
conjugate eye movement　51, 60
convergence　40
critical flicker frequency (CFF)　49, 50

disconjugate eye movement　51
distal information　22
divergence　40
drift　51
DVA (dynamic visual acuity)　32, 38

epidemic keratoconjunctivitis (EKC)　90
event occlusion　72

fixation　73
flick　51

gaze behavior　18

Hess 赤緑検査　39
How 経路　5, 27

immediate retrospective　73
immersive　122
implantable collamer lens (ICL)　90

JADA　152
Japan Sport Council (JSC)　96

KVA (kinetic visual acuity)　32, 38

索　引

LASIK (Laser-assisted in situ keratomileusis)　89
latency　52

magnocellular pathway (M層)　2
manual following response (MFR)　28
micro-saccade　51
miniature eye movement　51
MST野 (medial superior temporal area)　27
MT野 (middle temporal area)　27

ocular following response (OFR)　28
optokinetic nystagmus (OKN)　56
OTC薬　146

parvocellular pathway (P層)　2
perception-action coupling　74
phasic responses　61
point-light display　72
predictive saccade　68
proximal information　22
pursuit eye movement　60

quiet eye　18, 71

representational momentum (RM)　19, 20

saccade　51
saccadic eye movement　60
sense of presence　122
sensorimotor integration　63
slow-tonic responses　61
smooth pursuit eye movement　51
static visual acuity (SVA)　37

temporal occlusion　72

The Global Drug Reference Online (Global DRO)　152
therapeutic use exemption (TUE)　153
think aloud　73
torsion　54
tremor　51
TUE申請書　153

vestibulo-ocular reflex (VOR)　53
virtual reality (VR)　122
Vision Contrast Test System (VCTS)　43
visual pivot　73
visual search　18
visuo-motor control　11

What経路　6, 27
Where経路　5, 27

スポーツパフォーマンスと視覚
－競技力と眼の関係を理解する－

(検印省略)

2019年9月4日　第1版　第1刷

編　集	日本スポーツ視覚研究会
発行者	長　島　宏　之
発行所	有限会社　ナップ

〒111-0056　東京都台東区小島1-7-13　NKビル
TEL 03-5820-7522／FAX 03-5820-7523
ホームページ http://www.nap-ltd.co.jp/
印　刷　　三報社印刷株式会社

© 2019　Printed in Japan　　　　　　　　　　　　　　ISBN978-4-905168-60-7

JCOPY 〈出版者著作権管理機構　委託出版物〉
本書の無断複写は著作権法上での例外を除き禁じられています。複写される場合は，そのつど事前に，出版者著作権管理機構（電話 03-5244-5088, FAX 03-5244-5089, e-mail: info@jcopy.or.jp）の許諾を得てください。